JN127847

ポストヒューマン

新しい人文学に向けて

ロージ・ブライドッティ｜著
門林岳史｜監訳
大貫菜穂、篠木涼、唄邦弘、福田安佐子、
増田展大、松谷容作｜共訳

The Posthuman

Rosi Braidotti

フィルムアート社

THE POSTHUMAN (1st Edition)
by Rosi Braidotti

Copyright © Rosi Braidotti 2013
This edition is published by arrangement with Polity Press Ltd.,
Cambridge through The English Agency (Japan) Ltd.

ポストヒューマン　目次

第四章 ポストヒューマン人文学——理論を越える生 217

結論 283

凡例

・本書はRosi Braidotti, *The Posthuman*, Cambridge: Polity Press, 2013の全訳である。
・本文中および原註における引用の日本語訳については、可能な限り既訳を参照した。ただし、当該箇所における本文での議論に応じて、断りなく訳を変更している場合がある。
・（ ）、［ ］は原文のまま、訳者による補足と原語の提示は〔 〕で補った。とりわけ、原文中の語の多義性を明示する際には、全角ダブルハイフンを用いた（「man」→「人間〔＝男性〕」など）。
・本文中で参照される文献のうち、日本語訳が存在するものについては、本文中に〔 〕で日本語訳の発表年（漢数字）で補い（「Keller, 1983〔一九八七〕」など）、巻末の参考文献一覧の該当箇所に〔 〕で日本語訳の書誌情報を記載した。
・原文のイタリック体は原則として傍点で示した（「*not*」→「ない」など）。ただし、作品名（「*Avatar*」→「『アバター』」など）の表示および外来語の明示（「*zoe*」→「ゾーエー」など）のためのイタリック体はこの限りではない。
・語頭の大文字による強調は、煩雑にならない範囲で〈 〉で示した（「Man」→「〈人間〉」など）。ただし、人名、機関名などはこの限りではない。また、慣例的に語頭を大文字にすることの多い語句（「God」、「Humanism」など）についても、文脈上、特に強調する必要がある場合を除き、この限りではない。
・原文中のハイフン（-）については、人名は全角ダブルハイフン（「Jean-François Lyotard」→「ジャン＝フランソワ・リオタール」など）、単語の区切りは全角ハイフン（「post-humanism」→「ポスト‐ヒューマニズム」など）で示した。なお、単語の区切りのためのハイフンは、特に明示する必要がない場合には、日本語訳では省略していることがある。また、原文にはハイフンがない場合でも日本語表記上意味を明確にするために全角ハイフンを挿入していることがある。
・書籍名、雑誌・新聞名、映画作品は『 』、論文タイトルは「 」で示した。
・以上の書式は、既訳を参照した引用箇所については必ずしもその限りではない。
・原註は◆付きの数字で示し傍注形式とし、訳註は◇付きの数字で示し巻末にまとめた。

謝辞

まず最初に、本書の着想を示唆してくれた出版社のJohn Thompsonに感謝する。長年にわたってポリティ社の書き手でいることをわたしは誇りに思っている。Jennifer Jahnの助言と支援にも心から感謝する。CHCI（Consortium of Humanities Centres and Institutes）の委員会およびECHIC（European Consortium of Humanities Institutes and Centres）内の同僚たちとの会話も、大いに有益であった。Henrietta MooreとClaire Colebrook、Peter GalisonとPaul Gilroyは閲読者として格別の能力を示した。彼らの批判的な意見に感謝する。リサーチ・アシスタントのGoda Klumbyteは、特に書誌情報の作業において大いに助けとなった。Nori SpauwenとBolette Blaargaardの洞察にあふれた批判的意見に感謝。Stephanie Paalvastの批評と編集の両面における助力にも感謝。この過程全体を通して我慢強く助言と支援を与えてくれたAnnekeへ、変わらない愛を込めて。

序

Introduction

わたしたちはつねに人間でありつづけてきた、あるいは、わたしたちは人間でしかない。少しでも確信をもって、誰もがそう断言できるわけではない。西洋の社会・政治・科学におけるこれまでの歴史的契機は言うに及ばず、現在でもなお、わたしたちのなかには完全には人間とみなされていない者がいるのだ。というのはつまり、「人間〔human〕」という言葉によって、啓蒙主義が遺産として残したおなじみの被造物、すなわち「コギトというデカルト的主体、カントの「理性を備えた存在の共同体」、より社会学的な術語で言えば、市民、権利保持者、所有者などとしての主体」(Wolfe, 2010a) のことを意味しているのだとしたら、ということである。にもかかわらず、この〔「人間」という〕言葉は幅広いコンセンサスを享受し、常識《コモンセンス》とも言うべき安心の親しみやすさを保ちつづけている。わたしたちが〔ヒトという〕種に示す愛着は、それがあたかも既成事実や所与のものであるかのようである。それこそ〈諸権利〉という根本的な観念を〈人間〉なるものを中心に構築しているくらいだ。だが、本当にそうなのだろうか。

今日の保守的・宗教的な社会勢力は、たびたび自然法というパラダイムの内部に人間なるものを登記しなおそうと努めているが、その一方で、人間という概念は、現代科学の進展とグローバル経済の利害という二重の圧力のもとで砕け散ってしまった。ポストモダン、ポスト植民地、ポスト工業化、ポスト共産主義といった状況、そして異論の多いポストフェミニズムの状況さえ過ぎ去った後、わたしたちはポスト人間的《ヒューマン》な窮状に陥ってしまったかのようにみえる。際限のないこうした一連の接頭詞〔ポスト-〕はいささか恣意的にみえるかもしれないが、ポストヒューマン的状況は、けっしてそのn番目のヴァリエーションではない。それは、次の事柄についてのわたしたちの考えかたに質的な転換を導入したのである。すなわち、わたしたちの種、わたしたちの政体、そして、わたしたちがこの惑星の他の居住者たちと取り結ぶ関係にとって、共通の参照項となる基本的単位とは厳密にいって何なのか。この論点は、科学・政治・国際関係が現代において複雑化したなかで、わたしたちが――人間として――共有するアイデンティティの構造そのものにかかわる深刻な問いを提起している。人間以外のもの〔non-human〕、非人間〔inhuman〕、反人間〔anti-human〕、非人道的なもの〔inhumane〕、そしてポストヒューマン〔posthuman〕、それらに関する言説や表象は、グローバル化し技術に媒介された今日の社会のなかで増殖し重なりあっているのである。

メインストリームの文化における論争は、ロボティクス、義肢技術、神経科学、遺伝子工学的資本といった実際上のビジネスにかかわる議論から、トランスヒューマニズムや技術的超越といったより曖昧なニューエイジ的ヴィジョンまで多岐にわたっている。人間の強化《エンハンスメント》が、これらの論争の核にある。それに対してアカデミックな文化において、ポストヒューマンなるものは、批判理論や文化理論の次なるフロンティアとして賞賛されるか、わずらわしい一連の「ポスト」流行りの最新版として敬遠されるかのどちらかである。ポストヒューマンは、かつて万物の尺度であった「人間〔Man〕」が深刻に脱中心化されている可能性に対して、歓喜のみならず不安をも引き起こしているのである（Habermas, 2003〔二〇〇四〕）。人間主体についての支配的ヴィジョン、そして、それを中心に据えた学問分野、すなわち人文学《ヒューマニティーズ》が、重要性や支配力の喪失を被っているという懸念が広まっているのだ。

わたしの見解では、ポストヒューマン的状況にとって公分母となるのは、生気的で自己組織的で、けれども非自然主義的な生ける物質それ自体の構造にかかわる前提である。この自然‐文化の連続体が、わたしなりのポストヒューマン理論にとって共通の出発点である。しかしながら、このポスト自然主義的前提が、結果として、身体の完成可能性の諸限界を試す諧謔的な実験に終わるのか、人間「本性」をめぐる数世紀来の信念が崩壊してしまうという道徳的パニックに終わるのか、はたまた遺伝や神経にかかわる資本をめぐって搾取的に利益を追求するかたちに終わるのかどうかはまだ分からない。本書では、これらのアプローチを検討し、批判的に取り組みつつ、ポストヒューマン的主体性を擁護するわたし自身の議論を展開していきたい。

この自然 - 文化の連続体は、いかなる結果にいたるのであろうか。それが標づけているのは、幅広くコンセンサスを享受してきた社会構築主義的なアプローチから距離をとる科学的パラダイムである。社会構築主義的アプローチは、所与のもの（自然）と構築されたもの（文化）のあいだにカテゴリー上の区別を措定する。この区別によって、社会分析により鋭く焦点を当てることが可能になり、そして、鍵となるアイデンティティや制度や実践の構築を支える社会的メカニズムを研究し批判するための堅固な基礎が与えられるのである。進歩的政治においては、社会構築主義の方法が、社会的な諸差異を脱自然化する試みを支えており、かくして、そうした社会的差異が人為的かつ歴史的に偶発的な構造であることが示される。「ひとは女に生まれるのではない、女になるのだ」というシモーヌ・ド・ボーヴォワールの言葉が、世界を変えるほどの影響をもったことを考えてみればよい。諸々の社会的不平等は社会に根ざしており、したがって、歴史的に変化する性質をもつということの洞察は、社会政策やアクティヴィズムを通じた人間の介入によって不平等を解消する道を切り開いたのである。

わたしの論点は、所与のものと構築されたものの二項対立に依拠するこのアプローチが、目下のところ、自然と文化の相互作用をめぐる非二元論的な理解に置きかえられつつあるというものである。わたしの見かたでは、この非二元論的な理解は、あるひとつの一元論的哲学と関連しており、また、それに支持されている。すなわち、二元論、とりわけ自然-文化の対立を拒否し、それにかわって生ける物質の自己組織化する（ないしオートポイエティックな）力を強調するような一元論的哲学である。自然的なものと文化的なものというカテゴリーのあいだの諸々の境界は、科学技術の進展がもたらす影響によって位置をずらされ、かなりの程度まで曖昧になってしまった。本書は、このパラダイムの変化がもたらす諸々の概念や方法や政治的実践の変容を、社会理論は吟味する必要があるという前提から出発する。逆に言えば、自然-文化の連続体にもとづいたアプローチがどのような種類の政治分析や、どのような進歩的政治を支持しているのかという問いは、ポストヒューマン的窮状が求めるアジェンダの中心に位置しているのだ。

本書でわたしが取り組みたい主要な問いは以下である。第一に、ポストヒューマンとは何か。より具体的には、わたしたちをポストヒューマンへと導くかもしれない知的および歴史的道程とはどのようなものなのか。第二に、ポストヒューマン的状況において、人間性《ヒューマニティ》はどうなってしまうのか。より具体的には、それはどのような新しい主体性のありかたを支持するのか。第三に、ポストヒューマンは、どのようにしてそれ固有の非人間性のありかたを生じさせるのか。より具体的には、わたしたちは自らの時代の非人間的（非人道的）〔inhuman(e)〕な側面にどのように抵抗しうるのか。そして最後に、ポストヒューマンは今日の人文学の実践にどのような影響を与えるのか。より具体的には、ポストヒューマンの時代において理論が果たす機能とはどのようなものなのか。

本書は、わたしたちが直面している歴史にとって欠かすことのできない一側面としてのポストヒューマン的状況に魅惑されると同時に、ポストヒューマンによる常軌を逸した権力の乱用や、そのいくつかの基本的前提の持続可能性を懸念するという両方の流れに乗っている。魅惑の一部は、今日の世界において批判理論家がなすべき課題についてのわたしの感覚、つまり、わたしたちが位置づけられた歴史的な場所に適切な表象を提供するべきであるという感覚に負っている。この地図作成法的な目的自体は、社会的意義のある知識の生産という理想と結びついたつつましいものであるが、それはひるがえって、より野心的で抽象的な問い、すなわち理論そのものの地位や価値を問うものへと転じるのである。

幾人かの文化批評家たちが、現代の人文社会科学に衝撃を与えた「ポスト理論という病」の両義的性質に言及してきた。たとえばトム・コーエン、クレア・コールブルック、J・ヒリス・ミラー（Cohen et al., 2012）は、この「ポスト理論」的局面の肯定的な側面を力説する。つまり、この局面が実際に、現代科学が生み出す新たな好機と脅威をともに記録しているという事実である。しかしながら、否定的な側面、とりわけ、現在というものを精査するための適切な批判的図式が欠如しているという側面も、それに劣らず衝撃的なものである。

わたしの考えでは、こうした反理論への転換は、イデオロギー的文脈の変遷と結びついている。冷戦が公式に終結して以降、二〇世紀後半の政治運動の数々が放棄され、それらの理論的な努力は失敗した歴史的実験として退けられてしまった。自由市場経済という「新しい」イデオロギーは、社会の多くの勢力が激しく抵抗したにもかかわらず、あらゆる反対を押しつぶし、反知性主義をわたしたちの時代のきわだった特徴として強要することになった。このことは、人文学にとって特に手厳しいものである。

というのも、「常識」――ドクサの横暴――や経済的利益――陳腐な自己利益――に過度に忠実であろうとするあまり、分析の繊細さが犠牲になってしまっているからである。この文脈においては、「理論」はその地位を失い、ある種の幻想やナルシスティックな自己耽溺としてしばしば退けられる。その結果、空疎になった新‐経験主義――多くの場合、データマイニング以外の何ものでもない――が、人文学研究の方法論的規範となったのである。

　方法をめぐる問いは、真摯に考察する価値がある。諸々のイデオロギーが公式に終結し、神経科学や進化論や遺伝子科学が進展をみせたなかで、わたしたちは理論的解釈の力を、それが第二次大戦後享受してきたのと同じ尊敬の念をもって、いまでも維持することができるのだろうか。ポストヒューマン的窮状は、ポスト理論の気運ともつながっているのではないだろうか。たとえばブルーノ・ラトゥール(Latour, 2004)は、知識がどのようにして人間のアクターと人間以外のアクター――物体やオブジェクト――のネットワークによって生産されるのかを問う認識論的な研究をしている点で、必ずしも古典的な人文主義者ではないのだが、近年になって、批判理論の伝統や、それとヨーロッパ的な人文主義《ヒューマニズム》との関連について言及している。批判的思考が依拠する社会構築主義のパラダイムとはそもそも、現実を把握し表象するための道具としての理論への信念を宣言するものである。だが、そのような信念は今日なおも妥当なのだろうか。ラトゥールは、今日において理論が果たすべき機能について自問する深刻な疑義を投げかけたのだ。

　ポストヒューマン的状況には否定しがたく陰鬱な含意があるが、とりわけ批判的思考の系譜との関係においてはそうである。それはあたかも、一九七〇年代と八〇年代に理論的な創造性が爆発的に開花した後に、差異なき反復と根深いメランコリアというゾンビ化した光景に突入してしまったかのようなのである。ある亡霊的な様相がわたしたちの思考パターンに入り込んできている。それは政治的右派の領域では、イデオロギーの時代の終焉（Fukuyama, 1989）や文明化のための十字軍の不可避性（Huntington, 1996〔二〇一七〕）といった考えによって強化されている。その一方で政治的左派においては、理論の拒絶が、それまでの世代の知識人に対する反感と否定的思考の流れを引き起こすことになった。この理論疲れの文脈のなかで、新共産主義の知識人たち（Badiou and Žižek, 2009）は、理論的な思弁にふけりつづけるのではなく、必要とあれば暴力的な抗争をも辞さない具体的な政治行動への回帰が必要だと論じた。彼らは、ポスト構造主義の哲学的な諸理論をすっかり時代遅れなものにすることに貢献したのである。

以上のような全体として否定的な社会の風潮に応答して、わたしは系譜学的かつ航海図《ナヴィゲーション》を与えるような道具としてポストヒューマン理論にアプローチしてみたい。ポストヒューマンは、現在というものにアファーマティヴに関与する方法を探究するための術語として有用だとわたしは捉えている。つまり、この術語によって、還元主義に陥ることなく経験に根ざし、また、否定性を回避しつつも批判的であるようなしかたで、この時代のいくつかの特徴を説明できると考えているのである。わたしは、ポストヒューマンが、グローバルに接続され、技術に媒介された今日の社会のなかで支配的な術語として流通しているいくつかの道筋を描き出してみたい。より具体的には、ポストヒューマン理論は、「人新世《アントロポセン》」として知られる生物発生学上の時代における人間にとっての基本的な参照単位について再考するにあたって助けとなる生産性に富んだ道具なのである――ここでの「人新世」とは、〈人類〔the Human〕〉がこの惑星のすべての生命に影響を与える地質学的な力をもつようになった歴史的な契機のことである。さらに言えば、ポストヒューマン理論は、わたしたちが、人間の行為者《エージェント》と人間以外の行為者の双方と地球規模で相互作用をおこなうにあたっての基本的な教義を再考する手助けともなりうるだろう。
わたしたちが面しているポストヒューマン的な歴史状況が差し出している矛盾から、いくつかの事例を取りあげてみよう。

エピソード一
二〇〇七年一一月、フィンランド人の一八歳の少年、ペッカ＝エリック・オーヴィネンは、ヘルシンキ近郊の高校でクラスメイトに向けて発砲し八人を殺害、その後自害した。殺戮に先立ち、この若き殺人者はユーチューブに動画を投稿していた。動画に姿を現した彼のTシャツには次のように書かれていた。「ヒューマニティは過大評価されている」。

人間性《ヒューマニティ》が危機的な状況にある——絶滅に近づいていると言う者さえいるかもしれない——ということは、フリードリッヒ・ニーチェが、「神の死」や、神を礎として作られた〈人間〔Man〕〉という観念の死を宣言して以来、ヨーロッパ哲学のライトモチーフでありつづけている。この大言壮語な主張は、より穏当な意見を強調することを意図したものであった。ニーチェが主張したのは、ヨーロッパの人文主義的主体が形而上学的に安定した普遍的妥当性を有しているという通念において、人間本性に当たり前のように割りあてられてきた地位が終焉を迎えたということであった。ニーチェ的な系譜学が強調しているのは、自然法と自然的価値を教条的に遂行することにまさって、解釈が重要であるということである。それ以来、哲学のアジェンダにおける主要項目は、次のようなものでありつづけている。第一に、存在論的な不確定性という状態を認識した衝撃の後に、どのようにして批判的な思考を展開するのか。第二に、疑念や不信といった否定的な情念に陥ることなく、類縁性や倫理的な説明責任によってつなぎとめられた共同体の感覚をどのようにして再建するのか。

しかしながら、フィンランドのエピソードが描き出しているように、哲学的な反ヒューマニズムを、シニカルで虚無主義的な人間嫌い《ミサントロピー》と混同してはならない。人間性は実際、過大評価されているかもしれないが、地球上の人口が八〇億人に達しようとしているいま、どんな絶滅の話もまったく馬鹿げたもののようにみえる。それでもなお、環境破壊の危機や気候変動に鑑みて、生態系や社会の持続可能性という課題は、世界中のほとんどの政府にとって最重要プログラムとなっている。かくして、一九六一年、冷戦と核による対峙が絶頂に達するなかでバートランド・ラッセルが定式化した問いは、かつてない意義を帯びているように聞こえる。すなわち、本当に人類に未来はあるのか〔Russell, 1963＝一九六二〕。持続可能性か絶滅かの選択が、わたしたちが共有する未来の地平を枠づけているのだろうか。それとも他の選択肢があるのか。それゆえ、ヒューマニズムとそれに対して反ヒューマニズムから向けられた批判、その双方が抱える限界という論点は、ポストヒューマン的窮状にかかわる論争の中心をなすものであり、第一章ではこの問題に取り組むつもりである。

エピソード二

『ガーディアン』誌の報道によると、アフガニスタンなど戦争で荒廃した土地に住む人々は、生き延びるために草を食べるような状況に陥っていた。[1] 歴史上の同時期に、英国やヨーロッパ連合内の他の一部の地域では、乳牛に食肉由来の飼料が与えられていた。過度に先進した諸国の農業バイオテクノロジー部門では、乳牛や羊や養鶏を動物飼料で肥育するという予期せぬカニバリズム的転回がすでに起こっていたのである。後の診断によれば、こうした方策が、牛海綿状脳症（BSE）という致死の病を引き起す原因であった。俗に「狂牛病」と呼ばれるこの病気は、動物の脳の構造を蝕み、どろどろの状態に変化させる。しかしながら、ここでの狂気は議論の余地なく、人間の側、人間によるバイオテクノロジー産業の側にある。

先進資本主義とそれが有する遺伝子工学技術は、倒錯したポストヒューマンのありかたを生み出している。その核心には人間と動物の相互作用の徹底的な破裂があり、にもかかわらず、すべての生物がグローバル経済という糸車にからめとられている。生ける物質の遺伝子コード――「〈生〉そのもの」（Rose, 2007〔二〇一四〕）――が、主たる資本なのである。グローバル化とは、一連の相互に関連した専有の様式を介して、地球という惑星をあらゆるかたちで商品化するということである。ハラウェイによればそれとは、ミクロな紛争が世界規模で技術的・軍事的に蔓延すること、ハイパー資本主義的に富が蓄積されること、生態系を惑星規模の生産装置へと転換すること、そして、新しいマルチメディア環境における

◆1 *The Guardian Weekly*, 3-5 January 2002, p.2.

グローバルなインフォテインメント装置である。

羊のドリーという現象は、現代の諸技術がもつ遺伝子工学的構造とそれに対する株式投資者たちが生み出した厄介な問題に寓意を与えている。動物は、生きた素材を科学実験のために供給する。動物は、バイオテクノロジー農業、美容産業、薬物と製薬産業、その他の経済分野にとって生産的なしかたで、操作され、酷使され、虐待され、遺伝子組み替えされている。動物はまた、エキゾティックな商品としても販売されており、今日の世界において、薬物、兵器に次いで——だが、女性よりも上位の——三番目に大きい違法取引市場を作り出している。

鼠、羊、山羊、牛、豚、兎、鳥、家禽、猫、これらは工業化された畜産業において繁殖させられ、バタリー・ケージの生産ユニットに幽閉されている。しかしながら、ジョージ・オーウェルが予言したように、すべての動物は平等であるかもしれないが、一部の動物は他の動物たちと比べて決定的により平等なのだ〔Orwell, 1946＝二〇一七〕。かくして、動物たちはバイオテクノロジーの産業複合体に必要不可欠なものであるので、EUの家畜は、乳牛一頭あたり総額八〇三USドルもの補助金を受けとっている。これは、アメリカと日本の乳牛それぞれに与えられる一〇五七USドルと二五五五USドルの補助金と比べるとかなり少ない。これらの数値は、エチオピア（一二〇USドル）、バングラディッシュ（三六〇USドル）、アンゴラ（六六〇USドル）、ホンジュラス（九二〇USドル）のような国々の一人当たりの国民総所得と比べると、なおさら不気味にみえる。◆2

こうした生命組織のグローバルな商品化と対応しているのは、動物自体が部分的に人間化されてきているということだ。たとえば生命倫理の分野において、動物の「人」権という論点が、それらの行き過ぎに対する対抗措置として提起されている。動物の権利を守ることは、ほとんどの自由民主社会において注目されている政治的な問題なのである。この投資と虐待の組みあわせは、先進資本主義そのものから生じた逆説的なポストヒューマン的状況であり、それが多様なかたちの抵抗を引き起こす。第二章では、この動物をめぐる新しいポスト人間中心主義的視点について詳細に議論する予定である。

エピソード三

二〇一一年一〇月一〇日、リビアの指導者の座を追われたムアンマル・カダフィは故郷シルトの街で捕らえられ、リビア国民評議会（NTC）のメンバーによる暴行を受け殺害された。だが、カダフィ大佐が反乱軍に銃撃されるより前に、彼を乗せた護送車は、フランス軍戦闘機とアメリカ軍のプレデター・ドローンによって爆撃されていた。そのドローンはシチリアのアメリカ空軍基地から飛び立ち、ラスベガス郊外の基地から人工衛星を介して操作されていた。◆3

世界中のメディアが、実際の銃撃の残忍さや、負傷し流血したカダフィの身体を世界の眼にさらすという侮辱行為に注目したが、その一方で、現代の戦争行為におけるポストヒューマン的側面としか言い

◆2 *The Guardian Weekly*, 11-17 September 2003, p.5.
◆3 *The Daily Telegraph*, 21 October 2011.

ようのないものにはさほど関心が払われることはなかった。つまり、わたしたち自身の先進技術が作り出した遠隔タナトス的な機械のことである。カダフィが迎えた非道な最期は——彼自身の暴虐な独裁支配にもかかわらず——、人間であることにかすかな羞恥心を覚えさせるほどのものであった。だが、ドローンという先進世界の洗練された死‐技術が彼の死亡に際して果たした役割が否認されたことで、道徳的、政治的不快感にもうひとつの層が付け加えられたのである。

ポストヒューマン的窮状には、非人間的（非人道的）な契機がことさらにあふれている。恐怖支配によって進められるグローバル化した世界において、新たな戦争の残忍さは、生けるものの統治だけでなく、とりわけ過渡期にある国々においては、死ぬことの多様な実践にも当てはまる。ンベンベ（Mbembe, 2003〔二〇〇五〕）が鮮やかに論じたように、生‐権力と死‐政治《ネクロポリティクス》は表裏一体なのだ。冷戦後の世界は、戦争状態の劇的な増加をみたのみならず、戦争行為そのものを、生存と絶滅をより複雑に管理する方向へと根底から変容させた。現代の死‐技術は、強度の技術的媒介のもとで作動しているがゆえに、ポストヒューマン的なのである。ラスベガスのコンピュータ・ルームからアメリカ軍のプレデター・ドローンを操縦したデジタル・オペレーターのことを「パイロット」と捉えてよいのだろうか。彼は、広島と長崎の上空でエノラ・ゲイ号を操縦した空軍兵士たちとどのように異なるのだろうか。現代の戦争は死‐政治的な権力を、「人間の身体と人口の物質的な破壊」（Mbembe, 2003: 19〔二〇〇五、一四頁〕）を行政運営するという新たな水準にまで高めることになった。そして、それは人間に限られない。

新たな死‐技術が作動している社会情勢は、一方でノスタルジーとパラノイア、他方で多幸感や高揚感という政治的エコノミーによって支配されている。この躁鬱状態は、様々なかたちで変奏されている。

切迫した災害の恐怖、いままさに起こらんとしているカタストロフィ、ハリケーン・カトリーナや次なる環境事故、さらにはあまりにも低空を飛行する飛行機や、遺伝子の突然変異や免疫の失調。アクシデントはそこにある——たったいま繰り広げられようとしており、潜勢的《ヴァーチャル》には確実である。まさに時間の問題なのだ（Massumi, 1992）。こうして安全性が失われた状況の結果として、変化ではなく、保存と生存こそが社会的に強要される目標になっている。これら死 - 政治の諸側面については、第三章で立ち戻ることになる。

エピソード四

オランダ王立科学アカデミーが数年前に開催した、人文学という学問領域の未来についての学術会議の席上、ある認知科学の教授が人文学を真っ向から非難した。その非難は、人文学の二つの主要な欠陥と彼が捉えるものに依拠していた。つまり、人文学に内在する人間中心主義と、人文学が方法論的に抱えるナショナリズムである。この著名な研究者によれば、これら二つの欠点はこの分野にとって致命的なものであって、それゆえ人文学は現代の学問としては不適格であり、かくして関連省庁や政府による財政的援助に値しないとみなされた。

人間なるものの危機とその後に降り注いだポストヒューマンの死の灰は、人間に最も深くかかわる学問領域、すなわち人文学《ヒューマニティーズ》に悲惨な結末をもたらしている。今日、先進的な民主主義国家のほとんどに広まる新自由主義的な社会風潮のなかで、人文学の研究は、「ソフト」サイエンスという水準からも格下げされて、有閑階級のための花嫁学校のようなものになってしまっている。専門的な研究領域というよりも個人の趣味にかかわるものとみなされた人文学は、二一世紀のヨーロッパにおける大学の教育課程から消滅する深刻な危機のもとにあるとわたしは思っている。

それゆえ、ポストヒューマンというトピックに対するわたしの取り組みの背後にはもうひとつの動機があり、それはおそらく、今日、学者が果たすべき役割をめぐって一市民として感じている深い責任感と関係している。人文学出身の思想家は、かつては「知識人」として知られていたものだが、現代の公共社会というシナリオのなかでは、いかなる役割を果たすべきか分からず途方に暮れてしまうかもしれない。言うなれば、わたしのポストヒューマンへの関心は、わたしたちの社会が今日作り出しているたぐいの知識や知的諸価値についてのあまりに人間的な懸念から生じている。より具体的にわたしが心配しているのは、大学での研究における、他によい言葉がないのでいまだ人文科学ないし人文学と呼んでいるものの状況についてである。今日の大学についてのわたしの考えは、第四章で展開するつもりである。

また、この責任感は、夢があった世代に属しているわたしにとって身に染みて大切な思考の習慣を表してもいる。かつての夢とは、学びの共同体を実際に設立することであり、わたしはいまでもその夢を抱いている。すなわち、学校、大学、書籍や教育課程、討論クラブ、劇場、ラジオ、テレビやメディア・プログラム——後にはウェブサイトやコンピュータ環境——、それらを、自らが反映するとともに仕えてもいる社会に似ているようなものにすること、そうすることで、社会の構築を助けるものにしていくこと。それは、以下に挙げる社会的正義の基本原則に適合するような、社会的に意義のある知識を生産するという夢である。つまり、人間の品位や多様性の尊重、誤った普遍主義の拒否、そして積極的な差異の肯定、さらには学問の自由、反人種差別主義、他者に対して開かれた態度や友好性といった諸原則である。わたしは反ヒューマニズムの側に傾倒しているが、これらの理想が最も優れたヒューマニズム的諸価値と完璧に合致していると認めることにはまったく困難を覚えない。本書は、学問的論争においてどちらかの立場に与するのではなく、むしろ、わたしたちがそのさなかにいる複雑性の意味を解きほぐすことを目指している。わたしは批判を創造性と組みあわせ、「アクティヴィズム」を再び「アクティヴなもの」にする新しい方法を提唱するつもりである。そうすることで、グローバルな時代のためのポストヒューマンな人間性《ヒューマニティ》というヴィジョンへと向かいたい。

　ポストヒューマンな知識――そして、それを支える知の主体――は、保守的なノスタルジーと新自由主義的な多幸感という二重の落とし穴を回避しつつ、共同体の紐帯を築くような諸原則を熱望する根源的な思いを具現化する。本書を動機づけているのは、新しい世代の「知の主体」に対するわたしの信頼である。その新しい世代は、建設的な種類の汎人間性を肯定しており、また、それを実現するために、精神の偏狭さ、諸々のイデオロギーによる派閥主義、不誠実な虚勢、そして恐怖の支配といったものから、わたしたちを自由にするべく懸命になっている。この熱望はまた、大学のあるべき姿に対するわたしのヴィジョンをかたちづくってもいる。つまり、今日の世界に奉仕するウニヴェルスムというヴィジョンであり、そのような大学は、学問的生産をする認識論的《エピステモロジカル》な場としてだけではなく、知識とあいまってわたしたちの主体性を支えるエンパワーメントへの認識愛的《エピステモフィリック》な想いとしても世界に奉仕するのである。わたしはこうした切なる想いを、わたしたちが立つ歴史的な場所において切迫している権力の具体的な状況と関係とを理解することを通じて、自由を根底から熱望する気持ちとして定義したい。そうした権力状況には、わたしたちの誰もがそれぞれに日常的な社会関係のネットワークにおいて、ミクロ政治とマクロ政治の双方の次元で遂行している権力も含まれる。

　わたしたちの集合的および個人的な次元における強度や創造性は、人間的な、あまりに人間的な、諸々の資源や限界によって枠づけられている。ポストヒューマンなるものへのわたしの関心は、ある意味でこのことにわたしが感じているフラストレーションを如実に反映している。これこそが、主体性の問題がこれほどまでに本書の中心をなしている理由である。わたしたちは、目下経験している根底的な変容に匹敵できるような、主体形成についての新しい社会的・倫理的・言説的図式を考案しなければならないのだ。それはつまり、わたしたち自身について異なったしかたで考えることを学ばなければならないということである。わたしは、ポストヒューマン的窮状を、思考・知識・自己表象についてのオルタナティヴな図式の追求に力を賦与《エンパワー》する契機と捉える。ポストヒューマン的状況は、わたしたちが実際に誰に、そして、何に生成変化しようとしつつあるのかについて、批判的かつ創造的に思考するようわたしたちを駆り立てるのである。

第一章

ポスト人文主義——自己を越える生

Post-Humanism: Life beyond the Self

あらゆるもののはじまりには〈彼〉が存在している。つまり、「人間」の古典的理想像であり、最初にプロタゴラスが「万物の尺度」として定式化したそれは、その後イタリア・ルネサンス時代に普遍的なモデルとして復興され、レオナルド・ダ・ヴィンチのウィトルウィウス的人体図に表象された（図1・1参照）。完全な身体というこの理想は、健康な精神は健康な肉体に宿るという古典的な格言に沿って二重化し、一連の心的・言説的・霊的価値に転じる。それらの価値が重なりあわさり、人間性における「人間」とは何かということについての特殊な観点を是認している。さらにそれら諸価値は、人間の個人的および集合的な完全性を追い求めるほとんど無際限な人間の能力を揺るぎない確信をもって主張する。このイコン的イメージは人文主義《ヒューマニズム》の寓意であり、それはひとつの教義として、人間の諸能力の生物学的・言説的・道徳的な拡張をまとめあげ、目的論的に定められた合理的進歩という観念に仕立てあげる。人間の理性のみに備わる自己統制的で本来的に道徳的な力能への信念があり、それがこの高度に人文主義的な信条の不可欠な部分をかたちづくっているのだ。その信条が本質的な根拠を置いているのは、一八、一九世紀になって翻案された古典古代とイタリア・ルネサンスの理想である。

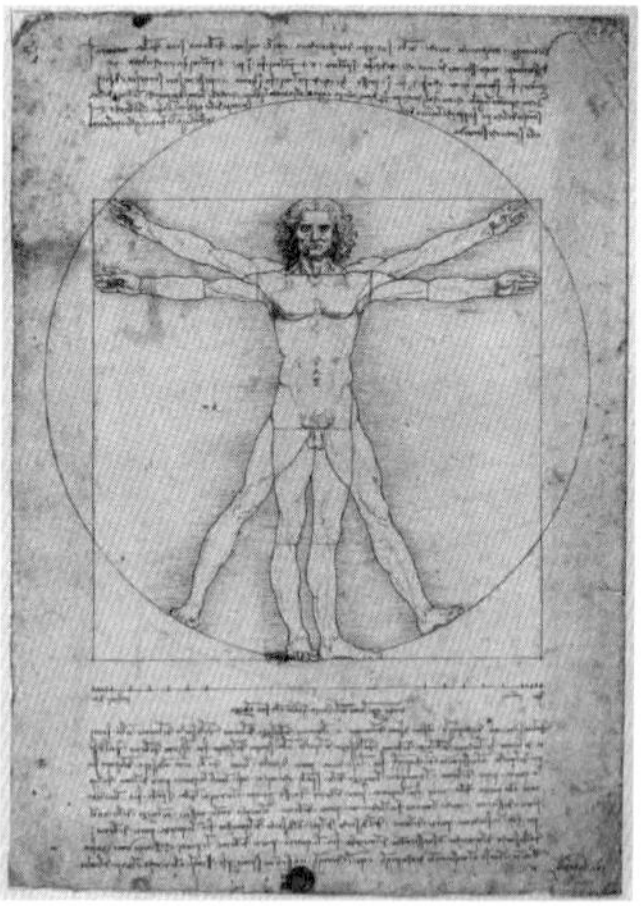

図1・1　ウィトルウィウス的人体図、1492年、レオナルド・ダ・ヴィンチ
出典：Wikimedia Commons

　このモデルは、個々人のみならず、個々人が属する文化に対しても基準を与えている。人文主義は、歴史的に文明モデルへと発展し、ヨーロッパ

についてのある観念、すなわち、ヨーロッパが自己反省的な理性というすべてを普遍化する力能と一致しているという考えかたをかたちづくった。ヘゲモニー的な文化モデルへと変異した人文主義の理想は、ヘーゲルの歴史哲学によって正典化された。この自ら拡大していくヴィジョンが前提としているのは、ヨーロッパが単なる地政学的な場所ではなく、むしろ人間精神の普遍的属性であり、自らの性質をあらゆる適合可能な対象へと賦与しうるということである。エドムント・フッサール（Husserl, 1970〔一九九五〕）は有名な論考「ヨーロッパ諸学の危機」においてこの観点を信奉し、一九三〇年代ヨーロッパにおけるファシズム台頭の脅威に象徴される知性と道徳の凋落に対して、理性の普遍的な力を情熱的に擁護した。フッサールの観点においては、ヨーロッパとは、批判的理性と自己反省性という、人文主義の規範に支えられている二つの性質が由来する場にほかならない。比肩するもののない普遍的意識としてのヨーロッパは、その特殊性を超越する。あるいはむしろヨーロッパは、超越の力を自らのきわだった特徴として、また人文主義的普遍主義を自らの固有性として措定するのである。これによってヨーロッパ中心主義は、単なる態度の問題という偶発的な事柄以上のものとなった。つまり、ヨーロッパ中心主義はわたしたちの文化的実践に組み込まれた要素であり、それは理論と制度的・教育的諸実践の両方に埋め込まれてもいる。文明的理想としての人文主義は、「一九世紀におけるドイツやフランス、そしてわけてもイギリスの帝国主義的運命」（Davies, 1997: 23）を焚きつけたのだった。

このヨーロッパ中心主義というパラダイムは、自己と他者の弁証法を暗示している。つまり、普遍的な人文主義の原動力としての自己同一性とその文化的ロジックとしての他者性という二元的な論理を暗示しているのである。この普遍主義的な姿勢とその二元的論理の中心をなすものは、価値下落としての

「差異」の観念である。〈主体性〉が意識、普遍的合理性、自己統制的な倫理的行為と同一視されるのに対して、〈他者性〉はその否定的かつ鏡像的な対応物として定義される。差異が劣等を意味するかぎり、差異は「他者」の烙印を押された人々に本質主義的かつ致命的な意味合いを賦与することになる。すなわち、性別化・人種化・自然化された他者のことであり、それらの他者は、使い捨て可能な身体という人間以下の地位に還元される。わたしたちはみな人間である。だが、わたしたちの一部は、ただ他に比べてより死すべき存在なのである。ヨーロッパやその他の地域での他者の歴史は、死をもたらす排除と資格剥奪の歴史であった。そのため、これらの「他者」は、権力と排除にかかわる諸問題を引き起こしているのである。わたしたちは、人文主義の遺産を扱ううえで、より倫理的な説明責任を必要としている。トニー・デイヴィーズの明快な言葉によれば、「これまでのあらゆる人文主義は、帝国主義的だった。それらは、ある階級、ある性別、ある人種、あるゲノムの言葉づかいと利害関心において、人間なるものについて語っている。人文主義による包含は、それが無視することのない人々を窒息させる。〔……〕人間性の名のもとに犯されることのなかった罪を考えることは、ほとんど不可能である」（Davies, 1997: 141）。実際その通りであるが、序で第一エピソードとして挙げたペッカ＝エリック・オーヴィネンの事件が示すように、多くの残虐行為が人間性《ヒューマニティ》への嫌悪の名のもとにおこなわれてきたのも、残念ながら事実である。

何が人間なるものに値するのかについての人文主義の限定的な考えかたは、わたしたちがそもそもいかにしてポスト人間《ヒューマン》的な転回にいたったのかということを理解するための手がかりのひとつである。その道程は、単純なものでも予測できるものでもない。たとえばエドワード・サイードは、ポスト植民地主義の観点を導入し、複雑な見取り図を提示した。「ナショナリズムを保護し、いや擁護さえする人文主義は、これはときに避けがたいことなのだが、しばしばイデオロギー的な獰猛さと勝利の意識を混ぜ合わせた祝福のことばになる。たとえば、植民地の環境では、抑圧されていた言語や文化が復活され、文化の伝統や燦然たる先祖の栄光を通しての国家肯定が試みられる、［……］こういうことは、説明可能だし、理解可能である」（Said, 2004: 37〔二〇一三、四九頁〕）。この留保が決定的なのは、実際にどの立場から発言しているのかということの重要性を指摘している点である。中心と周縁という場所の差異はきわめて重大である。とりわけ人文主義のように複雑で多面的なものの遺産にかかわるときは、なおさらそうである。一方では大虐殺や犯罪と共謀し、他方では自由への測り知れない望みと憧れを支持しながらも、人文主義はどうにかして単線的な批判を打破している。この変幻自在な特質が、人文主義が延命している原因の一部である。

反ヒューマニズム

議論を始めるにあたって、最初に手持ちのカードを机上に並べさせていただきたい。わたしは、人文主義《ヒューマニズム》、ないし人文主義が暗黙裡に是認している人間なるものの観念にはまったく好意的ではない。反ヒューマニズムは、自分の知的および個人的な系譜学、そしてわたしの家族的背景の大きな部分を占めており、わたしにとってヒューマニズムの危機は陳腐ですらある。なぜだろうか。

ヨーロッパ中心主義を核心とし、帝国主義的な傾向を備えたヒューマニズムは、歴史的衰退のもとにある。わたしが終始、こうした考えを大喜びで受け入れてきた理由は、主に政治と哲学にある。もちろん、歴史的な文脈もそこには大きくかかわっている。わたしは第二次世界大戦後の混乱した時期に知的・政治的な成熟を迎えたのだが、その当時、ヒューマニズムの理想はかなり徹底的に疑問視されるようになっていた。一九六〇年代から一九七〇年代を通じて、新しい社会運動や当時の若者文化から、アクティヴィズムを標榜する反ヒューマニズムが発展してきた。つまり、フェミニズム、脱植民地、反人種差別、反核、平和主義などの運動である。年代としてはいわゆるベビー・ブーム世代の社会政治と文化政治に結びついていたこれらの社会運動は、諸々の急進的な政治社会理論や新しい認識論を生み出した。冷戦のレトリックは、西側の民主主義、リベラルな個人主義、そして全員に保証しているとされる自由を強調するものであったが、それらの理論や認識論はそういった常套句に対して異議を唱えるものであった。

ベビー・ブーム世代を自認することほど、理論的なミドル・エイジ・クライシスじみたことはない。この世代のパブリック・イメージは、現時点では必ずしも受け入れやすいものではない。にもかかわらず実を言えば、この世代は、二〇世紀に失敗に終わった多くの政治的実験というトラウマ的遺産によって標づけられていたのである。一方にファシズムとホロコースト、他方に共産主義とグラーグ[◇1]があり、両者の恐怖を天秤にかけると血塗られた均衡を保っている。これらの歴史的現象と、一九六〇、七〇年代におけるヒューマニズムの拒絶のあいだには、明確な世代的つながりが存在する。以下に説明しよう。

ファシズムと共産主義という二つの歴史的現象は、イデオロギー的内容の水準では、ヨーロッパの人文主義の基本的な教義を公然と、あるいは暗黙裡に拒絶し、暴力的に裏切った。しかしながら、構造と目的という点では、両者はかなり異なった運動となっている。ファシズムが、理性の自律性と道徳的善への敬意という啓蒙主義の基礎に対して根幹から離脱するよう冷酷に説き勧めたのに対して、社会主義はヒューマニズム的連帯という共産主義的観念を追求した。社会主義的人文主義は、一八世紀における空想社会主義の運動以来、ヨーロッパの左翼を特色づけてきた。たしかにマルクス-レーニン主義は、社会主義的人文主義のこれらの「頭の弱い」側面、とりわけ彼らが、真正なるものに向かう人間存在のポテンシャルの具現化を（疎外との対比において）力説したことを拒絶した。それにかわるものとして、マルクス-レーニン主義は「プロレタリア・ヒューマニズム」を提示したのである。それはソヴィエト連邦の「革命的ヒューマニズム」としても知られており、共産主義を通じて、またその体制下で、普遍的、理性的な人間の「自由」を容赦なく追求するものであった。

戦後に共産主義的人文主義が比較的人気だったことには、二つの要因が寄与していた。第一の要因は、ヨーロッパにおける社会の歴史のみならず、知の歴史にも及んだ凄惨なファシズムの影響である。ファシズムとナチズムの時代は、ヨーロッパ大陸の批判理論の歴史を途絶した。というのもその時代は、二〇世紀初頭の哲学のまさに中心をなしていたいくつかの学派——特にマルクス主義、精神分析、フランクフルト学派、さらには破壊力をもったニーチェ的な系譜学（ニーチェの場合、かなり複雑なのはたしかだが）——を打ち砕き、ヨーロッパから追放したのである。さらに、冷戦と二つの地政学的なブロックの対立は、第二次世界大戦の終結以来、一九八九年までヨーロッパを真っ二つにして対立関係を作り出し、かつてあれほどの暴力や自己破壊によって大陸から排除されていたラディカルな理論の再導入を阻む結果となった。たとえばいちじるしくも、批判的ポストモダンという哲学的時代を予告するものとしてミシェル・フーコーが指摘した著述家たちの多く（マルクス、フロイト、ダーウィン）は、まさに一九三〇年代にナチスが禁止し焚書にしたのと同じ人たちなのである。

マルクス主義的ヒューマニズムに人気があった第二の理由は、ソヴィエト連邦の庇護のもと、共産主義がファシズム打倒にあたって中心的な役割を果たし、それゆえ、どの点から見ても勝利者として第二次世界大戦から姿を現したということである。その結果、一九六八年に政治的に成熟を迎えた世代は、社会主義や共産主義によるファシズムへの対抗、そしてソヴィエト連邦のナチズムに対する戦果の帰結として、マルクス主義の実践やイデオロギーに対する肯定的な見解を引き継ぐこととなった。このことは、アメリカ文化のほとんど伝染病的な反共産主義と衝突を引き起こし、現在にいたるまでヨーロッパとアメリカのあいだの大きな知的緊張の係争点でありつづけている。ヨーロッパ全体を通して共産党がファシズムに対する抵抗の唯一で最大の標章であったと思い起こすことは、第三千年紀の夜明けにおいてはときに困難をともなう。共産党はまた、世界中の、特にアフリカとアジアの国民解放運動において顕著な役割を果たした。アンドレ・マルローの記念碑的なテクスト『人間の条件』(Malraux, 1934〔一九七八〕)は、共産主義の道徳的偉業と悲劇的側面の両方を証言している。それは、時代も地政学的文脈も異なるが、ネルソン・マンデラの生涯と仕事と似たことの証言となっているのである(Mandela, 1994〔一九九六〕)。エドワード・サイードは、合衆国内での自身の立場から語りながら、また別の意義深い洞察を付け加えている。

反人文主義がアメリカの知的状況に根を下ろしているのは、ある程度ヴェトナム戦争に対して広がった反感のためであることは、頭においておくべきだろう。この反感のなかから、人種差別や帝国主義一般への、そして砂を噛むような人文学研究への、反対運動が生じた。人文学はそれまでずっと、非政治的で浮世離れした、現在を忘却する（しばしば自分の都合のよいように料理する）姿勢を代表しており、過去のすばらしさ〔……〕の至高の価値を断固として讃えていた（Said, 2004:13〔二〇一三、一六頁〕）。

アメリカの「新」左翼は一九六〇、七〇年代を通して、戦闘的であることを辞さない急進的な反ヒューマニズムを体現し、多数派の自由主義だけでなく伝統的左翼のマルクス主義的人文主義とも対立する立場をとったのである。

いまや非人道的で暴力的なイデオロギーとして社会的にコード化されたマルクス主義が、実際にはヒューマニズムのひとつであるかもしれないという考えは、若い世代や大陸哲学の学識がない人々にショックを与えるであろうということはよく分かっている。しかしながら、議論がどのように形成されてきたのかを確認するにあたっては、サルトルとボーヴォワールのような傑出した哲学者たちが批判的分析のための世俗的道具としてヒューマニズムを力説した点を考慮するだけでよしとしよう。実存主義は、道徳的責任と政治的自由の両方の源泉としてヒューマニズム的良心を強調したのである。

フランスは、反ヒューマニズムの批判理論の系譜学のなかで、きわめて特別な位置を占めている。フランス知識人たちの名声は、この国の素晴らしい教育体制のみならず、考慮すべき諸々の文脈とも結びついていた。なかでも真っ先に挙げられるのは、シャルル・ド・ゴールの反ナチス抵抗運動がもたらした第二次世界大戦終了時のフランスにおける高度な道徳水準である。結果的にフランス知識人たちは、特に戦後ドイツの荒廃状態と比べるときわめて高い地位を享受しつづけた。そのため、サルトルやボーヴォワールだけでなく、アーロン、モーリアック、カミュ、マルローなどの知識人たちが大きな国際的な評価を獲得した。トニー・ジャットはこのことを以下のように簡潔にまとめている（Judt, 2005: 210〔二〇〇八、上巻、二六九頁〕）。

一九四〇年の壊滅的敗北、ドイツ占領下四年間の屈辱的な忍従、ペタン元帥のヴィシー政権がもつ道義的な曖昧さ（ともすれば、曖昧には留まらない）、戦後期国際外交におけるアメリカやイギリスへのこの国の呆れ果てた従属ぶり――こうしたことすべてにもかかわらず、フランス文化は再び国際的関心の中心となった。フランスの知識人は時代のスポークスマンとして国際的に特別な重要性を獲得し、フランスにおける政治議論の主調が世界一般のイデオロギー的裂け目の縮図となった。もう一度――そしてこれが最後だったが――パリがヨーロッパの首都となった。

戦後期を通じて、パリはあらゆる種類の批判的思想家たちを惹きつける磁石としての機能を果たし、そうした思想家たちを輩出しつづけてきた。たとえばアレクサンドル・ソルジェニーツィンの『収容所群島』は、地下出版としてソヴィエト連邦から秘密裏に持ち出された後、一九七〇年代にフランスで最初に出版された。パリでの隠遁生活こそが、一九七九年のアーヤットラー・ホメイニーのイラン革命を主導し、世界初のイスラム政府を樹立させた。この時代のフランスの状況は何らかのしかたで、あらゆる種類の急進的政治運動に開かれていた。事実として、非常に多くの批判的思想の学派がこの時期の〔セーヌ川の」両岸で開花し、それゆえフランス哲学は理論そのものとほぼ同義になったのである。このことは、第四章でみるように、長期間にわたって両面入り混じった結果をもたらした。

一九六〇年代に入るまで哲学的理性は、支配と排除の歴史モデルを永続させることによる自らの責任という問いから、比較的無傷なまま逃れていた。マルクス主義的な疎外とイデオロギーの理論に影響を受けたサルトルとボーヴォワールはともに、理性の勝利と支配的権力の力を結びつけ、かくして哲学的理性《ラティオ》と実生活上の非正義の社会的実践との共犯関係を暴露することにはなった。しかしながら、彼らは、理性という普遍主義的理念を弁護しつづけ、こうした矛盾を解消するにあたって弁証法的モデルに依拠しつづけていたのである。この方法論的アプローチは、「他者たち」を暴力的に占有し消費するというヘゲモニー的モデルに批判的でありながらも、哲学的課題のことを、特権的であり文化においてヘゲモニー的な政治分析のツールとして規定することにもなった。サルトルとボーヴォワールにおいて哲学者-王というイメージは、批判的様式においてであれ、全体図に組み込まれている。イデオロギーの批判者として、抑圧された者の良心として、哲学者は考える人間存在であり、偉大な理論体系や包括的な真理をたえず追究していく。サルトルとボーヴォワールは、人文主義的な普遍主義を西洋文化の顕著な特徴として、すなわち、個別主義の西洋文化特有の形態とみなしているのである。彼らは、哲学を自らの歴史的責任や概念的な権力の斡旋と向きあわせるにあたって、人文主義により与えられた概念ツールを用いていたのである。

この人文主義的普遍主義は、社会的不平等の人為的で歴史的に可変的な性質を力説する社会構築主義と対になり、堅固な政治的存在論の土台を固めた。たとえばボーヴォワールの解放運動的フェミニズム

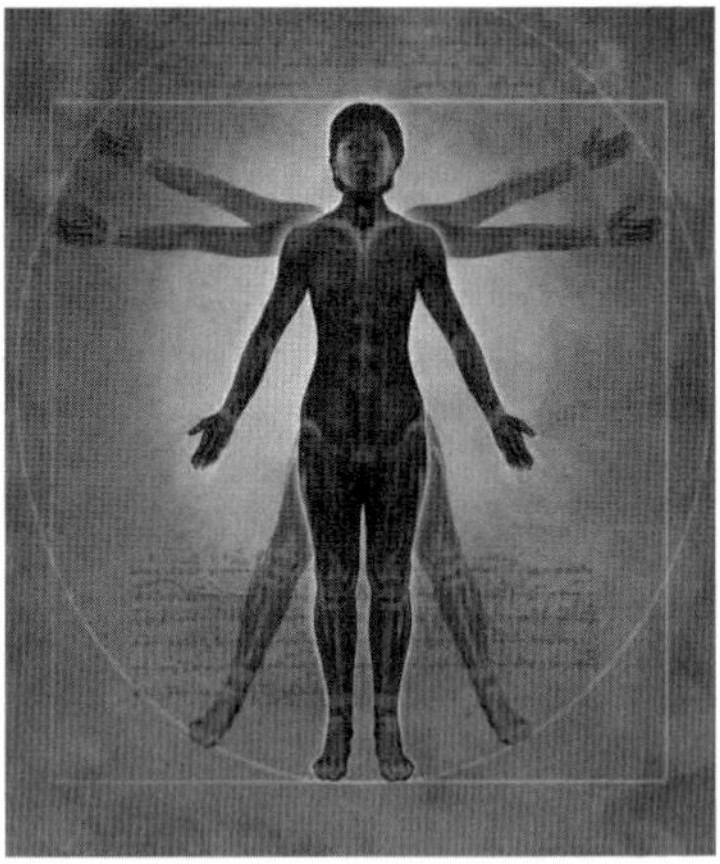
図1・2　新しいウィトルウィウス的女体図
出典：Friedrich Saurer/Science Photo Library

は、「女性は女性的な万物の尺度である」（図1・2参照）という人文主義の原理にもとづいて築かれている。すなわち、フェミニズム哲学者が自らの説明責任を果たすためには、すべての女性の状況を考慮に入れる必要があるというのである。このことは、理論的な水準で自己と他者たちの生産的な総合を作り出す。政治的には、ウィトルウィウスの女性は一と多が連帯する絆を築き、それが一九六〇年代の第二波フェミニスト運動の手によって、政治的な女性の結束の原理へと成長することとなった。これによって女性たちに共通の基盤が措定され、世界内女性存在というものが、あらゆる批判的省察や分節化されつつ連帯した政治的実践の出発点となった。

人文主義的フェミニズムは、身体をもち状況に埋め込まれていることを掲げる新たな種類の唯物論を導入した（Braidotti, 1991）。この理論的革新の基礎には、それ特有の状況化された認識論（Haraway, 1988〔二〇一七b〕）がある。「場所〔＝位置〕の政治学」（Rich, 1987〔一九八九〕）の実践から発展したその認識論は、スタンドポイント・フェミニズム理論の呼び水となり、その後一九九〇年代にはポストモダン・フェミニズムとの議論を引き起こした（Harding, 1991）。人文主義的フェミニズムの理論的前提は、身体化〔＝身体をもつこと〕という唯物論的観念であり、この観念が新しいより精緻な権力分析の前提となっている。

こうした前提は、男性優位主義的な普遍主義の徹底的な批判にもとづいているが、なおも平等志向のアクティヴィズム的な人文主義のありかたに従属している。

フェミニズムの理論と実践は、一九七〇年代の他のほとんどの社会運動よりも迅速かつ効果的に作用した。それは、分析のための独自のツールと方法を開発し、権力の機能のしかたについてのより鋭敏な考察を可能にした。さらにフェミニストたちは、いわゆる「革新的」左翼の男性優位主義や性差別的な慣習を明確な標的にし、それらがイデオロギー的矛盾を抱えており、本来的に侮蔑的であると非難した。

しかし、左翼の主流派内で戦後の新しい世代の思想家たちが優先したのは別のことであった。彼らは、西欧ならびにソヴィエト帝国における戦後ヨーロッパ共産主義政党の高度な道徳的立場に反発したのである。このことは結果として、マルクス主義テクストやその鍵となる哲学的概念を解釈するにあたって権威主義的な支配力を及ぼすことになった。一九六〇年代後半のフランスやヨーロッパ全土で展開された新しい哲学的急進主義は、共産党がもつ思想や実践の教条的な構造を雄弁に批判した。そこには、サルトルやボーヴォワールのような哲学者と共産主義左派とのあいだでの政治的同盟[1]に対する批判も含まれていた。この政治的同盟は、少なくとも一九五六年のハンガリー暴動まで続いていた。一九六八年世代は共産主義の教条や暴力に反応して、マルクスの文章の転覆的なポテンシャルに直接訴え、自らの反制度的なルーツを取り戻そうとした。彼らの急進主義は、マルクス主義の教条を体現した諸々の制度に

◆1　ただし、サルトルとボーヴォワールはフランス共産党の党員ではなかった。

備わるヒューマニズム的な含意と政治的な保守主義の批判という観点から表明されたのである。

反ヒューマニズムは、後に「ポスト構造主義世代」として世界的に知られることになる急進的な思想家たちの世代のスローガンとして現れた。実際、彼らは先駆《アヴァン・ラ・レットル》的なポスト共産主義者だった。彼らは、弁証法的で対立的な思考法から身を引き、人間の主体性についての変わりゆく理解に対処するための第三の方法を展開した。ミシェル・フーコーの革新的なヒューマニズム批判である『言葉と物』(Foucault, 1970〔一九七四〕)が出版された頃までに、「人間なるもの」という理念――仮にそのようなものがあるとして――とは何かという問いかけが当時の急進的な言説のなかに広く伝播し、一群の政治集団にとって反ヒューマニズム的なアジェンダとなった。フーコーが宣言した「〈人間〉の死」が定式化している認識論的、道徳的な危機は、諸々の二項対立を超えて政治的スペクトラムのさまざまな極を横断する。それが標的としているのは、マルクス主義が暗に含みもつヒューマニズムであり、より具体的には、〈人間〉を世界史の中心にたえず位置づけようとするヒューマニズム的な傲慢である。マルクス主義でさえ、史的唯物論というマスター・セオリーの覆いのもと、依然として、ヨーロッパ思想をつかさどる主体を単一かつヘゲモニー的なものとして定義し、その彼(性別は偶然の一致ではない)を人間の歴史の原動力として王座につかせていたのである。反ヒューマニズムは、人間という行為者《エージェント》をこの普遍主義的姿勢から引き離し、いわば、彼が実行に移している具体的な行動のかどで彼を咎めることに存する。このかつての支配的な主体が彼の誇大妄想から自由になり、歴史的進歩を担っているとされなくなると、それとは異なるより鋭敏な権力の諸関係が出現することになる。

ポスト一九六八年世代の急進的思想家たちは、人文主義《ヒューマニズム》をその古典的様態と社会主義的様態の両方において拒絶した。〈人間〉の完全性と完全可能性の双方に基準を与えるウィトルウィウス的理想像〔図1・1参照〕は、文字通り玉座から引きずりおろされ脱構築された。この人文主義的な理想は実際、自律性と自己決定という点から完全可能性を定義するリベラルで個人主義的な主体観の核をなしていた。まさにこれらの資格に対して、ポスト構造主義は異論を唱えたのである。

そこから明らかになったのは、次のようなことである。すなわち、完全なプロポーションという規範は、いまや自然法の地位にまで達した普遍主義的な理想を詳らかにしていたが、この〈人間〉はそうした規範から程遠く、実際には歴史的な構築物であり、またそうであるかぎり諸々の価値や場所に関して偶発的なものであった。個人主義は、リベラルな思想家たちが信じがちなように「人間本性」に本来備わる一部分ではなく、むしろ歴史的・文化的に特殊な言説的編成のひとつであり、さらにいえばますます疑わしいものにさえなってきているのである。ジャック・デリダ〔Derrida, 2001a〔二〇一三〕〕のようなポスト構造主義の思想家が導入した脱構築派の社会構築主義もまた、人文主義の教義の徹底的な改定に貢献した。一世代の哲学者全員が、「人間本性」という人文主義的通念に対する不服従を呼びかけたのであった。リュス・イリガライ〔1985a, 1985b〕のようなフェミニストたちが指摘したように、古典的な〈人間性《ヒューマニティ》〉の象徴としての〈人間〔Man〕〉という、抽象的と思われている理想は、実は人間という種のうちの男性、つまり、彼である。さらにいえば、その彼とは白人のヨーロッパ人であり、容姿端麗で五体満足な人物である。彼のセクシャリティに関してはほとんど疑いようがない――その描き手であるレオナルド・ダ・ウィンチのセクシャリティについてなら、たくさんの憶測が取り巻いているのではあるが。この理想像が人間という種やその文明を代理表象していると考えられているのだが、これがその成員の多くの統計学的平均とどんな共通点をもちうるのか、というのは実によい問いかけである。フェミニストたちは、抽象的な男性性（Hartsock, 1987）や白人の優越性（hooks, 1981〔二〇一〇〕, Ware, 1992）を介して、家父長的な姿勢を批判しており、この人文主義的普遍主義は、認識論的な根拠だけでなく、倫理的・政治的な根拠からも反論可能であると論じたのである。

反植民地主義の思想家たちは、美しさの美学的な規範としてのウィトルウィウス的理想における白人性の優位を問うことで、同じような批判的態度を示した（図1・2参照）。〔白人性の優位という〕この横柄な要求を植民地主義の歴史にあらためて位置づけることで、反人種差別主義やポスト植民地主義の思想家たちは、人文主義的理想の妥当性を表立って問いに付した。彼らは、人文主義的理想に備わるヨーロッパ中心主義的な諸前提には明らかな矛盾があるという観点に立ちながらも、それと同時に人文主義的理想を完全に捨て去ることはなかった。彼らは植民地の歴史や異文化の暴力的な支配について考察し、ヨーロッパ人たちはこの理想を使用し乱用したことについて説明責任があると考えたが、その基本的な諸前提を是認しつづけたのである。たとえばフランツ・ファノンは、人文主義を延命させるヨーロッパ人たちから人文主義を救済しようとして、わたしたちは人文主義的理想を裏切り誤用してきたと議論した。サルトルは、ファノンの『地に呪われたる者』（Sartre, 1963: 7〔二〇一五、五 - 六頁〕）への序文のなかで、そうした議論について次のように述べている。「黄色人種や黒人の声は、わたしたちのヒューマニズム（人文主義）を語っていたが、それはほかならぬわたしたちの非人間性を告発するためであった」。ポスト植民地主義思想が主張するのは、仮にも人文主義に未来があるとすれば、それは西洋世界の外側から、ヨーロッパ中心主義の諸限界を迂回してやってくるにちがいないということである。その延長線上で、科学的合理性によって普遍性を主張することも、認識論的および政治的な根拠から異議を突きつけられており（Spivak, 1999〔二〇〇三〕, Said, 2004〔二〇一三〕）、知を有しているという主張はすべて、西洋文化やそれが有する支配欲の表れであるとされている。

フランスのポスト構造主義者たちは、ポスト植民地主義と同様の目的を、異なる手段と方法によって追求した。◆2 彼らが論じたのは——近代史の惨劇のうち、少しばかり挙げてみても——植民地主義、アウシュヴィッツや広島、グラーグの後になって、わたしたちヨーロッパ人は、自分たちのことを世界の道徳的守護者であり人間の進化の原動力であると位置づける誇大妄想の批判を展開していく必要があるというものだった。こうして、「〈人間〉の死」を宣言した一九七〇年代の哲学者たちは、反ファシスト、ポスト共産主義者、ポスト植民地主義者、ポスト人文主義者——この用語の組みあわせはいろいろあるのだが——であった。彼らは、人文主義、合理性、普遍性にもとづくヨーロッパ的アイデンティティの古典的な定義を拒否するにいたった。性的差異を論じるフェミニズム哲学もまた、◆3 支配的な男性性の批判というスペクトラムを通じて、ヨーロッパが普遍主義をもつとする主張が自民族中心主義的な性質を有することを強調した。彼女たちは、そうした性質を「内なる他者」（Kristeva, 1991〔一九九〇〕）へと開き、

◆2 哲学においてこの方向性を追求したのは、ドゥルーズによる超越論的な主体観の否定（Deleuze, 1994〔二〇〇七b〕）、イリガライによる男根ロゴス中心主義《ファロゴセントリズム》の脱中心化（Irigaray, 1985a, 1985b〔一九八七〕）、フーコーによる人文主義批判（Foucault, 1977〔一九七七〕）、デリダによるヨーロッパ中心主義の脱構築（Derrida,1992）である。

◆3 たとえば以下を参照。Irigaray（1993〔一九八六〕), Cixous（1977〔一九九七〕), Braidotti（1991).

そうすることで多様性と多元的な帰属を、ヨーロッパ的主体性の構造的な一構成要素として中心的な位置に置きなおす必要性を唱えた。

このようにして反ヒューマニズムは、ポストヒューマン的思想にとってひとつの重要な源泉である。けっしてただひとつの源泉はないし、反ヒューマニズムとポストヒューマンのつながりは、論理的に必然的でも歴史的に不可避でもない。だがそれでも、わたしの研究にとっては、反ヒューマニズムは結果的に重要な源泉となったのだ。とはいえ、この物語は未完のままであり、次節で論じるように、ヒューマニズムに対するわたしのかかわりは、いくつかの点で未解決のままである。

人間の死、女性の脱構築

ここまでで描いてきた系譜学的な道程のなかで示したように、反ヒューマニズムは、ポストヒューマンなるものを導きうる歴史的、理論的道筋のひとつである。わたしは自分の反ヒューマニズムを、わたしが愛するポスト一九六八年の師らに負っている。そのなかの何人かは偉大な哲学者であり――とりわけフーコー、イリガライ、ドゥルーズ――、彼らの遺産にわたしは尊敬と賞賛の意を持ちつづけている。ヒューマニズムにおける人間《ヒューマン》なるものは、ひとつの理想でも、客観的な統計上の平均や中庸の立場でもない。それが詳らかにしているのはむしろ、識別可能性――すなわち〈同一性〉――についてのある体系化された基準であり、それによって他のすべてのものが査定され統御され、所定の社会的な場所に割り当てられるということである。人間なるものはひとつの規範的な約束事である。そのこと自体は悪いことではないが、ただそれが人間を高度に統御的なものにし、またそれゆえに排除や差別の実践に加担するものにしている。人間的規範〔norm〕は、正常性〔normality〕、常態性〔normalcy〕、規範性〔normativity〕を意味するのである。それは人間であることのうちのあるひとつの特殊な存在様式を一般化された基準へと転位させることで機能し、その基準が人間なるものとしての超越的な諸価値を獲得するのだ。すなわち、オスから男性へ、そして人間性《ヒューマニティ》という普遍化されたフォーマットとしての人間への移行である。この基準は、性別化・人種化・自然化された他者から、カテゴリーとしても性質としても明確に区別されたものとして、また技術的な所産とも対立するものとして位置づけられている。人間なるものは歴史的な構築物であるが、それが「人間本性」にかかわる社会的約束事となったのである。

わたしは自らの反ヒューマニズムゆえに、ヒューマニズムの単一的な主体——その社会主義的な変種も含めて——に対して異を唱え、そうした主体をより複雑に関係を織りなす主体に置きかえるにいたった。後者の主体は、身体化、セクシャリティ、情動性、感情移入、欲望といった中核的性質によって組み立てられている。同じくらいこのアプローチの中心をなしているのは、権力を抑圧的（ポテスタス）かつ生産的（ポテンティア）な力[◇2]と捉えるというわたしがフーコーから学んだ洞察である。これは、権力編成が物質的な次元で機能するだけではなく、理論的・文化的な表象や、政治的・規範的なナラティヴ、そして、自己同一化の社会的な様式といった諸々の体系においても表れているということである。これらの編成は首尾一貫したものでも合理的なものでもなく、その場当たり的な性質がヘゲモニー的な力を振るうにあたって都合がいいものとなる。〔だが、〕諸々の社会的な構造や関係を構成するナラティヴが不安定で一貫性に欠いていることに気づけば、それは政治的および道徳的活動を中断してしまう結果にはけっしてならず、現代の多中心的で力動的な権力構造にふさわしい新しいかたちの抵抗を練りあげるための出発点となる（Patton, 2000）。これによって、現代の社会システムやそこに住まう主体の複雑でノマド的な性質を反映するような、プラグマティックなミクロポリティクスのありかたが生み出される。もし権力が複雑で散在し生産的なものであるならば、それに対するわたしたちの抵抗もそうでなければならない。ひとたびこの脱構築的な動きが活性化すれば、〈人間〔＝男性Man〕〉という標準的な観念とその第二の性である〈女性〔Woman〕〉という観念は双方ともに、それらの内なる複雑性という点から疑問に付されるのである。

　このことは明らかに、理論の課題やその方法のありかたに影響を及ぼす。フーコーが『監獄の誕生』（Foucault, 1977〔一九七七〕）で論じているように、言説とは政治的通貨のことであり、それは科学的正当性を賦与するようなやりかたで、一定の意味、あるいはむしろ意味の体系に対して割り当てられる。そこには中立的なものや所与のものなどない。かくして、科学的な真理、言説の流通、権力関係のあいだに重大な唯物論的つながりが確立されるのである。この言説分析のアプローチが第一に目指しているのは、社会的にコード化され強化された「諸差異」と、それらの差異によって支えられた科学的正当性、倫理的価値、表象の体系に「自然な」基礎づけがあるという信仰を追い払うことである（Coward and Ellis, 1977）。◆[4]

　ポストモダン・フェミニズムとしても知られるフェミニズム的反人文主義《ヒューマニズム》は、「人間〔＝男性〕」というヨーロッパ中心主義的で規範的な人文主義的理想に指標づけられた単一のアイデンティティを拒否した（Braidotti, 2001）。しかしながらそれだけでなく、女性、原住民、その他の周縁的な主体についてひとつに統一された声で語ることはできないとさえ論じた。むしろ強調点は、それら他者たちの多様性や差異の問題、そして、各々のカテゴリー内部の亀裂にあるのである。この観点から反人文主義は、以下のような弁証法的思考図式を拒否する。すなわち、差異や他者性が、性別化された他者（女性）、人種化された他者（原住民）、自然化された他者（動物、環境ないし地球〔＝大地 earth〕）に打ち消し線を引くにあたって構成的役割を果たすような思考の図式である。これらの他者が構成的であったのは、〈彼〉を卓越した位置に置いて〈同一なもの〉を是認する鏡像的機能を果たしたためである（Braidotti, 2006）。この差異をめぐる政治的エコノミーゆえに、人間存在の諸々のカテゴリーすべては、価値を減ぜられ、それゆえ、使い捨て可能な他者として等閑視されることになった。「〜と異なる」は「〜以下」を意味することになったのである。主体をめぐる支配的な規範が、差異の零度という理想に値するヒエラルキーの頂点に位置づけられた。◆5 これが、古典的人文主義におけるかつての「人間」なのである。

周縁化され排除された人々を性別化・人種化・自然化するという否定的な弁証法のプロセスには、もうひとつの重要な含意がある。このプロセスにより、これらの他者についての半面の真理、すなわち部

◆4　このアプローチは、分野を交差させる分析にも適用されている。それはジェンダー、人種、階級、性差といった要素についての方法論的な並行論に賛同し、いかなる差異も平坦化することなく、むしろそれらの複雑な相互作用を政治的に問うことに専念するものである（Crenshaw, 1995）。

◆5　ドゥルーズはこれを「マジョリティの主体」ないし存在のモル的中心と呼ぶ（Deleuze and Guattari, 1987〔二〇一〇〕）。イリガライはこれを「同一なもの」、ハイパーインフレーションを起こしている不当に普遍的な「彼」と呼ぶ（Irigaray, 1985b, 1993〔一九八七、一九八六〕）。また、ヒル・コリンズは、人文主義的な知に特有のこの主体に備わる白人的でヨーロッパ中心主義的な偏向の説明責任を問いただしている（Hill Collins, 1991）。

分的な知識のありかたが積極的に生み出されることになったのである。弁証法的かつ価値下落的な他者性は、構造的な無知を導き出す。すなわち、他者であるがゆえに、〈人間性〉なるものがあてがわれる主要なカテゴリー的分断の外部に位置づけられた者たちへの無知である。ポール・ギルロイ（Gilroy, 2010）は、このような現象を「無知学［agnatology］」、あるいは強化された構造的無知と呼んだ。これは、人文主義的な知識が普遍主義的射程をもつとされていることの逆説的帰結のひとつである。異なる文化や文明に対するこの「好戦的な軽蔑」とは、エドワード・サイードが、「自己誇張であって、人文主義的でも、まったく啓蒙的な批評でもない」と批判したものである（Said, 2004: 27〔二〇一三、三五頁〕）。非西洋の他者たちを下位の人間［sub-human］という地位へと還元することは、支配的主体にとっての無知や欺瞞、やましい意識の構成的起源であり、この支配的な主体にこそ、他者たちを認識的かつ社会的に脱人間化することに関して責任があるのだ。

人文主義《ヒューマニズム》の横暴に対してフェミニズム理論とポスト植民地理論から寄せられたこれらの徹底した批判は、単純に否定的なものではない。なぜなら、それらの批判は「人間なるもの《ヒューマン》」をより包括的で多様な角度から見る別の新しい方法を提案しているからである。また、これらの批判は、〈人間〉を万物の尺度であり「人間なるもの」の標準的担い手であるとする人文主義的な見かたが暗示する思考イメージについての重要で革新的な洞察をもたらしてもいる。その結果、権力の分析をさらに押し進めるべく諸々のツールや専門用語が展開され、それによりわたしたちは、男性優位主義、人種差別、白人の卓越性、科学的理性のドグマや、その他の社会に支持された支配的な諸価値の体系に歩み寄ることができるのである。

神の死（ニーチェ）、〈人間〉の終焉（フーコー）、イデオロギーの衰退（フクヤマ）についての諸理論とともに実質的に成長してきたわたしは、次のことを悟るのに長い時間を要した。すなわち、実際、ひとは自分自身の危機や脅威を賭してヒューマニズムに接するのだ、と。反ヒューマニズム的立場は、むろん諸々の矛盾を免れていない。バドミントンが、賢明にも気づかせてくれたように、「「人間」の終焉をめぐる黙示録的な説明は、［……］人文主義には蘇生能力、そして文字通り、反復発生の能力があるということを無視している」（Badmington, 2003: 11）。ウィトルウィウス的人間は、その灰から何度も繰り返しよみがえり、普遍的基準を是認し、逃れがたい誘惑をおこないつづけているのである。

エイズ犠牲者に捧げられたディアマンダ・ギャラスの「プラグ・マス」（一九九一）を聞いていて、ある考えが心に浮かんだ。それは、反ヒューマニズムの態度を声高に宣言することと、それに応じてわずかでも一貫性をもって行動することとは別である、という考えだ。反ヒューマニズムはそうした矛盾に満ちた立場なので、矛盾を乗り越えようとすればするほど横滑りしてしまう。反ヒューマニストたちが多くの場合、ヒューマニズム的理想の数々――なかでもわたしは自由が好きだが――を信奉するだけに終わるのみならず、批判的思考の作業は何らかのしかたで、本来それに備わるヒューマニズム言説の諸価値に支えられている（Soper, 1986）。どういうわけかヒューマニズムも反ヒューマニズムもこの課題に適していないのである。

反ヒューマニズム的な態度が生み出す内在的矛盾を示している格好の事例とは、解放運動や進歩的政治一般であり、わたしはそれらをヒューマニズムの伝統のなかで最も価値のある側面のひとつ、また不朽の遺産と考えている。さまざまな政治的立場のなかで、ヒューマニズムは、リベラルな側では個人主義、自律性、責任能力、自己決定を支持してきた（Todorov, 2002〔二〇〇二〕）。より急進的な前線においては、それは連帯、共同体の紐帯、社会的正義、平等の原理を押し進めてきた。きわめて世俗的な方向づけにおいては、ヒューマニズムは科学や文化に対する尊敬の念を促し、聖典と宗教的ドグマの権威に抵抗した。またヒューマニズムには、冒険的な要素もあれば、好奇心に駆られた発見を憧れる想いもあり、そしてそのプラグマティズムにおいて、実践的にきわめて有用なプロジェクト志向型のアプローチもある。これらの原理は、わたしたちの思考習慣に深く根づいているので、それらをそっくり手放すことは難しい。

そして、なぜ手放すべきなのか。反人文主義は、人文主義的な〈人間〉のイメージが是認する人間主体についての暗黙の前提を批判している。だがこれは、完全な拒絶にいたるわけではない。わたしにとって、知的にも倫理的にも、ヒューマニズムのポジティヴな要素を問題含みのその対応物から引き離すことは不可能である。個人主義はエゴイズムと自己中心主義を育み、自己決定は横柄さや支配へと転じうる。また、科学はそれ自体の教条的な傾向から自由ではない。知的な伝統や規範的な枠組み、制度化された実践としてのヒューマニズムを乗り越えようとする試みには困難がつきまとうし、そうした困難は、ポストヒューマンへの脱構築的アプローチの核心に位置している。デリダ（Derrida, 2001a〔二〇一三〕）は、意味の割当てに潜む暴力を指摘することによって、この議論を開いた。彼の追随者たちがこの議論をさらに押し進めた。「ヒューマニズムを決定的に手放しうるという主張は、皮肉にも、意思決定と行為者性《エージェンシー》にかかわる基本的なヒューマニズムの主張に書き込まれている。それはまるで、ヒューマニズムが「終焉」するかどうかは、人間の支配下にあるかのようであり、またまるで現在からであれ、想像された未来からであれ、ヒューマニズムの痕跡を消し去る能力をわたしたちが備えているかのようである」（Peterson, 2011: 128）。それゆえ、ここでの強調点は、認識的な暴力の痕跡を消し去ることの困難に置かれている。というのも、この認識的暴力の痕跡によってこそ、非ヒューマニズム的な立場はヒューマニズムの諸制度のうちに削り出されるものかもしれないからだ。認識的暴力を認めることは、実生活における暴力を認識することと密接に関係している。そうした暴力はかつて、人間以外の動物や、ヒューマニズム的規範のなかで脱人間化された社会的、政治的「他者」に対して行使されていたし、いまだにそれは続いている。この脱構築の伝統のなかでも、ケアリー・ウルフ（Wolfe, 2010b）は新しい立場を打ち出そうとしており、とりわけ興味深い。彼は、認識的で言語‐歴史的な暴力への感受性を、きわだってトランスヒューマニズム的な信念（Bostrom, 2005）――人間の強化《エンハンスメント》を導くポテンシャルを秘めたポストヒューマン的状況への信念――と組みあわせて論じるのである。

わたしは脱構築に大きな敬意を抱いているが、同時に脱構築の言語的枠組みがもつ限界に甘んじるつもりはない。わたしはむしろ、わたしたちが置かれた歴史的状況の鍵となる特徴としてポストヒューマンの複雑な諸相を扱うために、より唯物論的な方策をとろうと思う。その道もまた、次節でみるように危機に満ちたものである。

ポスト世俗的転回

進歩的な政治的信条として、人文主義は、連動する他の二つの考えと特権的な関係をもっている。その二つとは、平等の追求による人間の解放と、合理的な統治による世俗主義である。これら二つの前提は人文主義という概念から生まれたものであり、それはまるで古代の女神アテナがゼウスの頭から、戦闘のために完全武装した姿で生まれたかのようである。ジョン・グレイ（Gray, 2002: xiii〔二〇〇九、xi頁〕）が論じているように、「人文主義とは、救済というキリスト教的教説を普遍的な人間の解放という企図へと変容させたものである。進歩の概念は神慮を待望するキリスト教信仰の世俗版である。古代の異教者のあいだで進歩という概念が知られてなかったのは、そういうわけである」。それゆえ、人文主義の衰退の副産物のひとつとして、ポスト世俗化の状況が興隆したのは驚くべきことではない。

仮に〈人間〉の死が少々軽率な発言であったと判明したならば、神の死はまったくもって錯覚であったことになる。過信された世俗性という構築物に最初に亀裂が入ったのは一九七〇年代の終わりのことであった。革命への熱狂が冷めやり、社会運動が散逸、順応、ないし変異しはじめると、それまで好戦的であった不可知論者たちは、因習的な一神教や東洋から輸入されたものなどさまざまな宗教への転向の波に加わった。こうした出来事の転回は、世俗性の未来に関して深刻な懐疑を引き起こした。集団や個人の精神へとその懐疑心が忍びこんでいった。「わたしたち」――フェミニスト、反人種差別主義者、ポスト植民地主義者、環境保護主義者など――は、実際どれほど世俗的なのだろうか、と。

この懐疑は、アクティヴィストの知識人たちにとってはなおさら先鋭的なものであった。科学とは本来世俗的なものであり、世俗化は普遍主義、主体の単一性、合理性の優先とならんで人文主義の鍵となる教義である。しかしながら科学それ自体は、その世俗的な基盤にもかかわらず、それ自体に備わる教条主義のありかたから逃れがたい。フロイトは、科学的理性を支持する者たちの狂信的な無神論に対して警鐘を鳴らした最初の批判的思想家であった。「幻想の未来」（Freud, 1928〔二〇〇七〕）において、フロイトはさまざまなかたちの厳格な教条主義を比較し、合理主義的科学主義を宗教とならぶ迷信の源泉として分類している。今日その好例を示しているのは、極端な立場から自らの無神論的信念を弁護するリチャード・ドーキンスである（Dawkins, 1976〔一九九一〕）。さらに、過度に褒めそやされている科学の客観性も欠陥だらけのものであることが示されてきた。ファシズムや植民地時代における科学的実験の利用と濫用が示しているのは、ナショナリズム的、人種差別的、ヘゲモニー的な言説や実践に対して科学は免疫がないということである。それゆえ、科学の純粋性、客観性、自律性を主張するいかなる要求にも断固として立ち向かわねばならない。こうした状況を受けて、人文主義やその反人文主義的批評家は何をなしうるのだろうか。

世俗性は、西洋の人文主義の支柱のひとつであり、それゆえ、宗教や教会に対する本能的な嫌悪感も歴史的にみれば、解放を目指す政治にとって不可欠な側面である。社会主義的人文主義の伝統は、一八世紀以来のヨーロッパ左翼や女性運動にとってかのほどに中心的なものであったので、それが狭義の意味で世俗的であるというのは正当な主張である。狭義の世俗性とはすなわち、無神論ではないにせよ不可知論であり、宗教的ドグマや聖職者の権威に対する啓蒙主義的批判から受け継がれてきたもののことである。他の解放の哲学や政治的実践と同じく、ヨーロッパにおける女性の権利を求めるフェミニズム闘争も世俗的な基礎のうえに歴史的に築かれてきた。◆[6] 実存主義的フェミニズム（Beauvoir, 1973〔二〇〇一〕）、そしてマルクス主義的ないし社会主義的フェミニズムが第二波フェミニズムに影響を行使しつづけたことも、この立場を持続させている大きな要因かもしれない。ヨーロッパのフェミニストたちは、啓蒙主義の世俗的、反抗的な娘として、理性的な立論や超然とした自己風刺のなかで育ってきた。それゆえフェミニズム的な信念の体系は、市民的であって有神論的なものではなく、権威主義や正統主義とは心の底から対立している。それと同時にフェミニズムの政治は両刃のヴィジョン（Kelly, 1979）でもあり、理性的な議論と政治的な情熱とを組みあわせ、オルタナティヴな社会の青写真と価値体系を創造するのである。

二〇世紀のフェミニズムがその世俗的なルーツをいかに誇りにしていようとも、歴史的にみてそのフェミニズムが、主流の政治的世俗主義の系統と並んで、そして多くの場合それと敵対して、さまざまなスピリチュアルな実践を作り出してきたことは事実である。アメリカにおける第二波フェミニズムのラディカルな伝統のなかで重要な文筆家たち、とりわけオードリー・ロード（Lorde, 1984）、アリス・ウォーカー（Walker, 1984〔一九九二〕）、アドリエンヌ・リッチ（Rich, 1987〔一九八九〕）は、平等と象徴的な承認を求める女性の闘争にとってスピリチュアルな次元が重要であることを認識していた。ほんの数例を挙げるだけでも、メアリー・デイリー（Daly, 1973）、シュスラー・フィオレンツァ（Schussler Fiorenza, 1983〔一九九〇〕）、リュス・イリガライ（Irigaray, 1993〔一九八六〕）の著作は、非男性中心主義のスピリチュアルで宗教的な実践というフェミニズム固有の伝統を浮き彫りにしている。キリスト教（Keller, 1998; Wadud, 1999）、イスラム教（Tayyab, 1998）、ユダヤ教（Adler, 1998）の伝統におけるフェミニスト神学は、批判的な抵抗を企てるとともにこれまでと異なる創造的な選択肢を肯定するゆるぎない共同体を作り出した。新たな儀礼や儀式を求める声は魔女運動の繁栄をもたらした。近年におけるその好例がスターホーク（Starhawk, 1999〔一九九四〕）であり、また科学認識論者のスタンジェール（Stengers, 1997〔一九九九〕）などがその運動を再提起した。ネオペイガニズム的な諸要素は、テクノロジーにより媒介されたサイバーカルチャーからも出現しており、多種多様のポストヒューマン的なテクノ禁欲主義を作り出した（Halberstam and Livingston, 1995; Braidotti, 2002）。

黒人やポスト植民地主義にかかわる諸々の理論は、これまでおおっぴらに世俗的であることはなかった。ベル・フックス（hooks, 1990）やコーネル・ウエスト（West, 1994）が論証しているように、アメリカ合衆国というきわめて宗教的な文脈では、アフリカ系アメリカ人の女性文学はキリスト教についての言及であふれかえっている。さらに言えば、本章で後にみるように、今日のポスト植民地主義的・批判的な人種理論は、非有神論を標榜する状況に根ざした新‐人文主義《ネオヒューマニズム》を展開してきたものの、しばしば非西洋的な典拠や伝統にもとづいている。

現代の大衆文化は、ポスト世俗化の傾向を強めている。マドンナは、エステルというユダヤ（改宗）名で知られており、イエス・キリストとして／との対話や舞台公演を続け、女性の磔刑という伝統を復活させた。エヴリン・フォックス・ケラー（Keller, 1983〔一九八七〕）によるフェミニズム認識論の画期的な著作は、同時代の微生物学者マクリントックのノーベル賞を受賞した発見に際して仏教が重要であったことを示した。ケニアにおけるセクシャリティについての近年の人類学的調査でヘンリエッタ・ムーアが論じているところでは（Moore, 2007）、草の根的な宗教組織がもつ強い影響を考慮すると、彼女の調査

◆6　以下がこの伝統の中心人物である。Firestone（1970〔一九七二〕), Rowbotham（1973), Mitchell（1974〔一九七七〕), Barrett（1980), Davis（1981), Coward（1983), and Delphy（1984〔一九九六〕).

地域においては今日、白人であることよりも、キリスト教者になりそこなっていることのほうが問題になっているという。最近になってダナ・ハラウェイは、自身が世俗主義者になりきれていないことを明らかにした（Haraway, 2006）。他方、エレーヌ・シクスー（Cixous, 2004）は、『若いユダヤ聖人としてのジャック・デリダの肖像』と題された本を書くべきときがきたと考えた。さて、もう一度問うてみよう。これらすべてはどれほど世俗的なのだろうか。

世俗性や世俗主義を女性の解放と同一視する拙速で軽率な見解は、それゆえ問題含みのものとして現れる。ジョーン・スコットが説得力をもって論じているように（Scott, 2007〔二〇一二〕）、このような見解に対して、それと矛盾する歴史的証拠によって異議を唱えることは容易である。たとえば、仮にフランス革命をヨーロッパにおける世俗主義の歴史的起源とみなすならば、女性の平等な地位への配慮が、教会を国から分離させようと活動した人々にとって優先事項であった証拠は何もない。高度な世俗主義とは、本質的に権力分離という政治の原則である。この原則は歴史的にみても、かつてのヨーロッパで強固になったものであり、今日もなお政治理論において顕著である（British Humanist Association, 2007）。しかしながら、この世俗主義の伝統は、宗教と市民としての立場とのあいだの分極化を導き、それは私的な信念体系と公的な政治圏域の新たな分割として社会的に具現化された。この公私の区別は徹底してジェンダー化されている。ヨーロッパにおいては歴史的に、女性には私的な領域と信仰と宗教の領域の両方が割り当てられ、人文主義は「白人〈男性〔Man〕〉の義務」であった。宗教的信仰を女性に割り当てるということの伝統は、女性に完全な政治的市民権を与える道を阻むものである。ヨーロッパの女性は、公的な行事に参加するよりもむしろ、宗教的な活動に取り組むように促されてきたのである。このことは、〔女性の」社会的な周縁化の源泉であるだけでなく、以下のことに鑑みると疑わしき特権でもある。すなわち、一神教的な宗教の性差別主義は根深く、聖職と神聖な儀式の執行からは女性を締め出さねばならないという確信が共有されていたのである。世俗性はそれゆえ、信仰を含めた感情ないし非理性と理性的判断との区別を強化しているのだ。この分極化された図式において、女性は宗教を含めて非理性・情念・感情の極に割り当てられており、これらの要素が組みあわさって、女性たちを私的な圏域にとどめてきたのである。かくして世俗主義は、実際には女性の抑圧を強固なものにし、理性的な市民活動や政治という公的圏域から女性たちを排除するものである。ヨーロッパの政治史において理想化されてきた世俗主義は、女性が男性と政治的に平等であるとみなすことを保証していない。ジョーン・スコットによると、こうした事実が一連の批判的な問いを開く。世俗的国家における平等は、論理的にいっても歴史的にいっても、多様性はおろか、差異への尊重さえ保証していない。ヨーロッパのフェミニストたちはこの事実をどう考えるだろうか。

　これらの目が覚めるような重要な問いを提出しえたのは、反ヒューマニズムの批判理論が数十年にわたってフェミニズム、ポスト植民地主義、環境保護主義の革新的洞察を生み出した後になってからのことである。複雑性がキーワードとなる。というのも、世俗性を未完のプロジェクトとして捉え、それとヒューマニズムや解放を目指す政治との関係性を説明するには、明らかに単一のナラティヴでは十分でないからである。理性的行為者性《エージェンシー》や政治的主体性は、実際には宗教的敬虔さを通じて伝えられ、またそれによって支持されうるし、看過できないほどのスピリチュアリティを含んでさえいるかもしれない。こうしたかつては受け入れがたかった考えを、反ヒューマニズムの堅固な基盤にもとづくポスト世俗的アプローチは明らかにする。諸々の信仰体系やそれらの儀礼行為は、おそらく批判的思考や市民としての実践と相容れないわけではない。このような可能性を示唆されただけで、シモーヌ・ド・ボーヴォワールであれば気分を害したことだろう。

このフェミニズム的世俗性の立場の諸限界に別の角度からアプローチしてみよう。わたしが主張する生成変化の一元論的哲学は、物質とは——身体をもつ人間という特殊な物質の一片も含め——知性的で自己組織化するものであるという考えにもとづいている。これが意味するのは、物質は文化とも技術的な媒介作用とも弁証法的に対立するのではなく、むしろそれらと連続しているということである。このことが、解放運動についての異なる見取り図や、人間の解放に向かう非弁証法的な政治を生み出すのである。この立場にはもうひとつの重要な帰結がある。つまり、政治的行為性は、対抗的という否定的な意味で批判的である必要はなく、それゆえ、対抗的主体性の生産のみがもっぱら目指されているわけではないかもしれないということである。むしろ主体性とは、オートポイエーシスや自己様式化のプロセスであり、そのプロセスは支配的な規範や価値とたえず入り組んだ交渉をすることを含み、それゆえに、多種多様な説明責任のありかたもそこにかかわってくるのだ（Braidotti, 2006）。このプロセス指向の政治的存在論はポスト世俗的転回と折りあいがよく、この立場はフェミニズムの文脈内でも、ハーディング（Harding, 2000）やマームード（Mahmood, 2005）などさまざまな思想家が支持している。政治的主体性を宗教的行為者性へと接続し、なおかつその両者を対立的な意識からも否定性として定義される批判からも引き離すこと、こうした二重の挑戦がポストヒューマニズム的状況によって提起された主要な論点のひとつである。

しかしながら、ヒューマニズムにまつわる物事は、つねに予想される以上に複雑である。公的圏域への宗教の回帰や、苛烈な論調に達した「文明の衝突」をめぐるグローバルな公の議論――そして言うまでもなく、この文脈で引き起こされたテロとの永続的な戦争状態――は、多くの反ヒューマニストを驚かせた。ここで宗教の「回帰」について語るのは、退行的な動きを示唆するため適切ではない。目下わたしたちが経験しているのはもっと複雑な状況である。世俗性の公理に対する本質主義的な信念として定義される世俗主義が危機を迎えていることは、近年のグローバル化したポストモダニティの社会的・政治的地平のうちで起こる現象なのであって、前近代の時代とは異なる。それは、いまここにおけるものなのである。さらに言えば、それはあらゆる宗教に広まっている。イスラム系移民の二世、三世世代のただなかで、よみがえったキリスト教原理主義者たちのただなかで、そしてヒンドゥーやヘブライなどの人たちについてもそうなのだ。

西洋の「例外主義」の姿勢が〈啓蒙主義的人文主義〉の遺産を自己拡大的に賞賛するようになったのは、こうして世界中に広まる逆説的で暴力的な文脈においてである。このようにして例外的な文化的地位をもっていると主張することが、女性、ゲイ、レズビアンの解放運動を西洋の決定的な特徴として前景化しており、それは他の地域への地政学的な武装介入の拡大と対になっている。ヒューマニズムは、再び文明化の十字軍に徴集されるようになったのだ。ヒューマニズムは解放に向けた歴史的役割を過大評価されると同時に、ヨーロッパ全土でポピュリズムの政治家による排外主義の目的のために操作されており、そうした過度の単純化や暴力的な濫用から救出される必要があるかもしれない。それゆえにわたしは、今日単純な反ヒューマニズム的立場を是認しつづけられるかどうか疑問に思う。結局のところ、ヒューマニズムが何らかのかたちで残存することは、知的にも政治的にも方法論的にも避けがたいのではないだろうか。いわゆる西洋の卓越性についての新たな好戦的言説が世俗的ヒューマニズムの遺産という点から表明され、それに対する最も強烈な対抗者が政治化した宗教というポスト世俗的実践のかたちをとるのであれば、反ヒューマニズム的立場にとっての拠り所はどこにあるのだろうか。単に世俗的であることは新植民地主義的な西洋至上主義的立場と共犯関係になるであろうし、かといって啓蒙主義の遺産を拒否することはどんな批判的企図とも本来的に矛盾しているだろう。悪循環で息がつまりそうだ。

これほどの規模の矛盾ゆえ、ヒューマニズムと反ヒューマニズムの終わりなき論争に見えたものは袋小路にいたっている。こうした立場は非生産的であるばかりか、わたしたちの目下の文脈を適切に読解することを積極的に妨害しさえする。ヒューマニズムとその自己矛盾的な論駁をめぐる緊張を捨て去ることがいまや優先事項である。別の選択がますます望まれ必要とされている。つまり、致命的な二項対立群を超えていくものとしてのポストヒューマニズムである。それについて次に取りかかろう。

ポストヒューマンの課題

ポストヒューマニズムとは、ヒューマニズムと反ヒューマニズムの対立の終焉を標づけ、異なる言説の枠組みを描き出すことで、よりアファーマティヴに新しい別の選択肢を見据えようとする歴史的な契機である。わたしが出発点としているのは、〈人間〔＝男性〕〉／〈女性〉〔Wo/Man〕の反ヒューマニズム的な死であり、それが啓蒙主義の根本的な前提の衰退を標づけている。すなわち、理性——「人間（＝男性）」の完全性を目指すとされる世俗的な科学的合理性——を自ら制御し、目的論的に運命づけられたかたちで使用することによって人類が進歩するという前提である。ポストヒューマニズム的視座は、ヒューマニズムの歴史的な衰退という想定のうえに成り立っているが、さらに進んで、〈人間〉の危機というレトリックに拘泥することなく別の選択肢を探求しようとしている。それはむしろ、人間の主体を概念化するためのこれまでとは異なる方法を練りあげようとすることなのだ。わたしはこの本を通じて、ポストヒューマン的な主体性という論点が最優先課題であると強調することになるだろう。

ヒューマニズムの危機とは、近代のヒューマニズム的な主体にとっての構造的な他者たちがポストモダニティの時代に大々的に再登場してきたことを意味している（Braidotti, 2002）。歴史的な事実として、ポストモダニティという大いなる解放の運動は、よみがえった「他者たち」に突き動かされ焚きつけられている。すなわち、女権運動、反人種差別と脱植民地化の運動、さらに反核と環境保護運動、これらは近代の構造的な〈他者たち〉の声なのだ。それらは必然的に、かつてのヒューマニズムの「中心」、つまり支配的な主体の位置を危機に陥れるのだが、単なる反ヒューマニズムにとどまらず、それを超えてまったく新しいポストヒューマン的企図に向かっている。これらの社会的・政治的運動は、主体の危機の徴候であり、保守派にとってはその「原因」でさえあると同時に、積極的かつ先取的な別の選択肢を表してもいるのである。わたしのノマド的な理論の言語では（Braidotti, 2011a, 2011b）、これらの運動が表しているのは、マジョリティの危機であると同時にマイノリティたちが生成変化するパターンである。批判理論の課題は、これらの異なる変異の流れのあいだの差異を見分けられるようになることに存するのだ。

言いかえるとわたしが弁護しているポストヒューマンの立場は、反ヒューマニズムの遺産、より具体的にはポスト構造主義世代の認識論的・政治的な基盤に立脚しつつ、さらにその先に向かっている。ここ三〇年の大陸哲学におけるラディカルな認識論から、人間なるものについてのこれまでとは異なる見かたや新たな主体性の編成が出現したが、それらは単にヒューマニズムに対抗するのではなく、自己についての別のヴィジョンを創造している。性別化・人種化・自然化された諸々の差異は、ヒューマニズムの主体というカテゴリーの境界を守る存在とは程遠く、人間主体についてのれっきとした代替的モデルへと進化した。それらがどれほど人間なるものの位置をずらすのかについては、ポスト人間中心主義的転回を分析する次の章でさらに明確になるだろう。目下のところ、反ヒューマニズムを離脱してアファーマティヴなポストヒューマン的立場に向かうこの転換を強調し、その構成要素のいくつかを批判的に検討してみたい。

わたしは現代のポストヒューマン思想に主要な三つの流れを認めている。第一は道徳哲学に由来するものであり、反動的な形式のポストヒューマンを発展させている。第二は科学技術論に由来するものであり、分析的な形式のポストヒューマンを強化している。そして、第三は主体性についての反ヒューマニズム哲学というわたし自身の来歴に由来するものであり、批判的ポスト - ヒューマニズムを打ち出している。これらをひとつずつ見ていこう。

ポストヒューマンへの反動的なアプローチとは、概念的にも政治的にも、マーサ・ヌスバウム（Nussbaum, 1999, 2010〔二〇一三〕）のような現代のリベラルな思想家らが弁護するものである。彼女は、民主主義や自由を保証し、人間の尊厳に敬意を払うものとしての人文主義を、一貫して同時代的に弁護しており、ヨーロッパ人文主義の歴史的衰退の可能性のみならず、その危機という考えそのものを拒絶した。ヌスバウムは、テクノロジーに突き動かされた現代のグローバル経済が数々の難局を提示していることを十分認識しているが、それらに対して、古典的な人文主義的理想やリベラルな進歩的政治を再び主張することで応答している。グローバル化そのものの帰結として、わたしたちの時代は断片化し相対主義に傾倒しているが、それに対する対処法として、彼女は普遍的な人文主義的諸価値の必要性を弁護するのである。人文主義的なコスモポリタン普遍主義はまた、現代の世界に跋扈するナショナリズムや自民族中心主義、そして残りの世界を無視するアメリカ的態度の蔓延に対する解毒剤としても提示されている。ヌスバウムの反動的で否定的なポスト人文主義《ヒューマニズム》の中心にあるのは、グローバル化の影響のひとつとして、市場経済によってある種の再文脈化が引き起こされたという考えかたである。これが新たな相互連結の感覚を作り出し、そうした感覚がひるがえって新‐人文主義《ネオヒューマニズム》的な倫理を呼び求めることになる。ヌスバウムにとっては抽象的普遍主義が、他者に対する共感や敬意といった道徳的価値のしっかりとした基礎づけを可能にする唯一の態度であり、彼女は、それをアメリカのリベラルな個人主義の伝統に強固に結びつけている。わたしは、ヌスバウムが主体性の重要性を強調していることに大変満足している。しかし、彼女がその主体性を個人主義や固定したアイデンティティ、安定した場所、そしてそれらを束ねる道徳的紐帯に対する普遍的信念に再び結びつけているという事実には不満である。

　別の言いかたをすれば、ヌスバウムはここ三〇年のラディカルな反人文主義的哲学がもたらした諸々の洞察を拒否しているのである。特筆すべきこととして、彼女は普遍主義を信奉しており、それをフェミニズムやポスト植民地主義の洞察――場所の政治学を重要視し、地政学的な連関に注意深く根ざしていること――に対して優位にあるものとしている。文脈からはぎとられた普遍主義を信奉することで、何が人間なるものに値するかについてのヌスバウムの見解は、逆説的にも偏狭なものになってしまっている（Bhabha,1996a）。ここには自己の新たなモデルで実験する余地はない。ヌスバウムにとって、ポストヒューマン的状況とは、人文主義的な主体観を復活させることで解決されうるものなのだ。ヌスバウムがグローバル化した世界における倫理的な真空状態を古典的な人文主義の規範で満たそうとする一方で、次節でみるように批判的なポスト人文主義者たちは実験的な道筋をとっている。彼らは、人文主義的な個人主義から批判的な距離をとってきた特異な諸主体にもとづいて、共同体や帰属性についての権利要求を新たに考案しようとしているのである。

　第二の顕著なポストヒューマン的展開は、科学技術論に由来する。この現代の学際的な分野は、人間なるものの地位について欠かすことのできない重要な倫理的・概念的な問いを提起しているものの、それらの問いが主体性の理論にとって含意していることについての本格的な研究には、概して二の足を踏んでいる。この躊躇の理由の一部は、反認識論、反主体性の立場をとるブルーノ・ラトゥールの影響によって説明できる。それは具体的に、ポストヒューマン的探求のなかに平行して交わることのない諸々の線を生み出す結果となった。知識の新たな分離が、〈人文学《ヒューマニティーズ》〉と〈自然科学〉という「二つの文化」を分割する諸線に沿って生み出されたのである。このことは第四章で詳しく議論する。

　さしあたり、次のことをめぐってポストヒューマン的同意があることを強調しておきたい。すなわち、現代の科学とバイオテクノロジーが、生けるものの繊維や構造そのものに影響し、今日、何を人間なるものにとっての基本的な準拠枠とみなしうるのかをめぐって、わたしたちの理解を劇的に変質させたということである。生ける物質すべてに対するテクノロジーの介入は、人間と他の種のあいだにネガティヴな統合や相互依存を作り出している。たとえばヒトゲノム計画は、わたしたち人間の遺伝子構造を完全に把握することにもとづき、ヒトという種のすべてをひとつに統合した。しかしながら、このように意見が一致している点から、いくつかに分岐する探求の道筋が作り出されている。人文学が問いつづけているのは、ポストヒューマン的窮状が人間主体の理解に対して有する認識論的かつ政治的な含意である。人文学はまた、人間なるものの道徳的な地位に対する深刻な不安を掲げ、新しい遺伝学的ノウハウを商業的に所有し利益追求のために乱用することに抵抗しようとする政治的欲望を表明している。

その一方で、現代の科学技術論は異なるアジェンダを採用している。それらが展開させてきたのは、分析的な形式のポストヒューマン理論である。たとえばフランクリン、ルーリー、ステイシーは、社会文化的な準拠枠内で研究を進め、技術に媒介された今日の世界を「汎人間性《パンヒューマニティ》」と呼んでいる（Franklin et al., 2000:26）。これはすべての人間にわたる相互連結というグローバルな感覚を示しているのだが、人間にとっての環境と人間以外のものにとっての環境との相互連結でもある。そこには都市的・社会的・政治的な環境が含まれ、入り組んだ相互依存の網の目を作り出している。この新たな汎人間性は、二つの点で逆説的である。第一に、この相互連結の大半がネガティヴなものであり、脆弱性という共有された感覚と、切迫したカタストロフィへの恐怖にもとづいているためである。第二に、この新しいグローバルな近接性がつねに寛容や平和的共存を育むとはかぎらないからである。反対に、さまざまなかたちでの排外主義による他者の拒絶やますます増加する武装化された暴力は、今日の時代にとって鍵となる特徴である。それについては第三章で論じる。

科学論という学問領域内で同様の分析的なポストヒューマン的思考をみせるもうひとつの重要な例として、社会学者ニコラス・ローズ（Rose, 2007〔二〇一四〕）の著作がある。彼が雄弁に論じたのは、新たなかたちの「生‐社会性」と生‐市民権であり、こうした考えは、現代の主体性が生‐政治的な性質を帯びるとする共有された認識から出現しつつある。〈生〉の生政治的な管理が今日の先進的資本主義経済をいかに規定しているのかというフーコー流の理解に依拠しつつ、ローズはポストヒューマン的状況のジレンマについて、効果的かつ経験に根ざした分析を展開した。このポストヒューマン的分析の枠組みは、フーコー流に理解された新カント主義的な規範性を唱導している。この立場はかなり役立つものであると思う。それは、この枠組みがフーコーの晩年の著作（Foucault, 1978, 1985, 1986〔一九八六a、一九八六b、一九八七〕）を参照しつつ、関係を織りなすプロセスとして主体を捉える観点を弁護しているからでもある。しかしながら、次章で詳しく論じるように、カントの道徳的な責任能力という観念へ回帰すると、個人というものが議論の中心へと再び設定されてしまうのだ。これではフーコーのプロセス存在論と相容れないし、理論的にも実践的にも矛盾を起こしてしまい、これまで述べてきたポストヒューマン的アプローチを展開する目的が打ち砕かれてしまう。

分析的ポスト‐ヒューマニズムのもうひとつの重要な事例は、ピーター＝ポール・フェルベークが唱道しているものである（Verbeek, 2011〔二〇一五〕）。フェルベークの出発点は、まず人間主体と技術的な人工物のあいだには密接かつ生産的な連関があり、それらを切り離すことが理論的に不可能であると認めることである。そこから彼は、人間を人間以外のものへとつなぐポスト人間学的《アントロポロジカル》な転回の必要性を示唆する。しかし、それと同時に彼は、ある一定の諸限界を侵犯しないように細心の注意を払ってもいる。彼の分析的なポスト - ヒューマニズムは、技術そのものへのきわめてヒューマニズム的で、それゆえ規範的なアプローチによって、直接的に条件づけられているのである。フェルベークの主だった主張は、「技術は、人間による倫理のおこない方に能動的に影響を与えている」（Verbeek, 2011: 5〔二〇一五、一二頁〕）というものである。改訂されアップデートされたヒューマニズム的な倫理が、ポスト - ヒューマニズム的な諸技術と重ねあわされているのだ。

現代技術の心髄においてヒューマニズム的原理を弁護するために、フェルベークは、規範的な諸問題をめぐって人間が意思決定をくだす際に、それを導く行為者《エージェント》として技術的ツールに備わる道徳的性質を強調している。そして彼は、複雑な機械状の志向性のありかたを導入し、それらのすべてが非 - 人間的なかたちでの道徳的意識の側に指標づけられているとした。フェルベークの主張では、諸事物に備わる道徳性を真面目に受け止めることによってのみ、わたしたちは自分たちの技術をより広い社会的コミュニティのなかに統合し、ポストヒューマンを標榜するヒューマニズムを二一世紀にもたらすことを望みうる。この結果、旧来の道徳的志向性は、自律的な超越論的意識から技術的な人工物それ自体へと場所をずらされることとなる。

科学技術論における分析的ポスト - ヒューマニズムは、現代のポストヒューマン的光景において最も重要な要素のひとつである。しかしながら、わたしの立場の中心をなす主体についての批判理論の観点からすると、この立場は大きく的をはずしている。というのも、この立場はヒューマニズム的な諸価値から選別した一部分を取り入れるだけで、そうした接ぎ木的な実践が生み出す諸矛盾には取り組まずにいるからだ。

技術の先進とそれがもたらした富を誇りに思うあまり、先進技術から生み出された大きな矛盾や社会的・道徳的な不平等から目をそらすことがあってはならない。科学的な中立性の名のもと、あるいはグローバル化の結果、性急に再構築された汎人間的な絆という感覚の名のもとで、そうした矛盾や不平等に取り組まないでいることは、論点回避にしかならない。

わたしの目からすれば、科学技術論のアプローチにおいて顕著なのは、それが理論的に依拠しているのが道徳哲学であれ社会文化理論であれ、ポストヒューマン的窮状に関してそれが表明している高度な政治的中立性である。たとえばローズもフランクリンらも、自分たちの研究の焦点が分析的なものであることを明確にしている。すなわちその目的は、これらの新しい技術が実際にいかに機能しているかということについて、より優れてより徹底した理解を、そしてある意味では対象に密着したエスノグラフィックな理解を得ることなのである。科学技術論には、自身の立場が更新された主体観にとって含意することを退けてしまう傾向がある。主体性は眼中になく、それとともにポストヒューマン的状況についての不断の政治的分析も見落とされているのだ。わたしの観点からすれば、主体性に注目することは必要不可欠である。なぜなら、この観念によって、現在数々の領域に拡散している議論をすりあわせることが可能になるからである。たとえば規範と価値をめぐる争点、共同体の紐帯や社会的帰属のありかた、さらには政治的統治の問題などは、主体という観念を前提とし、かつ必要としている。批判的ポストヒューマンの思考は、断片化された現代のさまざまなポストヒューマニズムの撚り糸から再び言説的な共同体を組み立てることを望むのだ。

さらにいえば、主体性の問題に関して、一方で科学技術論があり、他方で先進資本主義の政治分析があるという、いくぶん奇妙できわめて問題含みな分業がおこなわれているということを指摘しないわけにはいかない。たとえば、ハートとネグリ（Hardt and Negri, 2000, 2004〔二〇〇三、二〇〇五〕）、あるいはラッツアラート（Lazzarato, 2004）やヴィルノ（Virno, 2004〔二〇〇四〕）といったイタリアの学派は、科学や技術を避ける傾向にあり、主体性を分析する際のような深さや洗練をもって扱おうとはしない。わたしはこうした言説領域の分離を見なおし、ポストヒューマン理論をあらためて統合するために努力する必要があるのではないかと考えている。そのポストヒューマン理論は、科学技術の複雑性、そして、それが政治的主体性や政治的エコノミーや統治の諸形態にとって含意するものの両方を含むものでなければならない。わたしはこの企図を、以下に続く各章において徐々に展開していくつもりである。

分析的ポストヒューマンは、技術を道徳的に捉えようとし、新たな主体性のありかたについての実験をないがしろにするあまり、ヒューマニズムを残存させてしまうのだが、そこにはもうひとつの根本的な問題がある。すなわち、技術それ自体の道徳的志向性を過剰に信頼しているのである。より具体的にいえば、それらの試みは、機械が到達した自律性の現状を軽視しているのである。今日のスマート・テクノロジーの複雑さはポスト人間中心主義的展開の中心にあり、それは次章の主題となる。さしあたり、現代技術に備わるスマートネスの一側面について考えておこう。

これに関して週刊誌『エコノミスト』の最近の特集「道徳と機械」（二〇一二年六月二日版）は、ロボットによって達成された自律性の度合についていくつかの問題提起をおこなうとともに、ロボットを管理するための新しい規則を発展させることを社会に呼びかけている。この分析は重要なものである。人間に従属するものとしてのロボットという近代主義的な考えは、アイザック・アシモフが一九四二年に定式化した「ロボット三原則」[7]に例示されているが、いまやわたしたちはそれと対照的な新たな状況に直面している。そこでは人間の介入が、まったく無関係ではないまでもかなり末端へと追いやられてしまっているのだ。『エコノミスト』誌は、次のように論じる（*The Economist*, 2012:11）。

ロボットたちがより自律的になるにつれ、コンピュータ制御された機械が倫理的な決定に直面するという考えは、サイエンス・フィクションの圏域から離れて現実世界に入ってきている。

これらの新しいロボットのほとんどは軍事目的であり、それについては第三章であらためて取りあげるが、その他の多くのロボットが、まったく穏当な民間目的で利用されている。それらのロボットすべてがある決定的な特徴を共有している。操作の水準でも道徳の水準でも、それらのロボットは人間の意思決定を技術的に無視することができるのだ。この報告によると、人間はますます、「ループの中」ではなく「ループの上」から操作するようになる。人間は、武装し作業するロボットを完全に制御するのではなく、モニタリングするのである。自律機械の意思決定に責任能力を与える倫理的・法的な問題のみが未解決のまま残されており、それらには認知能力がすでに備わっているのだ。

自律機械はよりスマートになり普及するにつれ、生か死かの決定を迫られ、それゆえ行為性を担うようになる。しかしながら、この高い程度の自律性が道徳的意思決定に帰結するかどうかは、せいぜいのところ開かれた問いである。技術に道徳的志向性を組み込むべきとする要求に反対して、それは規範において中立であるとわたしは主張したい。現在白熱している議論を取りあげてみよう。たとえば、ドローンとしても知られている無人航空機は、標的が潜伏していると分かっている家を、そこに市民もかくまわれているときに砲撃するべきだろうか。災害救助に参加するロボットが、人々に状況の真実を伝えた結果、それがパニックや苦痛を引き起こすことになってもよいのだろうか。このような問いは「機械の倫理」という分野を導いており、この分野は、機械にこのような選択を適切に選ぶ能力を授けること、別の言いかたをすれば、善悪を見分ける能力を授けることを目的としている。では、誰がそれを決定するのだろうか。

『エコノミスト』誌（*The Economist*, 2012）によれば、積極的に実験をおこない新たな倫理的アプローチを展開していかなければならないという。特に次の三つの領域に焦点を当てるべきとされる。第一に、仮に機械が過ちを犯したとき、設計者、プログラマー、製造者、オペレーターに責任があるのかを決定するための法規則。責任能力を割り当てるためには、意思決定の背後にある推論過程を説明できるよう、

◆7　ロボット三原則は以下の通り。（一）ロボットは人間に危害を加えてはならない。また、その危険を看過することによって、人間に危害を及ぼしてはならない。（二）ロボットは人間にあたえられた命令に服従しなければならない。ただし、あたえられた命令が、第一条に反する場合は、この限りでない。（三）ロボットは、前掲第一条および第二条に反するおそれのないかぎり、自己をまもらなければならない。これらの原則は、一九四二年にアイザック・アシモフの短編において設定されたものであり、一九五〇年に世界的ベストセラー『われはロボット』に再録された。この原則はサイバー研究の基本理念となった。その後、アシモフは他の原則に先行する四つ目の原則を加えた。（零）ロボットは人類に危害を加えてはならない、またその危険を看過することによって、人類に危害を及ぼしてはならない。

詳細なログ・システムが要求される。このことが設計に対してもつ含意とは、意思決定をおこなうシステムではなく、前もって決められたルールに従うシステムを優先するということである。第二に、倫理システムがロボットに埋め込まれるときには、彼らがくだす判断が大部分の人間にとって正しいと思われるものである必要がある。実験哲学は、人間がどのように倫理的ジレンマに応答するかを研究するものであるが、そのテクニックがこの助けとなりうるはずだ。第三に、エンジニア、倫理学者、法律家、政策立案者のあいだの新しい学際的な協力が必要とされる。それぞれに任せていたら、皆がまったく異なるルールを作成することになるだろう。共同作業をおこなうことによって全員が利することになる。

『エコノミスト』誌が概観した状況に関して何がポストヒューマン的なのかといえば、人間個人の自己を、主たる主題を決定する要因として想定していないということである。それが予見しているのはむしろ、人間のアクターと非 - 人間のアクターを横断する相互連結ないし「アッサンブラージュ」とわたしが呼ぶものであり、ラトゥールの「アクター・ネットワーク・セオリー」と似ていなくもない（Law and Hassard, 1999）。『エコノミスト』誌のようにかなり慎重で保守的な雑誌が、わたしたちが開発してきた技術に備わるポストヒューマン的な力がもたらした難局に向きあい、ヒューマニズム的諸価値への回帰ではなく、プラグマティックな実験の必要性を呼びかけていることは意義深い。わたしの側としては、このことから三つの注釈が思い浮かぶ。第一に、もはやヒューマニズムの過去をノスタルジックに憧憬しているときではなく、むしろ、新しい主体性のありかたについて先を見越して実験していくべきである。このことには同意してもしすぎることはない。第二に、現代の諸技術が規範上、中立の構造を有していることを強調したい。それらにはもとから人間らしい行為者性《エージェンシー》は備わっていないのである。第三に注目すべきは、ポストヒューマンの創造的なポテンシャルを把握することにおいては、先進資本主義を唱道する者の方が、このシステムに反対する善意の進歩的な新‐人文主義者の何人かよりも先をいくように思われるということである。現代の市場経済において展開している日和見主義的なポストヒューマンの問題については、次章で立ち戻ることになるだろう。

批判的ポストヒューマニズム

ポストヒューマン思想の第三の系統とはわたし自身によるヴァリエーションであり、これは概念としても規範としても、ポストヒューマニズムに対してまったく両義的ではない。わたしは分析的ポストヒューマニズムの先に進み、ポストヒューマン的主体についてのアファーマティヴな視座を展開したい。批判的ポストヒューマニズムのなかに飛び込もうというわたしの直感は、もちろん反ヒューマニズム的なルーツから来ている。より具体的に述べると、ポストヒューマン的窮状の生産的なポテンシャルを繰り広げてきた思想の潮流は、系譜学的には、ポスト構造主義者、フェミニズムにおける反普遍主義、フランツ・ファノン（Fanon, 1967〔一九九八〕）やその師エメ・セゼール（Césaire, 1955〔二〇〇四〕）による反植民地主義的な現象学にまでさかのぼることができる。彼らに共通するのは、人間主体と人類《ヒューマニティ》全体についてわたしたちが共有する理解に対し、ポストヒューマニズムが含意するものを解きあかそうとする絶えざる取り組みである。

ポスト植民地主義と人種の諸理論の研究が提示するのは、状況に根ざしたコスモポリタンなポストヒユーマニズムであり、それは道徳的および知的着想源に関して、ヨーロッパの伝統と同じくらい非西洋的な源泉によっても支えられている。例は多様にあり、ここでなしうる以上の詳細な分析に値する。さしあたり、その主だった骨子だけを取りあげることにしよう。[◆8]

エドワード・サイード（Said, 1978〔一九九三〕）は、次のことを西洋の批判理論家たちに向けて警告した最初のひとりである。すなわち、啓蒙主義にもとづく世俗的な人文主義《ヒューマニズム》についての理にかなった学問的説明を展開させていく必要があり、その説明は植民地の経験、植民地における暴力的な虐待や構造的不正、ならびにポスト植民地的実存を考慮に入れなければならないというのである。ポスト植民地主義の理論は、この洞察を次のような考えへと展開させた。すなわち、理性、世俗的な寛容、法のもとの平等、民主主義的統治といった理想は、ヨーロッパによる暴力的支配と排除や恐怖の体系的かつ道具的な使用という実践と相容れないとはかぎらないし、また歴史上もそうではなかった。理性と野蛮も、啓蒙主義と恐怖も自己矛盾するものではないという認識は、必ずしも文化相対主義にも道徳的ニヒリズムにも帰着するとはかぎらず、むしろ、人文主義という観念の徹底した批判、そして、この観念が民主主義的な批判と世俗主義の両方に結びついていることの批判につながる。エドワード・サイードは以下のような考えを弁護する。

> 人文主義の名の下に人文主義を批判することは可能だし、ヨーロッパ中心主義と帝国の経験において人文主義が乱用されて来たことを教訓にして、違ったかたちの人文主義を生み出せるだろう。その新しい人文主義は、コスモポリタン的であり、テクストと言語に忠実で、過去の偉大な教えを吸

収するものであり、［……］なおかつ現在から浮かび上がってくる声や流れに――その多くは追放され、領土の外にあり、家を持たない――耳をすますものだろう（Said, 2004:11〔二〇一三、一三頁〕）。

このようなサバルタンの世俗的空間のために戦うことは、ある界隈では「グローバルな政治と経済のためのグローバルな倫理」（Küng, 1998）として知られているものを求めるポストヒューマン的探求にとって優先事項である。

ポール・ギルロイの惑星的コスモポリタニズム（Gilroy, 2000）もまた、現代の批判的ポストヒューマニズムを生産的なかたちで提案している。ギルロイは、人文主義的な啓蒙主義の理想を実行する際にわたしたちが集団的におこなった過ちについて、ヨーロッパやヨーロッパ人が説明責任を負っているとしている。フェミニストと同様、人種理論家たちも、主体の位置を脱構築することに懐疑的である。なぜなら、それらの人々は歴史的に主体の位置を得る権利を与えられてこなかったからである。ギルロイは、

◆8　重要な事例として以下がある。アヴタール・ブラーのディアスポラ的倫理学（Brah, 1996）は、ヴァンダナ・シヴァの反グローバルな新 - 人文主義（Shiva, 1997〔二〇〇二〕）と共鳴している。アフリカン・ヒューマニズムないしウブントゥは、パトリシア・ヒル・コリンズ（Hill Collins, 1991）からドゥルシラ・コーネル（Cornell, 2002）にいたるまで広く注目を集めつつある。よりノマド的な文脈では、エドゥアール・グリッサンによる関係の政治学（Glissant, 1997〔二〇〇〇〕）は、現代のポストヒューマン的状況の核心に多言語的ハイブリッド性を書き込んだ。ホミ・バーバの「サバルタン世俗主義」（Bhabha, 1994〔二〇一二〕）は、エドワード・サイードの大いなる遺産に依拠している。

植民地主義やファシズムを、啓蒙主義というヨーロッパ的理想への裏切りと捉えている。ギルロイは啓蒙主義の理想を決然と弁護するつもりであり、ヨーロッパ人たちが自らの倫理的・政治的誤りに対する説明責任を有しているとした。人種差別主義は共通の人間性を分割して、白人たちからはあらゆる倫理的感受性を取り除き、彼らを道徳的地位としては人間未満〔infrahuman〕のものにした。それはまた、非白人を、存在論的地位においては下位の人間〔subhuman〕へとおとしめ、そのことが彼らを殺人的暴力にさらした。今日、民族的《エスニック》な差異に原理主義的に訴えることが、白人、黒人、セルビア人、ルワンダ人、テキサス人、その他の多様なナショナリストたちに回帰しているが、ギルロイはそれに強い反対の立場をとり、ドゥルーズが「ミクロファシズム」(Deleuze and Guatari, 1987〔二〇一〇〕)と呼ぶものを、今日のグローバル化した時代における伝染病だとして非難する。ギルロイは、それぞれのナショナリズム的なカテゴリーを批判することに倫理的な変容の場を見出すのであり、それは新しい支配的なカテゴリーを断定することとは異なるのである。彼は、ナショナリズムの諸力に抗して、ディアスポラ的な流動性と文化横断的な相互連結を掲げる。これは混淆状態、ハイブリッド性、コスモポリタニズムについての断固として非人種的な理論である。ギルロイは国民国家が持続させる権力に抗し、そのかわりに反奴隷制、フェミニズム、国境なき医師団のような横断的な運動のアファーマティヴな政治性を据える。

批判的ポストヒューマニズムを現代的に設定しなおすにあたって、まったく異なった強力な着想源となっているのが、エコロジーと環境保護である。それらは自己と他者の相互連結の感覚を拡大し、他者として人間以外の他者ないし「地球〔=大地〕」の他者も含めることに依拠している。他者たちと関係をとりもとうとするこの実践は、自己中心的な個人主義を拒否することを必要とし、またそれによって強化される。この実践は、環境における相互連結にもとづいて、自己利益をより広い共同体の福利に結びつける新たな方法を生み出すのである。

環境保護理論は、万物の尺度としての〈人間〉を力説する人文主義の立場が自然の支配や搾取とつながっていることを強調し、科学技術の乱用を非難する。それらはともに構造的な「他者たち」への認識論的・物理的な暴力をともない、また「理性」というヨーロッパ的啓蒙主義の理想とかかわっている。〈支配力〉というものを、「他者たち」を合理的・科学的にコントロールすることとする世界観は、生ける物質と人間文化の多様性への尊重を損なうことでもあったのだ（Mies and Silva, 1993）。環境保護の観点からの代替案は、宇宙論を人類学やポスト世俗的な——主にフェミニズム的な——スピリチュアリティと結びつける新たな全体論的アプローチであり、それによって、人間と非‐人間双方のかたちでの多様性を敬愛する必要性が主張されることになる。顕著なことにシヴァとミースは、新しい具体的な普遍性のありかたを求めてこのように奮闘するにあたって、生きていくうえでのスピリチュアリティが重要であると主張した。すなわち、生という神聖なものへの崇敬、生けるものすべてに対する揺るぎない尊敬の念を強調したのである。この態度は西洋の人文主義と対立しており、また西洋が科学技術を通じた発展の前提条件として合理性や世俗性を重んじてきたことと対立している。彼らは全体論的なパースペクティヴから、「世界の再魔術化」（Mies and Silva, 1993.18）を求め、地球というものの治癒や残酷にも連結を絶たれてしまったものの治癒を呼びかける。シヴァは、自然的必然性の領域からの解放を力説するのではなく、その領域内で起こり、それと調和する解放のかたちを求めて論陣を張るのである。こうしたパースペクティヴの転換に続いてなされるのは、男性的な行動様式の模倣としての平等性という理想を批判し、さらにはこの理想にもとづいて築かれ、世界規模の市場支配と適合的である発展のモデルを拒絶することである。

シヴァのようなエコロジカルなポストヒューマニストたちは、「ポスト」モダニスムやポスト植民地主義、ポストフェミニズムにほんのわずかでも関係するようなもの一切から距離を保つよう大いに気を遣っていたが、逆説的にも彼らは、ポストヒューマン的批判における認識の諸前提を共有している。たとえば彼らは、グローバル化した先進資本主義の影響下で均質化した文化を批判する点においてポスト構造主義世代に賛同している。彼らが代替案として提案するのは、非西洋的なネオ-ヒューマニズムにもとづく堅固なタイプの環境保護主義である。ミースとシヴァにとって重要なのは、人間同士が世界規模で相互に連結しているという意味での新たな普遍的諸価値の必要性を再び主張することである。したがって、諸々の普遍的な必要性は普遍的権利に織り込まれており、それは食料、居住、健康、安全といった基本的かつ具体的な必要性とともに、教育、アイデンティティ、尊厳、知識、愛情、愉悦、ケアといったより高次な文化的必要性にも及んでいる。これらのことが新しい倫理的な諸価値を状況のなかで要請するにあたっての物質的基盤を構成しているのである。

かくして新しいエコロジカルなポストヒューマニズムは、グローバル化時代における権力や権利賦与の問題を提起し、主体の側に自己反省性を要請することになる。その主体とは、かつてのヒューマニズムの中心を占めている主体だけではない。先進的なポストモダニティの権力には沢山の中心が散在しているのだが、そのどれかに場所をかまえる主体にも自己反省性を求めるのだ(Grewal and Kaplan, 1994)。

本書でわたしは批判的なポストヒューマンの主体を、帰属の多数性をめぐるエコフィロソフィーの内部で、多数性において／によって構成される関係的主体として定義している。それは、諸々の差異を横断して作用し、内側から差異化されてもいるが、それでもなお確固とした根拠にもとづき説明責任を有する主体である。ポストヒューマン的主体性が表している説明責任とは、身体化され状況に埋め込まれ、かくして部分的なものであり、それは集合性と関係性の強い感覚、そしてそれゆえに共同体の構築という強い感覚にもとづいている。

わたしの立場は、複雑性を支持しラディカルなポストヒューマン的主体性を押し進めるものであり、次章でみるように、それは生成変化の倫理にもとづいている。それに応じて焦点は、単一的な主体性からノマド的な主体性に転換しており、ゆえに高尚な人文主義《ヒューマニズム》やその現代的な変種を逆撫でするることになる。この観点は、個人主義を拒否するのみならず、相対主義やニヒリスティックな敗北主義からも同じく明確に距離をとることを主張している。それによって促される倫理的絆は、古典的人文主義において正典となった系譜において定義されるような個々の主体の自己利益とはまったく異なる種類のものである。非単一的な主体のためのポストヒューマン的倫理は、自己中心的な個人主義という障害を排除することによって、自己と他者——非-人間ないし「地球〔＝大地〕」の他者を含む——の拡大された意味での相互連結を提示するのである。先にみたように、現代の遺伝子工学的資本主義は、人間以外のものを含むあらゆる生命組織が反動的に相互依存しあう状況を世界規模で引き起こす。こうした統一性は、脆弱性を共有しあうというネガティヴなたぐいのものになりやすく、それは言うなれば、人間にとっての環境と非-人間にとっての環境が同じ脅威に直面して相互に連結するというグローバルな感覚なのである。〔それに対して、〕人間の相互作用をポストヒューマン的に再編成するというわたしの提案は、脆弱性という反動的な絆とは同一のものではなく、多数の他者との関係の流れのなかに主体を位置づけるアファーマティヴな絆である。

次章でみるように、わたしにとって批判的ポストヒューマニズムには、人間中心主義を乗り越えることと必然的なつながりがある。わたしはこの乗り越えを、非‐人間的なものないしゾーエーに向けた〈生〉の観念の拡大と呼んでいる。ここからラディカルなポストヒューマニズムが帰結する。この立場によって、ハイブリッド性、ノマド主義、ディアスポラ、クレオール化といった諸々のプロセスは、人間的なものと非‐人間的なものの双方を含む諸主体のうちで主体性・連結・共同体についての権利要求を根拠づけなおす手段へと転位されるのだ。これが次の段階の議論であり、第二章で概説することになる。

結論

本章は、批判的ポストヒューマニズムというオルタナティヴな形式の隆盛を含めて、多数の可能なポストヒューマンの系譜からわたし自身の道程をたどってきた。これらの新たな編成は、かつては万物の尺度であった、かの「人間」の終焉を前提としている。それに続いてヨーロッパ中心主義、男性優位主義、人間中心主義が、複雑で内的に差異化された諸現象であることが暴露された。このことだけをとってみても、人文主義《ヒューマニズム》という概念自体の高度に複雑な特徴と符合している。事実、数多くのヒューマニズムが存在し、わたし自身の道程は、世代的にも地政学的にも、本質的にある個別の系譜学的な流れとの取り組みである。

ロマン主義的および実証主義的なヒューマニズムがあり、それによってヨーロッパのブルジョワジーたちは「モダニティ」に対する自らのヘゲモニーを確立した。世界を震撼させることになった革命的ヒューマニズムとそれを飼いならそうとしたたリベラル・ヒューマニズム。ナチスのヒューマニズムとその犠牲者や敵対者によるヒューマニズム。ハイデガーの反ヒューマニズム的なヒューマニズムとフーコーやアルチュセールのヒューマニズム的な反ヒューマニズム。ハクスリーとドーキンスの世俗主義的ヒューマニズム、ギブソンやハラウェイのポスト‐ヒューマニズム（Davies, 1997. 140-141）。

これらさまざまなヒューマニズムはひとつの単線的なナラティヴに還元されえないし、そうした事実は、ヒューマニズムを克服しようとする際の問題や矛盾の一部である。〔だが、〕ヒューマニズムという観念を克服することは、果たされなかった諸々の約束事や見逃された野蛮行為にまみれたその歴史に照らすならば、歴史的・倫理的・政治的に当然のことだということは、わたしにとって完全に明らかに思われる。このプロセスを支持するうえで鍵となる方法論的・戦略的な手段は、場所の政治学を実践すること、すなわち状況に根ざしており説明責任を備えた知識の諸実践を果たすことである。

以下三つの決定的な見解をもって結論としたい。第一に、わたしたちは新たな主体の理論を実際に必要としており、その主体の理論とはポストヒューマン的転回を吟味し、かくして人文主義《ヒューマニズム》の衰退を承認するものである。第二に、批判的ポストヒューマンの諸立場が西洋の哲学的伝統の内外で激増していることに示されるように、古典的人文主義の終焉は、危機ではなく、ポジティヴな帰結をもたらすものである。第三に、先進資本主義は、西洋の人文主義の衰退によって開かれた諸々の契機と、グローバル化が引き起こした文化のハイブリッド化の諸過程をすぐさま察知し、搾取した。最後のものについては次の章で取り組むことにして、他の二つについて手短かに言及しておきたい。

第一に、倫理的で政治的な主体性のための堅固な基盤を展開するためには、ポストヒューマン的窮状がヨーロッパの人文主義の衰退という意味で含意するものを掘りさげる必要がある。続く二つの章でみるように、ポストヒューマンの時代はさまざまな矛盾で満ちあふれている。これらの矛盾は、倫理的な評価、政治的な介入、規範的な行動を求めている。したがって、ポストヒューマン的主体はポストモダンの主体ではなく、つまり、反基礎づけ主義的ではないということだ。そして、それは言語的には枠づけられていないので、脱構築主義的でもない。わたしが提唱するポストヒューマン的主体性は、むしろ唯物論的で生気論的、身体をもち状況に埋め込まれており、また、フェミニズムの「場所〔＝位置〕の政治学」にしたがって、どこかにしっかりと場所をもっている。このことが、本章を通じてわたしが強調してきたことである。わたしはなぜ主体の問題をこれほどまでに強調するのか。なぜなら、わたしたちの時代の複雑性や諸矛盾に適した批判的ツールを作りあげるためには、唯物論的かつ関係論的、つまり「自然 - 文化」的かつ自己組織的なものとしての主体性の理論が欠かせないからである。単に分析的形式のポストヒューマン的思考では事足りないのだ。より具体的には、主体を真剣に懸念することによって、創造性と想像力、欲望、望みや憧れ（Moore, 2011）といった諸要素を考慮に入れることができるのであり、それらなくしては端的に、現代のグローバルな文化とそのポストヒューマン的な含みを理解することさえできない。わたしたちには、「現在にふさわしい」主体観が必要なのである。

これにより第二の結論にいたる。すなわち、「方法論的ナショナリズム」(Beck, 2007) という点からみたヨーロッパ中心主義と、それが人文主義とのあいだに長年築いてきた紐帯の問題である。現代ヨーロッパにおける知の主体は、自分たちの過去の歴史、そしてそれが今日の政治に投げかける長い影に対する説明責任を引き受ける倫理的義務と向きあわなければならない。[9] ヨーロッパが引き受けなければならない新たな使命に必然的にともなうのは、偏狭な自己利益追求や不寛容、排外主義的な他者性の拒絶に対する批判である。ヨーロッパ精神の閉塞を象徴しているのは、移民、難民、亡命者がたどる運命であり、彼らは現代ヨーロッパの人種差別の矢面に立たされている。

新たなアジェンダが設定されなくてはならない。それは、もはやヨーロッパ的ないしヨーロッパ中心主義的という意味での普遍的かつ合理的な主体性といったものではなく、むしろ、ヨーロッパの帝国的・ファシズム的・非民主主義的傾向からの切断における主体性の徹底した変容である。先に本章で述べたように、二〇世紀後半以来、哲学的ヒューマニズムの危機――それは「人間」の死としても知られている――は、世界規模の権力を振るう帝国としてのヨーロッパの地政学的な地位が衰退したことに対するより大きな懸念を反映し増幅させるものであった。ヨーロッパ的ヒューマニズムの問題となると、批判理論と世界史的な現象とが同時進行してしまう。この二つの次元がこうして共鳴するがゆえに、批判理論はヨーロッパに関する議論に対して独自の貢献を果たしうる。

◆9　以下もこれについて論じている。Morin (1987〔一九八八〕), Passerini (1998), Balibar (2004〔二〇〇七〕), Bauman (2004).

グローバル資本主義が勝利を収めながらも、持続可能性と社会的正義の面では明らかに欠点を抱えている。そうした時代において、ポストヒューマン的状況が、ヨーロッパの新たな役割を定義しなおすという課題を容易にしてくれるとわたしは信じている（Holland, 2011）。この希望に満ちた信念は、ポストナショナリズム的アプローチに依拠している（Habermas, 2001, Braidotti, 2006）。このアプローチは、ヨーロッパ中心主義の衰退をひとつの歴史的出来事として表現し、アイデンティティについてわたしたちが集合的に抱く感覚に関して、パースペクティヴの質的転換を求めるものである。セイラ・ベンハビブは、オルタナティヴなコスモポリタニズム（Benhabib, 2007）に関する見事な著作において、変容の場としてのヨーロッパという問いに取り組んでいる。彼女は、多元主義的コスモポリタンの実践を力説し、難民や無国籍の人々および移民の権利にコミットすることで、古典的で普遍主義的なコスモポリタニズムの観念を刷新し、状況に根ざした固有の文脈での実践を呼びかけている。これは、状況に根ざしたポストヒューマンの倫理というわたしの立場とポジティヴに共鳴している。それゆえ、ポストヒューマン的批判理論にとっての最優先課題は、これらのさまざまに異なる主体の位置を正確に描いて精緻な地図作成をおこない、それを踏み台として、コスモポリタンな汎人間的絆をポストヒューマン的に再構成することである。

より具体的に言えば、わたしはハーバーマスの社会民主主義的熱望よりもさらに進んで、ヨーロッパの「マイノリティへの生成変化」ないしノマドへの生成変化というポストヒューマン的な企図のための議論をしたい（Deleuze and Guattari, 1987［二〇一〇］; Braidotti, 2008）。これは、二項対立がもつ落とし穴の数々を迂回する方法である。たとえば、一方にグローバル化し文化的に多様なヨーロッパがあり、他方でヨーロッパのアイデンティティをめぐって偏狭な排外主義的定義がある。ヨーロッパのノマドへの生成変化は、ナショナリズム、排外主義、人種差別といったかつての帝国的ヨーロッパの悪癖に対する抵抗となる。かくして、それは過去の壮大で攻撃的な普遍主義とは対置されるものであり、そうした普遍主義は、状況に根ざしており説明責任を果たせる視座によって取ってかわられる。ノマドへの生成変化は、「要塞ヨーロッパ」症候群[◇3]に対しても決然とした態度をとり、社会的正義のツールとして寛容性を生き返らせることで、新たな政治的・倫理的企図を採り入れるのである（Brown, 2006）。

ポストヒューマン的転回はこの企図を支持し、強化することができる。というのも、この転回はヒューマニズムの揺り籠としてのヨーロッパという観念にもっぱら向けられてきた焦点をずらすからである。この観念は、ある種の普遍主義に突き動かされており、その普遍主義がヨーロッパに歴史的目的という独特の感覚を与えている。ヨーロッパのマイノリティへの生成変化、あるいはノマドへの生成変化のプロセスが含意するのは、自らを世界の中心だと捉え、伝道師を買って出るヨーロッパの役割を拒絶することである。多民族、多メディアの社会に向けて社会的・文化的変異が起こっているのが事実ならば、そうした変容が作用するのは「他者」という極のみではありえない。それはかつての中心である「同一なもの」の位置やその特権も同様にずらすにちがいないのである。ポストナショナリズム的でノマド的なヨーロッパという新しい種類のアイデンティティを展開する企図は、国家と結びついた強固なアイデンティティからの脱同一化を必要とする点において、たしかに困難な取り組みではある。この企図は根底から政治的なものであるが、変化へ向けた確信やヴィジョン、そして能動的な欲望からなる強い情動的な核を備えている。わたしたちは、こうしたオルタナティヴな生成変化に集合的に力を賦与《エンパワー》することができる。

わたしのポストヒューマン的感受性は、幻視的《ヴィジョナリー》で、性急なものとさえ思われるかもしれないが、すぐれて先取的なものであり、あるいはわたしが好む言葉を使えばアファーマティヴなものである。アファーマティヴな政治は、これまでと異なるヴィジョンやプロジェクトを追求して、批判と創造性を組みあわせる。わたしに関するかぎり、ポストヒューマン的状況が突きつける課題は、ヒューマニズムが是認してきた単一的な主体の位置が衰退し、数多くの複雑な方向へと変異していった結果与えられた好機をつかみ取ることにある。例を挙げよう。今日のポスト工業化時代のエスノスケープにおいてすでに実現している文化的混淆性や、機会均等という一見したところ穏健なイメージのもとで燃えたぎるジェンダーとセクシュアリティの再構成、これらは危機の指標であるどころか生産的な出来事である。これらは、紐帯や共同体の構築やエンパワーメントのための手つかずのままの可能性を活かす新たなスタート地点である。同様に今日の科学革命も、現代的な遺伝子工学、環境学、神経科学、その他の科学に導かれ、主体をめぐってすでに確立されている諸実践や諸定義に対して強力な代替案を作り出している。過去のヒューマニズムが制度化してきた思考習慣の堆積物に寄りかかることなく、ポストヒューマン的窮状は、わたしたちがこの時代の複雑性や逆説のなかへと飛び込んでいく勇気を与えてくれる。この責務を果たすためには、新たな概念的創造性が必要なのである。

第二章

ポスト人間中心主義——種を越える生

Post-Anthropocentrism: Life beyond the Species

わたしはジョージ・エリオットの散文がとても好きだった。わたしのお気に入りの哲学者であるスピノザの英訳者が実は彼女だとさえ知らなかった頃からである。メアリー・エヴァンズ〔ジョージ・エリオットの本名〕は多才な女性であったので、これまで『ミドルマーチ』(Eliot, 1973〔一九九四 a〕)のドロテアや『フロス河の水車場』(Eliot, 2003〔一九九四 b〕)のマギーの身になりきったことがある者の誰も、次のような事実をはっきりと意識していないかもしれない。つまり、この世界を実際に回しているのは、交差する情動的諸関係からなる一元論的宇宙なのであり、自分はその宇宙に——こっそりと運命に導かれるように——足を踏み入れていたのだということに。ジョージ・エリオットが著した英語のなかには、わたしのお気に入りの次の一節がある。

もしわれわれが普通の人間生活のすべてに対して鋭い洞察力と感受性をもっているならば、草の葉の伸びる音や、栗鼠の心臓の鼓動までが聞こえ、沈黙の彼方のあのうなりを聞いて死んでしまうかもしれない。ところがさいわいにも、われわれのもっとも感じやすい者も愚鈍さに五官をふさがれて、のんきに歩きまわっているのである(Eliot, 1973: 226〔一九九四 a、第四巻、二二〇頁〕)。

都市の文明化されたうわべは、アイデンティティを束縛し、効率的な社会の相互作用を可能にしているのだが、このうなりはその反対側に存在している。このうなりがスピノザ的なしかたで指し示している生《なま》のままの宇宙的エネルギーは、文明と社会、そしてそのなかの諸主体が形成される際に、その背景で鳴り響いているのである。実際、主体の内部には、宇宙の振動の内化された楽譜として、ある外的な次元が折りたたまれているのであり、生気論的唯物論はこの外的な次元を理解するために役立つ概念である（Deleuze, 1992〔一九九八〕; Deleuze and Guattari, 1994〔二〇一二〕）。また、この概念は、人間中心主義の克服を目指すポストヒューマン的感受性の核を構成してもいる。

これらいくぶん濃密な考えのいくつかを説明しておきたい。「一元論的宇宙」とは、スピノザの中心概念を指すもので、物質や世界や人間たちは二元論的な存在物ではなく、内的なものであれ外的なものであれ何らかの対立原理にしたがって構造化されてはいないということである。ここでの批判の明確な標的はデカルトによる有名な心身の区別だが、スピノザにとって、この概念はそれにとどまるものではない。すなわち、物質はひとつであり、自己表現への欲望に駆動され、存在論的に自由であるというのである。スピノザは否定性や暴力的な弁証法的対立についてまったく言及しなかったために、ヘーゲルやマルクス主義的ヘーゲル主義者たちの側から激しい批判が引き起こされた。スピノザの一元論的世界観は政治的に有効ではなく、その根底から全体論的なものとみなされたのである。この状況は一九七〇年代フランスで劇的に変化した。この頃に新しい研究者たちの潮流が、スピノザの一元論を、まさにマルクス主義が抱えるいくつかの矛盾に対する処方箋として、そしてマルクスに対するヘーゲルの関係を明らかにするひとつの方法として復権させたのである。[◆1] そこでの主だった着想は、弁証法的な対立を克

◆1　アルチュセール周辺のグループは、一九六〇年代半ばに議論を始めた。ドゥルーズによる画期的なスピノザ研究は一九六八年に始まる（Deleuze, 1990a〔一九九一〕）。マシュレのヘーゲル - スピノザ分析は一九七九年に発表された（Macherey, 2011〔一九八六〕）。スピノザの想像力についてのネグリの著作は一九八一年のことである（Negri, 1991〔二〇〇八〕）。

服することにより、ヘーゲル的図式に対する代替案として、唯物論そのものの弁証法的ではない理解を生み出すことである（Braidotti, 1991; Cheah, 2008）。かくして「スピノザ主義の遺産」は、一元論をきわめて積極的に捉える考え方にこそ存する。この考え方ゆえに、これら現代フランスの哲学者たちは、生気的で自己組織化するものとして物質を定義しえたのであり、それによって「生気論的唯物論」という唖然とするような組みあわせが生み出されたのである。このアプローチはあらゆるかたちの超越論を拒絶したために、「徹底した内在性」としても知られている。一元論の帰結として、差異が弁証法的図式の外部に位置づけなおされるようになる。ここでの差異とは差異化の複雑な過程であり、それは内的諸力と外的諸力の両方によって枠づけられ、その中心には複合的な他者たちとの関係が据えられているのである。

これらの一元論的な諸前提を積みあげることで、古典的な人文主義《ヒューマニズム》に依拠せず注意深く人間中心主義を回避する、わたしのポストヒューマン的な主体性の理論はできあがっている。古来より力説されてきた万物合一はスピノザ哲学の中心にあるが、それは、生ける物質の自己組織化する――「スマート」な――構造についての最新の科学的な理解によって補強される。こうした考えは、バイオサイエンスや神経科学、認知科学が現代に遂げた新たな進展にも、情報科学分野にも証拠だてられているのである。ポストヒューマン的主体は、かつてない規模で技術に媒介されている。たとえば今日、新スピノザ主義的なアプローチは、心身の相互関係に関する神経科学の新たな展開によって証拠だてられ拡張されている（Damasio, 2003〔二〇〇五〕）。わたしの考えでは、一元論、すなわち、生ける物質すべての合一は、ポスト人間中心主義と直接的な関連があり、このことが現代の主体性にとっての一般的な準拠枠になっているのである。

地球警報

ジョージ・エリオットの作品は、この唯物論的（あるいはこの章で後に論じるように、「物質《マター》‐実在論的《リアリスト》」）世界観の少なくともいくつかの側面へのよい手がかりである。こうした後ろ盾がありがたいのは、ポスト人間中心主義的宇宙の前提や仮定の多くは、術語としてはいまでは広く普及しているにせよ、いくぶん直観に反するものだからである。たとえば公の主流となっている議論では、ポストヒューマンなるものは普通、技術による過剰な介入や気候変動の脅威に対する不安か、そうでなければ人間を強化するポテンシャルへの高揚感に覆われている。他方でアカデミックな文化においては、人間中心主義《アントロポセントリズム》への批判は、わたしが前章で分析した〔人間なるものの〕変容を求めるポストヒューマニズムのアジェンダより、さらに衝撃的な含意をもっている。ポスト人間中心主義的転回は、グローバル化と、技術によって駆動された媒介のありかたとが混じりあって与える強い影響と結びついており、そのことによって人間なるものの核心に打撃を与え、かつてアントロポスを定義していた諸々のパラメーターを転換するのである。

本章でわたしが論じたいのは、ポストヒューマンにかかわる論点といっても、ポスト人間中心主義《アントロポセントリズム》にかかわるものは、ポスト人文主義《ヒューマニズム》におけるものとはまったく異なる次元に属しているということである。一例を挙げると、ポスト人文主義の論点が、主として哲学、歴史学、カルチュラル・スタディーズ、そして古典的な人文学《ヒューマニティーズ》全般という学問領域を動員していたのに対して、ポスト人間中心主義の論点は、科学技術論、ニューメディアとデジタル文化、環境保護と地球科学、遺伝子工学、神経科学とロボット工学、進化論、批判的法理論、霊長類学、動物の権利、そしてサイエンス・フィクションを徴集する。

この高度の領域横断性だけでも、その論点に複雑な層をさらに加えるのである。わたしにとって鍵となる問いは以下である。ポスト人間中心主義的なアプローチによって、現代の主体性と主体形成についてのいかなる理解が可能となるのか。人間中心主義的な主体の後には何が来るのか。

こうしたパースペクティヴの変更にどのように反応するかは、大部分、当人が技術に対してもつ関係性次第である。わたし自身はどちらかといえば技術愛好者なので、かなり楽観している。わたしはつねに、解放的で越境的ですらある技術のポテンシャルの側に断固として立つつもりでいる。これらの技術を、予測可能で保守的な側面や個人主義を助長し膨張させる営利志向のシステムへと指標づけようとする人たちの側につくつもりはない。わたしは実際、今日の時代における最もきわだった逆説のひとつは、まさしく次の二つのあいだの緊張関係であると考えている。すなわち、一方で、技術に媒介された今日の世界のために、政治的および倫理的な行為者性《エージェンシー》の新しい代替的様式を発見することが緊急課題となっていること、そして他方で、定着した心の習慣が惰性で続いていることである。このことについてダナ・ハラウェイは、いつものウィットでこう述べた。機械たちはこんなに活き活きとしているのに、かたや人間ときたらこんなに活気がない！（Haraway, 1985〔二〇一七 a〕）と。あたかもこのことを反映するかのように、今日、科学技術論が学術機関において盛んな分野となっているのに対して、人文学は深刻な困難のなかにある。

地球規模で人間中心主義が脱中心化されつつある文脈のいくつかの側面を明らかにすることから始めるのがいいだろう。別のところで議論したように（Braidotti, 2002, 2006）、先進資本主義とは、商品化のために能動的に差異を紡ぎ出していく糸車である。先進資本主義とは、脱領土化された差異の増殖器であり、それらの差異は、「新しく力動的で融通のきくアイデンティティ」というラベルのもと、そして無限にある消費財選択の機会のもとで、パッケージ化され市場に出される。このロジックが、数のうえでの選択肢の激増とその吸血鬼的な消費を誘発しているのだ。フュージョン・クッキングから「ワールドミュージック」にいたるまで、これら選択肢の多くは文化的「他者たち」とかかわりがある。ジャッキー・ステイシーは、新たな有機食品産業を分析するなかで（Franklin et al., 2000）、わたしたちが食べているのは文字通りグローバル経済なのだと論じている。ポール・ギルロイ（Gilroy, 2000）とシーリア・ルーリー（Lury, 1998）が気づかせてくれるように、わたしたちが毎日のように身につけ、聴き、数多くのスクリーンで観ているのもまた、グローバル経済なのである。

現代の諸主体が日々おこなっている相互作用を枠づけているのは、財やデータ、資本、そして多くのビットやバイトからなる情報のグローバルな循環である。消費者にはあらゆる段階で複合的な選択がつきつけられており、だが、実際の選択の自由がどの程度あるかはさまざまである。たとえば、地元の銀行に電話をかけるというかつては単純だった作業が被った変容をみてみよう。今日わたしたちがますます慣れきってしまっているのは、ひとつには自動化されたポストヒューマン的な応答システムであり、この場合、わたしたちは一連の番号を与えられて、事前録音されたメッセージの網の目を進んでいく。そうでなければわたしたちは、現実の人間の声を聞いてほっと安心することになるが、よく知っている通りその場合にも、その声は、世界中の新興経済国のどこかにあるはるか遠くのコールセンターから発せられているのである。その成果として電話代がかつてなく安くなりはしたものの、通話者が乗り越えさせられるたくさんの新たなハードルのせいで、通話の実際の長さは明らかにますます長くなっている。

もちろん、インターネット通信がこのすべてに取ってかわりつつある。だが、わたしが指摘したいのは、今日の経済システムがもつ差異を紡ぎだす力とは、ただ同じ場所にとどまるために、自動応答や大陸間の電話回線を伝って、二倍の速さで走らなければならないようなたぐいのものなのだということである。

現代のグローバル経済の最もきわだった特徴とは、したがって、その科学技術的構造である。この構造は、かつては別物とされていたさまざまな技術部門――とりわけ、ポストヒューマン黙示録の四騎士たるナノテクノロジー、バイオテクノロジー、情報テクノロジー、認知科学――の収斂にもとづいて築かれている。現代の資本主義の遺伝子工学的構造は、ポストヒューマンなるものをめぐる議論にとって特に重要で中心的なものである。この側面と関係するのは、ヒトゲノム計画、幹細胞研究、そして動物・種子・細胞・植物へのバイオテクノロジー的介入である。先進資本主義は事実として、生けるすべてのものを科学的・経済的に制御し商品化することに投資して利益を得ている。この文脈から生み出されるのは、嬉々として〈生〉そのものを取引する市場の諸力の側に立つ、逆説的でいくぶん日和見主義的なポスト人間中心主義のありかたである。

しかしながら、遺伝子工学的な先進資本主義による〈生〉の商品化は複雑な事柄である。次のような議論を考えてみてほしい。分子生物学の大きな科学的進展によって、物質が自己組織化された〈オートポイエーシス的な〉ものであることが分かったが、他方、それに加えて一元論的哲学は、物質は構造上関係的であり、それゆえさまざまな環境と結びついてもいるとする。これら二つの洞察が組みあわさって、知性を備えた生気性、すなわち自己組織化する能力が、個々の人間の自己に内在するフィードバック・ループに閉じられることなく、すべての生ける物質において現前している力として定義されるようになる。だが、なぜ物質はそんなに知性的なのだろうか。なぜなら、物質は情報コードによって駆動されており、この情報コードは自ら情報障壁を展開するとともに、社会的・心的・生態学的環境とさまざまに相互作用してもいるからである（Guattari, 2000〔二〇〇八〕）。諸力とデータ・フローからなるこの複雑な領野において主体性に起こることとは何だろうか。主体性は、これらすべての要因の累積的な効果によって、拡張された関係する自己になる、というのがわたしの主張である（Braidotti, 1991, 2011a）。ポストヒューマン的な主体の関係を織りなす能力は、わたしたちの種だけに限定されるものではなく、あらゆる非‐擬人主義的《アントロポモルフィック》な要素を含んでいる。生ける物質は――肉も含めて――知性をもち自己組織化するものであるが、それはまさしく、生ける物質が残りの有機的な生命から切り離されていないからなのだ。そういうわけでわたしは、社会構築主義的な方法に完全に閉じこもって仕事をするのではなく、むしろ〈生〉がもつ非‐人間的で生気的な力を力説するのであり、これこそわたしがゾーエーという言葉でコード化したものなのである。

　ポスト人間中心主義《アントロポセントリズム》は、「生そのものの政治」（Rose, 2007〔二〇一四〕）の登場によって標づけられている。「生」は、人間というひとつの種が他のすべての種に対して有する独占的な財産や譲渡不可能な権利としてコード化されてなどいないし、あらかじめ定められた所与として神聖化されてもいない。「生」は、相互作用的で目的が定められていないプロセスとして措定されているのである。生ける物質へのこの生気論的アプローチは、伝統的にはアントロポスのためにとっておかれる――有機体と言説の両方における――生命の部分、すなわちビオスと、動物や人間以外の生命からなるより広い範囲、ゾーエーとしても知られているものとのあいだの境界をずらすことになる。生命そのものの力動的で自己組織化する構造としてのゾーエーは（Braidotti, 2006, 2011b）、生成力をもつ生気性を表している。ゾーエーとは、かつては分離されていた種とカテゴリーと領域とを越えてつなげなおす横断的な力である。わたしにとっては、ゾーエー中心的な平等主義がポスト人間中心主義的転回の核心をなしている。それは、種を横断する〈生〉の日和見主義的な商品化という先進資本主義の論理に対する、唯物論的で世俗的で地に足がついていて感傷に流されることのない応答なのである。それはまた、社会と文化の理論による、他方の文化、すなわち諸科学の文化が果たした大きな進展へのアファーマティヴな反応でもある。この二つのあいだの関係性については第四章で取り組むことになる。

　このようにして主体についてのポストヒューマン理論は、現代のバイオテクノロジーに媒介された身体に何ができるのか実験することを意図した経験的プロジェクトとして現れてくる。現代の主体性についてのこうした非営利の実験は、自然‐文化連続体において機能し、技術的に媒介されている、拡張され関係する自己の潜勢的《ヴァーチャル》な可能性を現勢化《アクチュアライズ》するのである。

　驚くには値しないことだが、主体性にかかわるさまざまな実践に対するこの非営利の実験的アプローチは、正確に言うと現代資本主義の精神というわけではない。現代の資本主義システムは、一定量の範囲での消費者の選択によって焚きつけられた個人主義という覆いにまぎれて、画一性と支配的なイデオロギーへの順応とを効果的に押し進めている。先進資本主義の倒錯とその否定しがたい成功は、新たな主体の編成で実験することに向けたポテンシャルを、利潤原理と結びついた所有的個人主義という膨れあがりすぎた観念（MacPherson, 1962〔一九八〇〕）へと引き戻してしまうところにある。これは、ポストヒューマンな主体性についてのわたしの理論が弁護している、強度についての非営利的な実験とは正反対の方向性である。遺伝子工学的な資本主義に備わる日和見主義的な政治的エコノミーは、〈生〉／ゾーエー――言いかえると人間であれ人間以外であれ知性をもつ物質――を、取引し利潤をあげるための商品へと変えてしまうのである。

新自由主義的な市場の諸力が追い求め、金融投資をおこなっている対象は、生ける物質そのものに備わる情報的な力能である。生ける物質が資本とされることで、メリンダ・クーパーが「余剰としての〈生〉」（Cooper, 2008）と呼ぶ新たな政治的エコノミーが生み出されているのである。この新たな政治的エコノミーが導入する言説と物質両面での人口統制の政治的技術は、生政治的な統治性についてのフーコーの研究が専心していた人口統計的な行政運営とはまったく異なる次元にある。そのことを告げる警報は、いまや地球規模でみられる。今日、わたしたちが着手している「リスク分析」は、全体としての社会や国家のシステムにとどまらず、世界リスク社会（Beck, 1999〔二〇一四〕）における人口の全区分にまで及ぶのである。個人の遺伝子工学的情報、神経学的情報、メディアにかかわる情報についてのデータバンクは、いまや本物の資本であり、そのことはフェイスブックの成功がより月並みな水準で実証している。「データマイニング」は、さまざまなタイプや特徴を同定するプロファイリングの実施を含み、これらを資本投資のための特別な戦略的目標としてきわだたせる。人間なるものをめぐるこの種の予測分析は、可視性・予測可能性・書き出し可能性を主要な価値基準とする「〈ライフ〉マイニング」[2]にまで

◆2　この定式化はヨセ・ファン・ダイクによる。

いたっている。

クーパーは、こうした政治的なエコノミーが抱えるやっかいな問題を明快にまとめている（Cooper, 2008: 3)。

> 生命がミクロ生物学や細胞の次元で働かされるようになったとき、どこまでが（再）生産〔＝生殖(re)production〕でどこからが技術的な発明なのだろうか。財産権法を拡張して、生命を構成する分子的要素（生物学にかかわる特許）から生物圏での事故（カタストロフィ債）にいたるまでカバーする際に問題となるのはどのようなことなのだろうか。生物の成長や複雑性や進化についての新しい諸理論と、近年の新自由主義的な蓄積理論とのあいだの関係性とはどのようなものだろうか。そして、これらの新たな教条主義に対抗しつつ、生命についての新たな原理主義的政治（たとえば生命権運動やエコロジカルな生存主義）の罠に陥らないでいることはどのようにして可能なのだろうか。

クーパーが、「自然法」を唱道する者たちの生物学的決定論、あるいはエコロジカルな全体論のような新たな原理主義的立場が抱えるリスクを力説していることに注目しておきたい。わたしたちが現在置かれている社会的・政治的文脈においては、この本質主義がもつリスクが高まっており、自然‐文化連続体というポストヒューマン的な着想から出発する研究者の側でたえずそれを批判的に吟味することが必要なのである。

パトリシア・クラフも「情動論的転回」（Clough, 2008）を分析する際に同様の道筋を追求している。先進資本主義は諸身体を、エネルギー源という点からみて自らの情報的な基層となるものに還元する。そのため、他の分類上の差異が平らにならされてしまい、結果として、「ある生命のかたちを別のかたちと比べ、ある生気力を別の生気力と比べて重視するための等価性が見いだされることになりうる」(Clough, 2008: 17) というのだ。わたしたちの社会システムで資本価値を構成しているのは、情報そのものの蓄積であり、情報に内在する生気的な質や自己組織化の能力である。クラフが提供する印象的なリストによれば、「認知資本主義」(Moulier Boutang, 2012) が、情動的ないし「生‐媒介的」な身体の諸能力を検査し監視するために採用している具体的な技術とは、DNA検査、脳指紋、神経イメージング、体温探知、虹彩認証や掌形認証といったものである。これらのすべてが、市民社会と対テロ戦争の両方で監視技術として即座に実用化されてもいる。この死‐政治的《ネクロポリティカル》な統治性は次章のトピックとなる。

図2・1　スターバックスのコーヒーカップ上のウィトルウィウス的人体図
© Guardian News & Media Ltd 2011

さしあたり強調したい主だった点は以下である。遺伝子工学的な資本主義がもつ日和見主義的な政治的エコノミーは、人間とそれ以外の種から利益をあげるためなら、両者の区別を、実際に消し去るのではないとしても曖昧にしてしまう。種子、植物、動物、細菌は、この飽くことをしらない消費のロジックとうまく適合しており、人間性《ヒューマニティ》のさまざまな実例にも同じことが言える。スターバックスのコーヒーカップにあるダ・ヴィンチのウィトルウィウス的人体図(図2・1参照)が皮肉にも捉えているのは、グローバル資本によって生み出されるポストヒューマン的な結びつきの俗悪な性格である。おそらくグローバル資本のモットーは、「我買う、ゆえに我あり！」[◇1]なのである。

　グローバル経済は、市場の要請のもとすべての種を究極的にはひとつにしようとし、それが行きすぎているがゆえにこの惑星全体の持続可能性を脅かしてしまうという点において、ポスト人間中心主義的である。かくしてネガティヴなたぐいのコスモポリタンな相互連結が、脆弱性が汎人間的な絆となることを介して成立することになる。環境危機と気候変動についての近年の研究の規模だけでも、この緊急事態を証拠だてている。それはつまり、地球が政治的な行為者《エージェント》として現れてきたということである。ポスト人間中心主義はとりわけ大衆文化のなかで勢いを増しつつあり、人間と技術的な装置ないし機械との関係に生じた変容をネオゴシックホラー様式で表象するネガティヴな傾向だと批判されてもきた（Smelik and Lykke, 2008）。パニック映画を含め、人間やその他の種の絶滅についての文学や映画は独自のジャンルとして成功しており、広く大衆に訴える娯楽となっている。かつてわたしは、この偏狭でネガティヴな社会的想像力を技術怪異談的なものと呼んだ（Braidotti, 2002）。言いかえると、それは文化的な賞賛と逸脱の対象なのである。現代資本主義の遺伝子工学的な構造のこうしたディストピア的な反映は、このジャンルの人気を説明するうえで欠くことができない。

　わたしたち人間という種とヒューマニズムの遺産、その双方の未来をめぐって共有された不安を扱う社会理論の文献も数多く多彩にある。ハーバーマス（Habermas, 2003〔二〇〇四〕）のような重要なリベラル思想家やフクヤマ（Fukuyama, 2002〔二〇〇二〕）のような影響力のある思想家がこの問題にとても敏感に反応しているし、スローターダイク（Sloterdijk, 2009〔二〇〇〇〕）やボッラドリ（Borradori, 2003〔二〇〇四〕）のような社会批評家も同様である。彼らは、人間なるものの地位についてさまざまに深い懸念を表明している。彼らはとりわけポストヒューマン的転回が開く展望を前にして道徳的・認知的なパニックに襲われているかのようであり、その咎で今日の先進的な諸技術を非難しているのである。わたしはというと、彼らの懸念を共有しているものの、ポストヒューマン思想家として明確に反ヒューマニズム的な感情をもっているので、人間が中心的な位置から追いやられるという見通しにそれほどパニックになることはない。それに、こうした展開の長所も認めている。

例を挙げよう。これらのポスト人間中心主義的な諸実践が、〔男性／女性、黒人／白人、人間／動物、死／生、中心／周縁などの〕諸カテゴリーのあいだだけではなく諸カテゴリーそれぞれの内部における質的な境界をもぼかしてしまうとする。いったんそうなれば、人間なるものは、「生」を主たる標的とするコントロールと商品化のグローバルなネットワークのなかに包摂されることになる。結果的に、人間というものの総称的な形姿に厄介な問題が生じる。この点について、ダナ・ハラウェイは次のように述べている。

わたしたちが本物であるということは、ヒトゲノムのデータベースによって保証される。この分子的なデータベースは、国立の実験室にある情報データベースにおける、法的に商標化された知的財産として保持される。その使命は、〔ヒトゲノムという〕テクストを科学の進歩と産業の進展のために公に利用可能にするというものである。これは、〈人間〉という分類学上のタイプが〈人間〉という商標になるということだ（Haraway, 1997: 74）。

いまやわたしたちは、「人間」という普遍的な様式において措定されていた基準が、まさにそれが部分的であるという理由で広く批判されてきたことを知っている（Lloyd, 1984）。実際、普遍的な「人間〔＝男性Man〕」とは、男性、白人、都会的で標準的な言語を話し、異性愛者として生殖単位に収まっていて、確固とした政体のすべての権利を備えた市民だと暗黙のうちに想定されているのである（Irigaray, 1985b〔一九八七〕; Deleuze and Guattari, 1987〔二〇一〇〕）。これがどれほど代理表象の役を果たしていないか、お分かりいただけるだろうか。あたかもこの筋の批判では十分ではないかのように、この「人間」なるものはさらに責務を問われ、アントロポスとしての種の特殊性に引き戻されている（Rabinow, 2003; Esposito, 2008）。言いかえれば、階層秩序的でヘゲモニー的で、全般的にいって暴力的な種の代理表象としての特殊性に引き戻されているのであり、いまや科学の進展とグローバル経済の関心とが連動して、この人間という種の中心性に疑問が突きつけられているのだ。マッスミはこの現象を「元‐人間」と呼ぶ。すなわち、「人間というものの物質性に埋め込まれている遺伝的基盤」（Massumi, 1998: 60）のことであり、かくしてそれは重大な変異を経ている。すなわち、「人間という物質が変異可能であることを表現する生化学的な様式においては、種としての統一性は失われてしまう」（Massumi, 1998: 60）というのだ。

わたしが見るところ、これらの分析が示すのはこういうことである。遺伝子工学的資本主義に備わる政治的エコノミーは、まさにその構造においてポスト人間中心主義的《アントロポセントリック》であるが、必然的ないし自動的にポスト人文主義的《ヒューマニスティック》というわけではない。また、それは次章で示すように、ひどく非人間的（非人道的）〔inhuman(e)〕な傾向をもってもいる。結果として、ポスト人間中心主義のポストヒューマン的次元のことを、脱構築的な動きとしてみることができるようになる。それが脱構築するのは種がもつ至上権であるが、それは人間本性についてのいかなる残存する観念にも打撃を与える。アントロポスやビオスという、ゾーエー——動物など人間以外の生命——とはカテゴリーが異なるとされている観念にである。かわりに前面に出てくるのは、わたしがすでに論じたような、拡張した自己という身体化された構造そのものにおける自然 - 文化連続体である。こうした転換は、創造の王としての人間という支配的な布置からの一種の「人間学的脱出《アントロポロジカル・エクソダス》」とみなすことができる（Hardt and Negri, 2000: 215〔二〇〇三、二八二頁〕）。すなわち、途方もない規模での種のハイブリッド化（＝異種交配）である。

いったんアントロポスの中心性に疑問が突きつけられると、「人間」とその他者たちのあいだにある数多くの境界が、予想もしないようなパースペクティヴを開くカスケード効果のなか、崩壊しはじめる。それゆえ、もしヒューマニズムの危機が、性別化ないし人種化された人間の「他者たち」に主人と奴隷の関係という弁証法から自らを解放する力を賦与し、そのことによってポストヒューマン的なものが始まるのだとすれば、アントロポスの危機が解き放つのは自然化された他者たちの悪魔的な力である。動物、昆虫、植物、環境、もっといえば惑星や宇宙全体が活動しはじめるのである。このことによって、ある別の応答責任がわたしたち人間という種に課される。なぜなら、わたしたち人間こそこのひどい状態の主たる原因だからである。地質学上の人間の時代が「人新世《アントロポセン》」◆3として知られているという事実は、

◆3　この術語はノーベル賞受賞者である化学者パウル・クルッツェンが二〇〇二年に考案したものであり、広く受け入れられている。

アントロポスが技術に媒介された権力を獲得していること、そして、そのことによって他のすべてのものに致命的な帰結が起こりうることの両方を強調しているのである。

それに加えて、自然化された他者たちの置かれる位置が変わったことによって、人間中心主義批判と結びつく概念上・方法論上の複雑な問題が数多く提起されている。これは、たとえアカデミックな哲学が人間意識の超越論的な根拠を主張しつづけるとしても、身体をもち状況に埋め込まれた存在物として、わたしたちは皆、自然の一部なのだというプラグマティックな事実のためである。この唯物論的な自覚を批判的思考の任務と両立させるにはどうしたらいいのか。生気的唯物論の一部門として、ポストヒューマン理論は、人間中心主義の傲慢や、超越論的カテゴリーとしての〈人間なるもの《ヒューマン》〉という「例外主義」に異議を唱える。そのかわりにポストヒューマン理論は、ゾーエー、すなわち非‐人間的な諸側面における生命の生産的で内在的な力と手を組むのである。そのためには、批判的に考えること、それどころかそもそも考えることとはどういう意味なのかについて、わたしたちの共有する理解が変異することが必要となる。

本章の残りで、わたしはこういった洞察を、ポスト人間中心主義的な探究の数多くの相互に関係する領域へと展開する。わたしが注目するのはポストヒューマン的窮状の生産的な側面であり、すなわち、このポストヒューマン的窮状が切り開く視座のなかで、主体性の諸構造と理論や知識の生産の双方がどれだけアファーマティヴなかたちで変容しうるかである。わたしは、ドゥルーズとガタリとはかなり立場が異なるが、彼らの哲学にならって、これらの過程を「動物への生成変化、地球への生成変化、機械への生成変化」と呼んできた。つまりこうである。動物への生成変化という変容の軸は、人間中心主義の放棄とともに、種を横断する連帯の認識を含意しており、その基盤は、わたしたちが環境のなかにいること、すなわち、身体をもち状況に埋め込まれ、他の種と共生しているということである（Margulis and Sagan, 1995〔一九九八〕）。惑星的な次元、あるいは地球への生成変化という次元は、環境および社会の持続可能性の問題を前面化し、エコロジーや気候変動の問題を特に強調する。機械への生成変化という軸は、人間と技術的回路の区分に亀裂を入れてこじ開け、主体の構成にとって根本的なものとしてバイオテクノロジーに媒介された関係を導入する。第四章の中心となる考えを先取りすることで結論としたい。つまり、生気論を標榜する「物質‐実在論」を、倫理的な価値の体系にとっての土台として適用することが必要なのである。そこでは「生」が、生命科学にとってだけではなく、二一世紀の人文学《ヒューマニティーズ》にとっても中心的な位置を占めるようになるのだ。これらの事例それぞれを順番に見ていくことから始めよう。

動物への生成変化としてのポストヒューマン

ポスト人間中心主義《アントロポセントリズム》は、種のヒエラルキーという観念、そして唯一「人間」が万物の尺度であるという観念を追放する。このように存在論的な間隙が開かれると、他の種が殺到してくる。これをおこなうのは、批判理論の言語と方法論的慣例のなかでそのように述べるよりも容易い。言語はすぐれて、人間学的《アントロポロジカル》なツールではないだろうか。前章でわたしたちは、人文主義者たちが抱いている思考のイメージが、〈人間〉が自画自賛するような関係の枠組みをも用意していることをみてきた。そうした枠組みのなかで、支配的な主体が自身の核をなす特徴として何を包含しているのかのみならず、彼が何を「他者」として排除しているのかも確固としたものになる。

人文主義《ヒューマニズム》の主体は、その主権者としての立場を保持するために内在的に矛盾を含んだ要求をしている。彼は、抽象的な普遍者であると同時に、まさしく選ばれし種の代弁者、すなわち〈人間なるもの〔Human〕〉とアントロポスの両方なのだ。この論理的に不可能な要求の背後には政治的な解剖学が想定されており、それによれば、「理性の力」に対応するのは「理性的な動物」としての〈人間〉という観念なのだという。第一章でみたように、後者〔〈人間〉という観念〕は完全に機能する人体に宿るものとされており、それは暗黙のうちに、白人男性の健常者であり若くて健康であるという理想にのっとってかたどられている。他者性の弁証法は、人文主義的な〈人間〔＝男性〕〉の権力にとって内的な原動力であり、それによって彼は、ヒエラルキー的な尺度のうえに差異を割り当てて統治の手段とするのである。他のすべての身体化〔＝身体をもつこと〕の様式は主体の位置から追いやられている。そこには擬人主義的《アントロポモルフィック》な他者たち、すなわち、非白人、非男性、非健常者や、若くない者、健康でない者、障がい者、畸形、あるいは強化された人々が含まれる。それはまた、〈人間〉と、動物の姿をした《ズーモルフィック》他者や有機的他者、地球〔＝大地earth〕の他者を隔てる、より存在論的なカテゴリーの分断にも及んでいる。それらすべての「他者たち」は価値下落とみなされ、病理的なものとされて正常性から異常、逸脱、怪物性、獣性の側へと放逐されるのである。このプロセスは内在的に人間中心主義的《アントロポセントリック》であり、ジェンダー化され人種化されている。なぜならそれは、白人・男性・異性愛的なヨーロッパの文明にもとづく美学的および道徳的な理想を是認するものだからだ。

この否定的な差異の弁証法にかかわるメカニズムを動物の視点からより詳しく見てみよう。動物はアントロポスにとって、必要とされ、身近で、とても大切な他者である。しかしながら、この親密な関係には危険が満ちている。ルイス・ボルヘス流の卓越した偽の分類学によれば、動物は以下三つのグループに分類される。わたしたちがテレビを一緒に見る動物、わたしたちが食べる動物、そして、わたしたちが怖がる動物である。こうして例外的に高い次元にある生きられた親密性ゆえに、人間と動物の相互作用は古典的なパラメーターの内部に閉じ込められてしまう。それとはエディプス化された関係（同じソファで一緒のキミとボク）、道具的な関係（汝やがて消費されるべし）、そして幻想的な関係（エキゾティックで絶滅寸前の、インフォテインメントの刺激の対象）である。

これら各々を手短に分析しよう。人間と動物のエディプス的関係は不平等である。それを枠づけているのは、支配的な位置を占める人間による構造的には男性的な慣習、つまり、動物を含む他者の身体に対する自由なアクセスと消費を当然のこととする慣習である。したがって、このエディプス的関係は、投影やタブー、幻想で飽和している点で、関係の様式として神経症的である。それはまた、人間の主体に至高の存在論的な権限があるという感覚の現われでもある。デリダは、「肉-男根ロゴス中心主義《カーノファロゴセントリズム》」(Derrida, 2006) とのかかわりにおいて、人間という種が動物に対して行使する権力について言及し、認識的かつ物質的な暴力の一例として批判した。バージャーとセガーラ (Berger and Segarra, 2011) はその注釈のなかで、動物性をめぐるデリダの著作は些末なものではなく、啓蒙主義という企図の諸限界をめぐる彼の分析にとってかなり中心に位置すると論じている。デリダによる人間中心主義への攻撃は、その結果、人文主義に対する批判と必然的に相関するものとして提示されていることになる。人間中心主義批判と人文主義批判とのあいだにある論理的および歴史的な強い結びつきが、西洋的理性が多様な他者たちに加えた被害に対する政治的批判の枠組みとなっているのである。〔だが、〕脆弱性を共有した結びつきを認識することで、新しいかたちのポストヒューマン的な共同体と共感を生み出すことができる（Pick, 2011）。人間と動物のあいだのこの親密でエディプス的で、それゆえに両義的で操作的な関係性は、わたしたちの精神的および文化的慣習のなかに根づいたさまざまな方法において表れている。その第一のものが隠喩化である。

動物は長らく、人間に利する美徳や道徳的卓越といった社会的文法を詳らかにしてきた。この規範的な機能は、道徳的な語彙集と認識的な動物寓話集において正典化されており、そのなかで動物たちは規範と価値の隠喩的な参照項へと変えられている。高貴なワシ、うそつきのキツネ、ひかえめな子羊やコオロギとミツバチなどの、〔ティトス・〕リウィウスやモリエールが不朽のものにした傑出した文学の血統のことを考えてみればよい。これら隠喩的表現の慣習は人間 - 動物の相互作用における幻想的次元の糧となっており、それを現代文化において最も如実に表しているのは、キングコングをはじめとしてアバターのハイブリットな青いクリーチャーに及ぶ非 - 擬人主義的なキャラクターたち――スピルバーグによるジュラシック・パークのスター恐竜たちも忘れないでおこう――のエンターテインメント性である。

社会的な次元では、人間 - 動物の新たな相互作用のエビデンスは強固にあり、しばしば表象の問題にまでいたっている。ハラウェイの述べる「伴侶種」（Haraway, 2003〔二〇一三〕）は歴史的にみて、動物を子ども扱いするナラティヴのなかに制約されており、こうしたナラティヴが種をまたいだ情動的な親族関係を確立してきた。このナラティヴの最も支配的な派生物は、犬の献身と無条件の忠誠についての感傷的な言説であり、ハラウェイはそれにありったけの情熱で反論している。犬は自然と文化の混合物として──科学技術の他の産物にも似て──、重要な他者であるとはいえ、徹底した他者なのだ。犬はほとんどの人間と同じくらい社会的に構成されている。遺伝学的なスクリーニングを通じてのみならず、健康や衛生にかかわる規制やさまざまな身づくろいの習わしによってもである。ロサンゼルスのきらびやかな郊外にあるペット減量クリニックの成功を伝えるニュースを知って、くすくす笑いをこらえるのに苦労しなかった者などいるだろうか。このポストヒューマンな時世には、何らか驚かされるような物質的等価性のありかたがさまざまな生命の形態のあいだに見出される。わたしたちはしたがって、現代の人間以外の動物の複雑さ、そして、それら動物たちの人間との近接性に見合った表象の体系を考案しなければならない。論点はいまや、新しい関係の様式に向かって進むことである。動物たちはもはや、人間の自己投影と道徳的熱望につっかい棒をする意味作用の体系ではないのだ。動物には、独自の記号体系ないし「動物存在論〔zoontology〕」（Wolfe, 2003）としての新しい直義的な様式でアプローチする必要があるのである。

人間と動物のあいだの親密な関係は問題含みで矛盾したものであり、その二つ目の主要な現れは市場経済と労働力とに関連する。古代より動物は、人間が主導する種のヒエラルキーのなかで、ある種の動物‐プロレタリアートを構成してきた。機械時代以前から、そして機械時代を通してずっと、動物は人間にとっての天然の奴隷であり、輸送を支える重労働のために搾取されてきたのである。そのうえ、動物自身が産業資源でもある。動物の体はミルクや食用の肉をはじめとした主要な原料生産物であるし、それに加えて、象牙、ほとんどあらゆる生き物の皮革、羊毛、鯨油と鯨脂、蚕糸などもある。

本書序章の第二エピソードで提示した金額が示しているように、この言説的かつ物質的な全面的搾取という政治的エコノミーは今日も続いている。動物は、科学実験のために、そして、バイオテクノロジー農業、美容産業、薬物や製薬産業などの経済部門のために、生きた素材を提供しているのだ。ブタやマウスのような動物の遺伝子が組み替えられて、人間の臓器移植実験用の器官が生産されている。テストケースとして動物を用いることや動物をクローン化することは、いまや確立された科学的実践である。オンコマウス◇2や羊のドリーはすでに歴史の一部分なのである（Haraway, 1997; Franklin, 2007）。先進資本主義においては、すべてのカテゴリーや種に属する動物が商取引できる使い捨て可能な身体となり、ポスト人間中心主義的な搾取をおこなうグローバル市場のなかに組み込まれている。以前に述べたように、動物の売買は、今日の世界で三番目に大きな違法取引を構成しており、これは薬物と兵器に次ぐものであるが、女性を上回っている。このことは、人間と動物のあいだに新しいネガティヴな紐帯を確立している。

冷戦のまっただなか宇宙探査プログラムが始まり、アメリカ合衆国とソヴィエト連邦の競争が激化して、その一環として犬と猿が軌道に打ちあげられていた時代に、ジョージ・オーウェルは「すべての動物は平等である。だが一部の動物は他よりもっと平等である」（Orwell, 1946〔二〇一七、一四七頁〕）と皮肉った。範囲が曖昧でなおかつテクノロジーに媒介された戦争状態に世界がまみれている第三千年紀の幕開けにおいて、そのような大仰な隠喩はかえって虚しく響く。ポスト人間中心主義が示すのは、むしろそれとは正反対のことである。いかなる動物も他よりもっと平等であることはない。なぜなら、すべての動物は惑星的規模の取引をおこなう市場経済に取り込まれて比較可能な商品となり、それゆえ平等に使い捨て可能になるからである。それ以外の区別はすべてぼやけるのだ。

それと同時に、〔人間と動物の〕古い関係の様式が目下、再構築されつつある。ゾーエー平等主義的転回が起こりつつあり、それによってわたしたちは、動物とより平等になりうる関係性に取り組むよう促されているのである。現代のポスト人間中心主義思想は、急速に変化を遂げつつあるテクノカルチャーがあらゆる次元の変異を生み出すなか、アンチ - エディプス的な動物性を作り出している。わたしの見解では、今日の難局とは、人間 - 動物の相互作用をいかに脱領土化ないしノマド化し、実体の形而上学とその必然的な結果である他者性の弁証法を迂回できるのかということである。したがってこのことは、人間本性という概念や、それを活性化する〔＝霊魂を吹き込む animate〕生というものの捉え方を世俗化することを必然的にともなってもいる。ポスト人間中心主義思想の先駆者ダナ・ハラウェイは人間 - 動物の相互作用を鋭く分析しており、ウィトルウィウス的人体図のポーズをとる伴侶種を描いた皮肉めいた挿絵のなかにこの根本的な転換を捉えた（図２・２および２・３参照）。猫や犬は、万物とまではいかずとも、少なくともいくつかの事物の尺度となりうるのだろうか。そうした尺度は、人文主義者の自己表象を暗黙のうちに支えてきた遺伝子的なヒエラルキーに取ってかわることができるだろうか。ここにみられるのは、本章で先に述べたような、生そのものをめぐるポスト人間中心主義的政治がもたらす矛盾を抱えた諸効果なのである。

ポスト人間中心主義という意味でのポストヒューマンなるものは、対立的な弁証法図式を放棄し、根強く定着した二元論を人間と動物間の深いゾーエー平等主義の認識に置きかえる。人間と動物の紐帯に備わる生気性は、もはや明確なヒエラルキーをもたず自明でもない間柄において、この惑星、領土ない

図2・2　S・ハリス「レオナルド・ダ・ヴィンチの犬」
出典：www.cartoonstock.com

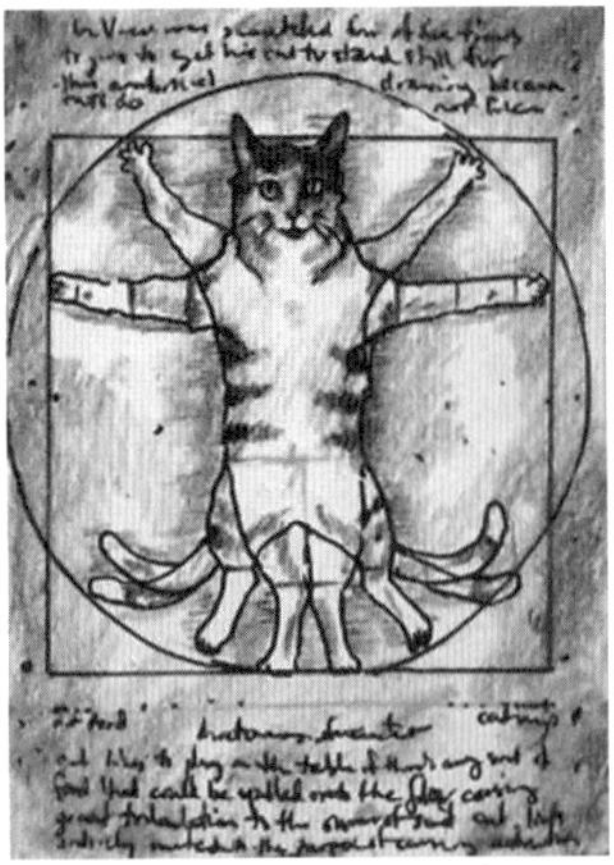

図2・3　マギー・スティーフヴェイター「ウィトルウィウス的猫」
出典：Maggie Stiefvater via Flickr

し環境を共有しているという状況に依拠している。この生気的な相互連結が措定しているのは、種差別から離れて、諸身体（人間、動物、その他）がおこないうることの価値を倫理的に見定めることへと向かう関係性の質的転換である。スピノザ主義的な倫理学にもとづく諸力の行動学《エソロジー》が、人間と動物の変化しつつある相互作用にとって主たる参照点として現れてくる。それが描き出しているのは新しい政治的枠組みであり、わたしはそれを、あらゆるかたちの〈生〉を商品化する先進資本主義の日和見主義的論理に対してアファーマティヴに反応する企図と捉えている。

　このポスト人間中心主義的アプローチが必要とするのは、想像力をよりいっそう働かせ、わたしたちがもつ諸々の表象を現実の生活状況のなかにアファーマティヴなしかたで基礎づけようとする努力である。この観点からするとわたしたちは、犬や猫などのソファに陣どった今日の伴侶たちのことを、種のあいだの区切りを単に情動において横断するだけでなく、いわば有機的にも横断するものとして考えなおす必要がある。自然と文化の混合物として、これらの動物にはサイボーグの資格がある。言いかえると、混淆状態のクリーチャー、あるいはポストヒューマン的関係性の媒介生物としての資格があるのだ。多くの点で羊のドリーが、複雑な生‐媒介的時間性にとって、そして、新しいポスト人間中心主義的な人間‐動物の相互作用を表象するような密接性のありかたにとって理想的な比喩形象である。彼女／それは、彼女の種の——羊として妊娠生殖してきた血統を受け継ぐ——最後の標本であると同時に、新しい種の最初の標本であり、フィリップ・K・ディックが夢見た電気羊、『ブレードランナー』（一九八二）のアンドロイド社会の先駆けとなっている。性的に受胎したのではなくクローンであり、有機体と機械の異種混淆体であるドリーは、生殖から切り離され、それゆえに血統から絶縁した状態にある。ドリーは、彼女／それの古い種に属するいかなるものの娘でもない。孤児であると同時に彼女／それ自身の母なのである。ある新しいジェンダーの最初の存在である彼女／それはまた、家父長制的親族体系のジェンダー二分法を超えてもいる。

単一のオリジナルがないまま作られたコピーであるドリーは、ポストモダンなシミュラークルの論理をその究極の倒錯状態にまで押し進める。彼女／それは、〈無原罪懐胎〉を第三千年紀の遺伝子工学版へと紡ぎあげるのである。この皮肉は、ドリーの死因がリューマチという凡庸であまりにもおなじみの病だったのを思い起こすとき、そのいたましいまでの頂点に達する。◇3 ドリーは死後、踏んだり蹴ったりなことに最後の尊厳まで奪われて剥製にされ、防腐処置をされて科学博物館に科学上の珍品として陳列された。彼女／それは、一九世紀の住人であると同時に、メディアを賑わすセレブリティとして二〇世紀の琴線にも触れている。アルカイックであるとともにハイパーモダンでもあるドリーは、複数のアナクロニズムの混合物であり、さまざまな時間軸を横断する位置にある。彼女／それは、複雑で自己矛盾した時間帯に住まうのである。現代における他の技術怪異談的な動物ないし存在物（オンコマウスが心に浮かぶ）と同じく、ドリーは時間の線形性を打ち砕き、絶え間ない現在に存在する。この技術‐電子的な無時間的時間は、没共時性で飽和している。言いかえると、構造的に蝶番がはずれているのだ。ドリーについて考えると、過去から受け継いできた思考のカテゴリーがぼやけてしまう。彼女／それは思考そのものの緯度と経度を引き伸ばし、そこに奥行きと強度と矛盾を付け加えるのである。もはや動物ではないがいまだ完全に機械でもないこの存在物は、複雑性を体現〔＝身体化 embody〕しているがゆえに、ポストヒューマン的状況のイコンである。

ハラウェイもまた、人間‐動物の連続体についての新たなイメージやヴィジョンや表象の必要性を力説している。オンコマウスというハイブリッドな比喩形象から出発して、人間‐動物の相互作用を再考しようと彼女は提案するのである。研究目的で創造された遺伝子導入生物であり、動物として世界初の特許を得たオンコマウスは、その語のあらゆる可能な意味においてポストヒューマン的である。オンコマウスは、実験室と市場のあいだの営利的な売買取引のために作り出されており、それゆえ特許事務所と研究用作業台のあいだを縫って進むのである。ハラウェイはこの遺伝子導入動物とのあいだに親族関係の感覚を確立したいと望む。彼女を「わたしのきょうだい〔……〕オスであっても、メスであっても、彼女／彼はわたしの妹」（Haraway, 1997: 79）と呼ぶハラウェイは、オンコマウスがどれほど犠牲者であるとともにスケープゴートであるかを力説する。乳がん治療法を発見して多くの女性の命を救うために自らを犠牲にするキリストのような形象、他の哺乳類を救出する哺乳類であるというのである。オンコマウスは、純粋な血統から断ち切れているがゆえに、幽霊的な形象でもある。オンコマウスはドリーにも似て、製造されたのであって産まれたのではないという単純な事実によって、自然の秩序を汚染する不死者なのである。彼女／彼は、既成の諸コードを撹乱し、かくしてポストヒューマン的な主体を不安定にするだけでなく再構築もするサイバー怪異談的な装置である。ドリーやオンコマウスのような比喩形象はもはや隠喩ではなく、むしろ転じつづける現在というものの光景のなかで、わたしたちの理解力を想像豊かに着地させる媒介手段なのである。◆4

わたしがポスト人間中心主義《アントロポセントリック》的な転回をよろこんで是認している様子が、一部のひとにとっては熱狂的にすぎ、勝ち誇ったようにすら映っているかもしれないということはよく分かっている（Moore, 2011）。前章で述べたように、あるひととのポストヒューマンとの関係にまずもって影響を与えるのは、人間なるものについてそのひとがくだす批判的な評定である。わたしの深く根づいた反ヒューマニズム的傾向は、わたしがアントロポスの追放を大喜びで歓迎するさまに表れてはいる。だが、ポストヒューマンに熱狂しているせいで、現代における人間‐動物の相互作用のなかで働いている残酷な矛盾や権力の差異が見えていないわけではない。もちろん、古くからある道具主義的な振る舞いのパターンはいまだに作動し

◆4　この点で、これらの比喩形象はドゥルーズの概念的人物と同様の機能を果たしている（Deleuze and Guattari, 1994〔二〇一二〕; Braidotti, 2011a, 2011b）。

ており、動物たちは、食物や毛、皮革製品、農業・工業・科学における労働のために使用されている。それどころか死‐政治的なエコノミーは、グローバルな衝突や金融危機によって激化している。先進資本主義は、生そのものの遺伝子工学的構造を市場化しそこから利益を得るかぎりで、人間中心主義の放棄に寄与するのである。動物たちはダブルバインドに囚われている。一方では、かつてない非人道な搾取の対象であり、他方では、その償いとしての人間化が何らかのかたちで残存していることから利益を得ているのである。この相争う状況から、ポスト人間中心主義は人間と動物の両方にとって両面入り混じった祝福であるという結論にわたしは導かれる。説明しよう。

代償的ヒューマニズム

二〇世紀後半を通して、ほとんどの先進的な自由民主社会において「動物の権利」という論点への注目が高まってきた。緑の党や動物の党といった非人間中心主義的な他者の福利に完全に特化した政党が、多くの北ヨーロッパの議会で議席を有している。彼らの拠って立つ基盤は種差別への批判にある。言いかえると、〈人間〉の人間中心主義的な傲慢さ、支配的な種として自らに賦与された権利が他のあらゆる種の身体を利用することにまで及ぶという感覚を批判するのである。動物の権利の活動家たちは、人間の卓越性を前提とした「人間崇拝《アントロポラトリー》」の終焉を支持し、他の種や生命体の利益にさらなる敬意と優先権を与えることを求めている。

動物の権利論においては、これらポスト人間中心主義《アントロポセントリズム》の分析的な諸前提を新‐人文主義《ネオヒューマニズム》と組みあわせて、数々の人文主義的な価値の妥当性が再検討されている。ここでの関心事は擬人主義的《アントロポモルフィック》な自己であり、それは単一のアイデンティティ、自己反省的な意識、道徳的合理性、そして感情移入や連帯といった感情を分かちあう能力をもつとみなされる。それと同じ美徳と能力が、非‐擬人主義的な他者にも帰属させられるのである。この立場の背景にある認識論的および道徳的な仮定は啓蒙主義以来のものだが、これまで人間のためにのみ許されており、動物や植物などあらゆる非‐人間的な行為者《エージェント》は不利を被ってきた。動物の権利運動の人々を、わたしはポスト人間中心主義的な新人文主義だと定義しているのだが、彼らはすべての種にわたってこれらの価値を是認し拡大する必要性のもとに結集している。

　最も著名な「動物の権利」の擁護者であるピーター・シンガーは、動物についての道徳的合理主義を支持して功利主義的な立場に立っている。ヌスバウム（Nussbaum, 2006〔二〇一二〕）のようなリベラルな人文主義者《ヒューマニスト》も、種の平等を追求することに同意している。古典的なリベラルの伝統のなかで仕事をするメアリー・ミッジリー（Midgley, 1996）は「人間中心主義」という言葉さえ信じておらず、次のように評する。すなわち、人間中心主義とは「人間についての狂信的排外主義《ショーヴィニズム》であり、それが示す思いやりの狭量さは、国家、人種、ジェンダーについての狂信的排外主義と比肩する。排他的なヒューマニズムとも呼びうるそれは、手厚く友好的で包括的なたぐいのヒューマニズムと対比的である」（Midgley, 1996: 105）。それにかえてミッジリーが支持するのは次のように認めることである。「わたしたちは種としても個人としても、自己充足的でも自給自足でもなく、当然、深い相互依存のなかで生きている」（Midgley, 1996: 9-10）。ヴァル・プラムウッド（Plumwood, 2003）もまた、理性の環境論的危機についての強力な分析において、人間の特権を脱中心化することにもとづいた種のあいだの新たな対話的倫理を提唱している。

ラディカルなエコフェミニストたちにとっては、功利主義とリベラリズムは両方とも欠陥を抱えている。前者は非 - 人間的な他者への恩着せがましいアプローチであり、後者は人間が動物を操作し支配していることを偽善的に否認しているからである。この批判は、利己主義と根拠のない優越感をともなう人間の個人主義の破壊的な側面にまで敷衍された。なぜならそうした側面は、フェミニストたち（Donovan and Adams, 1996, 2007）にとって男性の特権と女性の抑圧に結びついており、男性支配の一般理論を支持するものだからである。肉食は、新旧フェミニストのベジタリアンとヴィーガンの批判理論によって、カニバリズムの合法的形態であると標的にされた（Adams, 1990〔一九九四〕; MacCormack, 2012）。こうして種差別は、性差別や人種差別と同程度に不当な特権として説明責任を問われているのである。「性 - 種」のヒエラルキー的体系が幅をきかせている状況は、動物の権利のアクティヴィズムという枠組みにおいてさえ認知も批判もされないままでいる傾向がある。フェミニズムの是正的な影響が重要な価値をもつのは、集合性および感情的な紐帯の政治的重要性をともに強調するからなのである。

現在、動物の地位に関する新しい分析的データが、人類学、霊長類学、古生物学、科学技術論の学際的なツールを用いて解析されつつある。この分野において最も著名なポスト人間中心主義的新人文主義者のひとりはフランス・ドゥ・ヴァール（Waal, 1996〔一九九八〕）であり、彼は感情移入や道徳的責任感などの古典的な人文主義的価値を高等霊長類にまで拡張した。大型類人猿の厳密な経験的観察にもとづいて、ドゥ・ヴァールは種の進化の原動力としての攻撃性の重視に異議を唱え、進化と進化心理学に関するわたしたちの思考を変容させた。「あなたのなかのサル」やボノボに関するドゥ・ヴァールの画期的著作は、コミュニケーションと性交渉を集団形成の核に位置づけ、種のなかで雌が進化にあたって果たす役割を証拠だてて唱えるものである。より最近の著作では、人間以外の霊長類間の感情的なコミュニケーションないし感情に媒介されたコミュニケーションの一形態として、感情移入の重要性をドゥ・ヴァールは力説している（Waal, 2009〔二〇一〇〕）。

　感情移入の重視はポストヒューマン的な主体性理論からみると、いくつかの顕著な目標を成し遂げている。第一に、それはコミュニケーションを進化のツールとして再評価している。第二に、それは理性よりもむしろ感情に意識への鍵を認めている。第三に、それはハリー・クンネマンが「自然主義の解釈学的形態」と定義したもの、つまり、社会構築主義の伝統から批判的な距離をとり、道徳的価値を生得的な性質として位置づける立場を発展させる。これは、自然 - 文化連続体理論をいちじるしく補強するものである。ドゥ・ヴァールの論によると、わたしたちの種は「群居を必須とする」（Waal, 2006: 4）。付け加えてドゥ・ヴァールの主体観は、理性の超越性とは反対の唯物論的なものであり、感情ないし情熱をアイデンティティ形成の鍵とするデイヴィッド・ヒュームのアプローチに魅了されている。最後に重要なこととして示唆したいのは、フランス・ドゥ・ヴァールは、ポスト人間中心主義《アントロポセントリック》的な社会民主主義者であり、寛容や互恵的な利他主義と支援といった社会の下部構造の創造に深くかかわっていることである。道徳的善は伝染するという彼の考えは、感情移入の「ミラーニューロン」理論に証拠だてられている。その強調点は、人間と高等霊長類のあいだの倫理的な連続性に置かれており、わたしたち人間の攻撃的な傾向を動物に投影し、善の性質を人間という種のみがもつ特質として確保しておくことは、若干安直にすぎると彼は指摘する。ドゥ・ヴァールは、進化が道徳の必須条件をも与えてきたと論じ（Waal, 1996〔一九九八〕）、人間至上主義者による「人間否認〔anthropodenial〕」（Waal, 2006: xvi）を攻撃する。感情移入を生得的で遺伝的に伝達されてきた道徳的傾向として理解すること、ないし道徳の自然化は大きな流れとなっており、利己的遺伝子と強欲さはそこから完全に取り残されている。これらの様相はすべて、ポストヒューマン的な主体理論ときわめて深いかかわりがある。

しかしながら、わたしがポスト人間中心主義的な新・人文主義《ネオヒューマニズム》にやや懐疑的である理由は、それがヒューマニズムそれ自体についてはむしろ批判的でないからである。動物に代償を払おうとする努力は、人間というこの惑星の居住者――グローバル化、テクノロジー、「新しい」戦争によって目下のところ傷を負っている――と、その他者である動物とのあいだに、出遅れたたぐいの連帯とわたしが考えるものを生み出すのだ。こうした連帯は、種をまたいだネガティヴな紐帯という感覚を古典的でかなり高潔なヒューマニズムの道徳的要請と組みあわせる点において、せいぜい両義的な現象である。こうした種をまたいだ包含において、ヒューマニズムは実際、種平等主義者の庇護のもと無批判に復権されつつあるのだ。

前章で概説したように、ポストヒューマン的な主体についてのわたしの研究では、ヒューマニズムには諸々の限界があるという批判的認識を退けないことにする。わたしはまた、わたしたちが人新世《アントロポセン》の時代、つまり地球の生態バランスが人類《ヒューマニティ》によって直接統御されている時代に生きているという事実をはっきり分かっている。人間社会の諸価値がこれほど深刻な認識論的・倫理的・政治的危機に瀕している時代に、ヒューマニズム的諸価値がもつ特権を他のカテゴリーへと拡張することが、無欲で寛容であるとか、もしくはとりたてて生産的な動きだとは考えがたい。人間と他の種とのあいだに生気的な絆を築くことは、必要かつ結構なことではある。〔だが、〕この絆は、共有された脆弱性の結果であり、その脆弱性自体、人間が環境に及ぼした行動の帰結であるという点においては、ネガティヴなものである。だとすると、人間が、未来について自分が抱える根源的不安を非‐人間へと押し広げてきたというのが実際のところではないだろうか。したがって、非‐人間的な動物を人間化することには、大きなつけがまわってくるのかもしれない。とりわけ、「人間」なるものというまさしくそのカテゴリーに対して異議が突きつけられるようになったこの歴史的な時期においてはそうである。

道徳的・法的平等の原理を動物に拡張するべく人間以外の動物を擬人化する《アントロポモルファイズ》ことは、高貴な身ぶりかもしれないが、そこには二つの点で本来的な欠陥がある。第一に、それは人間というヘゲモニー的なカテゴリーを他者へ向けて博愛的に拡張することによって、人間／動物の二元的な区別を確固たるものにしてしまう。第二に、それは動物の特殊性をすべて否定してしまう。なぜなら、それは動物たちを一様に、感情移入という種を横断する普遍的な倫理的価値の寓意として捉えるからである。しかしながら、わたしの見解では、ポストヒューマン的な関係性の要点とは、人間／動物の相互関係を、各々のアイデンティティを構成するものとみなすことである。それは、可変性のある共生的関係であり、そうした関係のなかでそれぞれの「本性」がハイブリッド化し変質するとともに、相互作用の中間の場が前景化するのである。これこそが、人間／非‐人間の連続体の「中間環境《ミリュー》」である。それは、開かれた実験として探求される必要があり、普遍的とされている諸々の価値や性質についての分かりきった道徳的結論とされるべきではない。ここで述べている相互作用における中間の場は、規範的に中立のままでなければならない。アントロポス――種がもつ至上権という鋳型のなかにあまりにも長いあいだ閉じ込められてきた主体――が動物へと生成変化するための新たなパラメーターが出現する余地を残すためである。生成変化のための強度をもった空間は開かれるべきであるし、より重要なのは開かれつづけていることである。

自然界に生まれたものが、企業の商標や製造され特許化されたバイオ製品に取ってかわられつつある時代にあって、倫理的責務をそうした商標や製品に結びつけ、それらの福利に説明責任を果たせるようにすることは、以前と同じく重要な課題である。わたしたちは新しい系譜学を必要としている。すなわち、新しい親族体系のためにこれまでと異なる理論的かつ法的な代理表象をつくり、この難局に応えるのに十分適切なナラティヴを与えることが必要とされているのだ。わたしの望みは、ポストヒューマン的な主体性というわたしのヴィジョンが、批判理論に対してよりいっそうの概念的創造性をもたらし、そうすることでアファーマティヴな種類のポストヒューマン思想に向けて働きかけられるようになることである。いわゆる先進資本主義におけるポスト工業化時代の主体としてわたしがそのただなかにいる宇宙においては、人間の女性、オンコマウス、クローン羊のドリーのあいだには非常に多くの親密な関係があり、それゆえ、それら三者の身体化され状況に埋め込まれた場所には共通点が多い。わたしはかつての動物界の遺伝子改変されたメンバーから、人間という種が独自であるとするヒューマニズムの理想と同じくらいの恩恵を授かっている。同様に、人間という種の女性として状況化されたわたしの立場ゆえに、わたしは構造上、サービスを提供する側にいる。かくしてわたしは、人間という種の不可侵性や統一性をめぐるいかなる観念よりも、望もうと望むまいと臓器や細胞の提供者である有機体により近いところにいるのだ。

性急で無謀にすら聞こえるかもしれないと分かっているが、わたしはそうした主体の味方である。つまり、もはや主体性における支配的なカテゴリーと同一ではないが、いまだ完全に自己同一性の檻から出ているわけではない何か、言いかえると差異化しつづけつつゾーエーと親しい関係にあるもの、要するにポスト人間中心主義的主体である。これらの反抗的な構成要素はわたしにとって、女性として身体化されているとはいかなる意味なのかというフェミニストの意識と関連している。かくして、わたしは牝狼〔＝貪欲な女〕であり、四方八方に細胞を増殖させる繁殖動物である。わたしは細菌培養器であり、生気的かつ致死的なウイルスの保持者である。わたしは母なる地球、未来を発生させるものである。偽りの普遍主義的様式において〈同一性〉の主権を断定する男根ロゴス中心主義《ファロゴセントリズム》および人間中心主義的ヒューマニズムという政治的エコノミーにおいて、わたしの性別は、価値下落的な差異あるいはより価値のない存在として理解された「他者性」の側に陥れられた。ポストヒューマンへの生成変化がわたしのフェミニスト的自己に訴えかける理由のひとつは、歴史的にいってわたしの性別が完全な人間性《ヒューマニティ》に成り遂げることができなかったからである。それゆえ、人間性というカテゴリーへのわたしの忠誠心は、せいぜい交渉可能な程度であり、けっして当然のものではないのだ。

地球への生成変化としてのポストヒューマン

人間中心主義《アントロポセントリズム》を追い払った結果、人間が動物に対してもつ関係の抜本的な再構築が生じているが、批判理論はこの難局に自らを適合させることができるかもしれない。主として、人間‐動物の相互作用を強固なものにした想像的で情動的な多数の結びつきを礎とすることによってである。しかしながら、惑星的で地球中心的なパースペクティヴへと向かうポスト人間中心主義的転換は、〈人間〉の動物への生成変化とはまったく異なった尺度の概念的震動を引き起こす。この出来事は、人文学《ヒューマニティーズ》と批判理論の領域に広く振動の波をもたらしている。これをクレア・コールブルックは、いつものウィットで「批判的〔＝危機的〕気候変動◆5」と呼ぶ。

　人新世《アントロポセン》の時代において、「ジオモーフィズム」として知られる現象は通常、環境危機や気候変動や生態系の持続可能性のようなネガティヴな見地から表現される。だが、かつて「自然」と呼んでいたわたしたちの複雑な生息環境との関係性を設定しなおすという意味においては、ジオモーフィズムにはよりポジティヴな次元も存在する。実際、地球的ないし惑星的次元における環境問題に比肩するような関心事は存在しない。地球がわたしたちのあいだで共通の土台である以上、この論点はむしろ他の論点すべてに内在しているのである。こうしたことが、わたしたち皆にとって、つまり、この特定の時代にこの特定の惑星に住まう人間と人間以外の居住者にとっての「中間環境《ミリュー》」である。惑星的なものは、内在的で唯物論的な次元において宇宙的なもの〔the cosmic〕へと開き通じているのだ。ここでもわたしの主張は、こうしたパースペクティヴの変更が主体性を更新するための豊かな選択肢を与えてくれるというものである。それでは、地球中心的な主体とはどのような姿をしているだろうか。

　わたしにとっての出発点は相変わらず自然‐文化連続体であるが、そろそろ、わたしたちは皆「自然の一部である」(Lloyd, 1994)というロイドの言葉にあるような一元論的な洞察をこの枠組みに組み入れなければならない。彼女はこの目が覚めるような示唆に富んだ言明を、スピノザ哲学にもとづく一元論哲学の枠組みにおいて述べている。この言明は、わたしたち第三千年紀の市民にとってはいっそう複雑なものとなる。わたしたちがそのただなかにいる自然‐文化連続体が、実は技術的に媒介され地球規模で強化されているという事実があるからである。このことが意味するのは、わたしたちは自然主義的基礎づけ主義を自明視する主体性の理論を前提とすることができないし、社会構築主義的な主体の理論に依拠することもできないということである。後者は、社会構築主義的であるがゆえに二元論的であり、エコロジーの次元を否認するのである。そうではなく、批判理論は、潜在的に矛盾する諸々の必要性に応えなければならない。

第一の必要性は、生気論的で自己組織的な物質性という力動的で持続可能な観念を展開することである。第二に、主体性の枠組みと範囲を、前節で概説したポスト人間中心主義的関係の横断線に沿って拡張することである。人間以外の行為者《エージェント》を含むアッサンブラージュとしての主体性という考えには、数多くの帰結がある。この考えが含意するのは、第一に、主体性はアントロポスが排他的にもつ特質ではないということ。第二に、主体性は超越論的理性と結びついていないということ。第三に、承認の弁証法から蝶番がはずれているということ。そして最後に、主体性は諸関係の内在性に依拠しているということである。批判理論にとっての課題は途方もないものである。人間、わたしたちの遺伝的な隣人たる動物たち、そして総体としての地球、これらを包括する横断的な存在物として主体なるものを視覚化する

◆5　これはコールブルックがオープン・ヒューマニティーズ・プレスのために編集しているオンライン書籍シリーズのタイトルである。

ことが、しかもそれを理解可能な言語の枠内でなすことが必要とされているのだ。

少しのあいだ後者の課題について考えてみよう。人文学にとっても批判理論にとっても欠かすことのできない表象の問題を提起しているからである。ポスト人間中心主義に相応しい言語を見つけるということが意味しているのは、批判的知性というツールとならんで、想像力にかかわる資源の助けも借りて、この課題に臨む必要があるということである。自然 - 文化の分断が崩れたことで、新しい語彙を何とか考案する必要が生じているのだ。その新しい語彙は、新たな比喩形象を用いて、ポストヒューマンとして身体をもち状況に埋め込まれたわたしたちの主体性の諸要素を指し示さなければならない。社会構築主義的な方法の限界はここにきて明らかになり、もっと概念的な創造性がその埋めあわせに必要となってくる。だが、社会理論の訓練を受けたわたしたちのほとんどは、主体性のすべての要素が完全に社会的に構築されているわけではないかもしれないという考えに少なからず不快感を感じてきた。自然の秩序や緑の政治といったものへの根深い懐疑心は、実際、マルクス主義左派の遺産の一部である。

まるで自然なるものにこのように不信を抱くだけでは不十分であるかのように、わたしたちは、技術的人工物に対する関係を、かつて自然がそうであったのと同じくらい密接なものとして概念化しなおすことも必要としている。技術的装置はわたしたちの新たな「中間環境」であり、この密接性は、義肢的で機械的な拡張という近代性の所産よりもはるかに複雑で生成的である。わたしはこうした諸々のパラメーターの変化を通して、場所の政治学の重要性をつねに心に留め、そもそもこれらすべての疑問を提起している「わたしたち」とは正確には誰のことなのか究明しつづけたいとも思う。ポストヒューマン的主体性を考えなおすためのこの新たな図式は、複雑であるとともに豊かなものであるが、それを基礎づけているのは、差し迫った緊急性をもってわたしたちが直面しているような実生活にかかわる世界史的状況なのである。

ディペッシュ・チャクラバルティ（Chakrabarty, 2009）が、気候変動の議論が歴史学の実践にもたらす諸帰結を究明することで、これらの関心事のいくつかに取り組んでいる。彼の主張では、気候変動研究は、空間と時間の両方にかかわる困難をもたらしている。人間とは生物学上の存在物よりも大きな存在であり、目下のところ地質学的な規模の力を振るっていることを認めるならば、わたしたちの思考には尺度の変化がもたらされており、いまや、惑星的ないし地球中心的な次元をそこに含み込むことが必要になっているのである。気候変動研究はまた、時間的なパラメーターを、歴史学という学問分野を維持している連続性への期待とは別のものに転換し、絶滅という観念について、言いかえると「わたしたち」なしの未来という観念について熟慮するようになった。さらに言うと、こうした基本的なパラメーターの転換は、「自然史〔＝博物学〕」と人類史のあいだにある、人工的ではあるにせよ由緒のある区別を破壊することによって」（Chakrabarty, 2009: 206）、歴史研究の内容にも影響している。チャクラバルティのとる道筋はポスト人間中心主義的なものではないが、わたしと同じ結論にいたっている。地球中心的な視座、すなわち、単なる生物学的行為者から地質学的行為者へと人間の場所が変化しているという論点は、主体性と共同体双方の再構成を要求しているというのである。

地球中心的転回には他にも深刻な政治的含意がある。そのうちのひとつは、啓蒙主義モデルの古典的人文主義《ヒューマニズム》が抱える諸限界にかかわるものだ。チャクラバルティはポスト植民地主義理論に依拠しながら、次のように指摘している。「当然のことであるが、自由を論ずる哲学者たちが主に関心を寄せるのは、人間たちが、他の人間や人間が作った体系によって押しつけられる不正義、抑圧、不平等、さらには均質性からいかにして逃れうるのかということだ」（Chakrabarty, 2009: 208）。そうした哲学者たちの人間中心主義は、ある文化に固有の観念としての人文主義と対になることで、その今日的意義を限界あるものとしている。気候変動問題と人間の絶滅という亡霊は、「ポスト植民地主義とポスト帝国主義の歴史家たちが過去二〇年間、脱植民地化とグローバル化という戦後のシナリオに反応するなかで採用してきた分析戦略」（Chakrabarty, 2009: 198）にも影響している。わたしならこう付け加えるだろう。マルクス主義やフェミニズムやポスト植民地主義にもとづく分析がとる社会構築主義的なアプローチは、ポスト人間中心主義的ないし地球中心的な転換によって生じた時間的・空間的尺度の変化に歴史家たちが対処する道具立てとして完全ではない。こうした洞察が、わたしが弁護しようとしている徹底したポスト人間中心主義的立場の核をなしている。そこにわたしは、批判理論を第三千年紀に向けてアップデートするためのひとつの方法を見出しているのだ。

多くの研究者たちが、異なる道筋を通じて同じ結論にいたりつつある。たとえば前章でみたように、社会主義理論、スタンドポイント・フェミニズム理論（Harding, 1986）、ポスト植民地主義理論（Shiva, 1997〔二〇〇二〕）といったポスト人間中心主義的な新 - 人文主義の伝統は、環境保護の諸問題にアプローチするにあたって、ポスト人間中心主義な、あるいは少なくとも非男性中心主義的ないし非男性支配的な態度をとってきた。人間中心主義へのこの批判は、エコロジーへの意識の名のもとに表明され、女性のような社会的マイノリティや西洋以外の人々の経験を強く強調している。多文化的視座を認識し、帝国主義や自民族中心主義を批判することは、地球への生成変化についての議論に欠かすことのできない一側面を付け加える。だが、それは近年では自らに内在する諸矛盾に陥ってもいる。

たとえば「ディープ・エコロジー」の事例を取りあげてみよう。アルネ・ネス（Naess, 1977a, 1977b）やジェイムズ・ラヴロック（Lovelock, 1979〔一九八四〕）の「ガイア」仮説は、全体論への回帰、そして、地球全体を単一の神聖な有機体と捉える観念への回帰を提起する地球中心的な諸理論である。この全体論的アプローチは豊かな視座をもたらすものではあるが、生気論的で唯物論的なポストヒューマン思想家にとってはかなり問題含みでもある。これが問題含みなのは、全体論的であるからというよりはむしろ、実際には社会構築主義的な二元論的方法にもとづいているところにある。すなわち、このアプローチは、地球を工業化に、自然を文化に、環境を社会に対置したうえで、決然と自然の摂理の側に立っているということである。その結果は、消費主義と所有的個人主義を批判する重要な政治的アジェンダであり、それはテクノクラート的理性と技術的文化に対する激しい告発を含んでいる。だが、このアプローチには二つの短所がある。第一に、このアプローチがみせる技術嫌悪的側面は、わたしたちが住んでいるこの世界のことを考えると、それ自体としてはとりたてて役に立たない。第二にこのアプローチは、逆説的にも、自らがまさに克服しようとしている自然なものと製造されたものとのカテゴリー的な分断を復権させてしまう。

なぜわたしはこの立場に同意しないのか。二つの相互に関係する考えのためである。第一に、自然‐文化連続体という立場をとり、その結果、社会構築主義の二元論的方法を拒否するため――ポスト人間中心主義的な新人文主義者は、自然の秩序に関して最善をつくそうとしているにもかかわらず、結局はこの区別を復権させてしまう。第二に、人新世の時代において人間と非‐人間のあいだに形成されつつあるネガティヴなたぐいの紐帯に懐疑的なためである。種を横断する包含は、カタストロフィが差し迫っているという認識にもとづいている。環境危機と地球温暖化／警報〔global warm/ning〕の問題、そしてもちろん宇宙の軍事化も、すべての種を比較可能な脆弱性の度合いへと還元してしまうのである。この立場が抱える問題点は、それが押し進めている環境の全面的な人間化が、明示的に述べられたその目標と目にあまるほど矛盾しているところにある。このことはわたしには、ロマン主義の時期のヨーロッパ文化にみられた感傷性を思い起こさせる退行的な動きに感じられる。それゆえわたしは、ディープ・エコロジーは地球と宇宙の結合を読み違えており、単に所有的利己主義と自己利益の構造を拡張して非-人間的な行為者を包摂しているだけだというヴァル・プラムウッド（Plumwood, 1993, 2003）の見立てに同感である。

顕著なことに全体論的アプローチは、自らもスピノザの一元論を参照しているのに、ドゥルーズとガタリ、フーコー、あるいは大陸哲学のその他の急進的な諸部門の人たちによるスピノザについての同時代的再読解を避けている。精神や魂の合一というスピノザの着想は、生けるすべては聖なるものであり、最大限の敬意がそれに払われるべきであるという信念を支持するために適用される。このような自然の秩序への盲信は、神についての、そして人間と自然の合一についてのスピノザの見解と結びつけられている。全体論的アプローチが人間とエコロジカルな生息環境の調和を力説するのは、両者のある種の総合を提起するためなのだ。それゆえ、ディープ・エコロジーは、本質主義的なしかたでスピリチュアリティを帯びている。いかなる境界も存在せずすべてが相互に関連しているのだから、自然を傷つけることは究極的にはわたしたち自身を傷つけることになる。したがって、全体としての地球環境は、人間と同じ倫理的・政治的配慮に値するというわけである。この立場は役に立つものであるが、環境を人間化するひとつのやりかたであるように思える。つまり、善意あるかたちとはいえ、この惑星における非‐人間的な行為者に擬人主義《アントロポモルフィック》的な規範性の残余を当てはめているという印象をわたしは受ける。〈代償的ヒューマニズム〉とは両面持ちあわせた立場なのである。

　この立場の前提のいくつかに依拠しつつ、それとは対照的なものとして、刷新されたスピノザ主義をわたしは提案したい（Citton and Lordon, 2008）。スピノザ的一元論、そしてそれに依拠する徹底的に内在的な批判のありかたを、一種の存在論的な平和主義を押し進める民主的な動きとわたしはみている。ポスト人間中心主義《アントロポセントリック》な世界における種の平等は、実際、暴力とヒエラルキー的思考――これらは、人間の傲慢と、人間を例外とみなす超越論的な想定から帰結している――に疑義を差しはさむようわたしたちに強く迫る。わたしの見かたでは、一元論的な関係性は、それにかえて主体性のより共感的な側面を強調する。スピノザ的アプローチをドゥルーズとガタリとともに再読すると、二元的思考の陥穽を回避し、環境についての問いに、その複雑性を損なうことなく取り組むことが可能になる。現代的な一元論は、前章でみたような生気的で自己組織的な物質という観念、さらにゾーエーないし力動的で生成的な力という非‐人間的な〈生〉の定義を含意している。それは「心の身体化と身体の脳化」（Marks, 1998）をめぐるものなのである。

　ドゥルーズはこの生気的エネルギーのことを、偉大な動物、宇宙「機械」とも呼んでいるが、これはけっして機械論的ないし功利主義的な意味においてではない。むしろ、一方で生物学的決定論への、他方で過度に膨れあがっている心理学化された個人主義へのいかなる参照も避けるためなのである。ドゥルーズとガタリ（Deleuze and Guattari, 1987〔二〇一〇〕）はまた、わたしたちのほとんどが無視しがちな宇宙的エネルギーの「うなり」を指し示すために、「カオス」という術語も用いている。だが、彼らが注意深く指摘していることだが、カオスとは混沌としたものではなく、むしろ、すべての潜勢的《ヴァーチャル》な諸力の無限の広がりを含んでいる。これらの潜在可能性は、プラグマティックで持続可能な実践の現勢化《アクチュアリゼーション》を呼び求めているかぎりにおいて実在的なのだ。潜勢的なものと実在的なもののあいだの緊密な結びつきを標づけるために、彼らは文学に向かい、ジェイムズ・ジョイスから「カオスモーズ」という造語を借りた。これは、「カオス」と「コスモス」を凝縮したもので、永遠のエネルギーの源泉を表現している。

この難解にも思える術語の選択から、またしても言語と表象の問題が生じてくる。わたしが思うに、わたしに批判理論を教えてくれた師らが賞賛に値するのは、定着した習慣にショックを与え、想像力豊かな感情的反応を意図的に喚起する言語的実験をおこなうことで、どれほど嘲笑される危険にあえて身をさらそうとしているかというところにある。批判理論の要点は、通説（ドクサ）を転倒させることであって肯定することではない。このアプローチは（第四章でみるように）学界で敵意ある反応を受けたが、わたしはそれを、あえてリスクを負う寛容かつ慎重な身振りとして、それゆえに学問的自由を支持する表明としてみなしている。

そういうわけでわたしも自らオルタナティヴな比喩形象で実験をおこなっているのであり、ノマド的主体からその他の〈概念的人物〉に及ぶこうした比喩形象は、ポスト人間中心主義的な窮状の荒波をわたしが切り抜けていく助けとなっている。わたし自身のノマド的思考は厳密に唯物論的なものであり、一元論的で関係的な構造によって標づけられるポスト個人主義的な主体の観念を弁護している。とはいえこの主体の観念は、階級、ジェンダー、セクシュアリティ、エスニシティ、人種という社会的な座標に関して差異化されていないわけではない。ノマド的主体性は、複雑性理論の社会部門なのである。

このことによって、わたしたちの地球への生成変化はどうなってしまうのだろうか。実のところ、わたしたちは地球への生成変化のただなかにいるのである。ポストヒューマン的主体という着想から議論を再開しよう。次のことを覚えておられるかもしれない。「人間なるもの」も他の非 - 人間的なカテゴリーとならび絶滅危惧種であるとするネガティヴな指標を帯びた観念を新たに再編成することは、目下のところ、動物の権利の活動家からエコフェミニストまで、あらゆる種類のポスト人間中心主義的な新人文主義者たちによって賞賛されている。彼らは環境危機のことを、普遍的な人文主義的価値を復権させる必要があることの証左と捉えている。わたしは、こうしたプロセスを駆り立てている道徳的熱望に口を挟むつもりは毛頭なく、同じ倫理的な想いを共有している。にもかかわらず、わたしが深刻な懸念を抱いているのは、人文主義《ヒューマニズム》を無批判に再主張して、このように反動的に想定された観念である汎人間的な絆を結びつける要素とすることには、限界があるということである。力説しておきたいのは、わたしたちが「人間性《ヒューマニティ》」と呼ぶ何かが新たに（ネガティヴな指標を帯びて）再構築されていることを認識したからといって、権力格差のすべてを平らにならしたり捨て去ったりすることにはけっしてならないということである。権力格差は、先進的な遺伝子工学的資本主義という糸車によって組みかえなおされつつあるまさにその瞬間にも、性別化／人種化／自然化の軸線を通じて、いまだ実効力をもち稼働しているのである。批判理論は、カテゴリー間の差異が曖昧になると同時に再表明されるということを、排除と支配というおなじみのパターンをともなう生 - 政治的かつ生 - 媒介的な政治的エコノミーの新たな形態として思考する必要がある。たとえばディペッシュ・チャクラバルティは、古典的人文主義にもマルクス主義由来のポスト植民地主義の理論にも二重の限界があることを分析するなかで、非常に的を射た問いを提起している。より豊かな国々とより貧しい国々の二酸化炭素排出量の違いを考えるならば、気候変動危機のことを共通の「人間的」関心として語ることは本当に公正なのだろうか、と。わたしはさらに進んで次のように問いたい。人間性のネガティヴな編成を、他の点でのあらゆる差異にもかかわらずすべての人類にわたるカテゴリーとして構築することは、容認するには危うくないだろうか。これらの差異がたしかに存在し、問題でありつづけている以上、わたしたちはそのことをどう捉えればよいのだろうか。地球への生成変化という過程は、惑星との質的に異なる関係を示してくれるのである。

　差異についての問いによって、わたしたちは、権力に、場所の政治学に、そして倫理的・政治的な主体性理論の必要性に連れ戻される。つまり、共通の脅威への怯えから絆を築いたこの汎人間性における「わたしたち」とは正確には誰のことなのか、と。チャクラバルティはこのことについて明快に述べている。「種とは実際のところ、人間たちをめぐって新たに現れつつある普遍史を担うものの名前であって、この名前が気候変動という危機の瞬間を照らし出しているのかもしれない」(Chakrabarty, 2009: 222)。それを踏まえてわたしならこう主張する。批判理論家たちに必要なのは、先進資本主義の倒錯した物質性と偏向した流動性とによって引き起こされる差異の中性化に対して、厳格で首尾一貫した抵抗を唱えることなのだ、と。

　ゾーエー中心的なしかたでより平等主義的な道筋をとるには、支配的な集団の側、この場合はアントロポス彼自身の側から、非‐人間的な他者に向けられるわずかばかりの善意が必要である。むろん、これが多くを求めるものだということをわたしは分かっている。〈人間〉を特権化してきたヒエラルキー的関係から離脱するポスト人間中心主義的《アントロポセントリック》な転換のためには、主体の側がある種疎遠になり、徹底的に再配置されることが必要なのである。これを成し遂げる最善の方法は、支配的な主体観を脱親和化〔＝異化〕する、あるいはそこから批判的な距離をとるという戦略である。脱同一化は、別の創造的な選択肢のための道を敷くために、なじみのある思考と表象の習慣を失うことを必要とする。ドゥルーズならこれを能動的な「脱領土化」と呼ぶだろう。人種とポスト植民地主義の諸理論も、脱親和化の方法論と政治的戦略に重要な貢献をしてきた（Gilroy, 2005）。わたしは、女性らしさと男性らしさをめぐる諸々の支配的な制度や表象のように、なじみ深くそれゆえに規範的となった諸価値からの脱同一化を起こすものとして、この方法を弁護してきたのであり、そうすることで性的差異をマイノリティへの生成変化の過程へと移そうとしてきたのである（Braidotti, 1994, 2011a）。同じ流れでモイラ・ゲイテンズとジュヌヴィエーヴ・ロイド（Gatens and Lloyd, 1999）のようなスピノザ主義的なフェミニズム思想家は、社会に埋め込まれ歴史に根ざした変化には、わたしたちの「集合的想像力」の質的転換、ないしは変容への欲望の共有が必要だと論じる。わたしが脱親和化という手法のために採用してきた概念的準拠枠とは、一元論である。これが含意しているのは、目的が定められておらず相互関係的で複数の性をもち種を横断する生成変化の流れが、多数的な他者との相互作用を通じて生じるということである。このようにして構成されたポストヒューマン的主体は、人間中心主義と代償的ヒューマニズムの境界をともに乗り越えて、惑星的次元を獲得するにいたるのだ。

機械への生成変化としてのポストヒューマン

テクノロジーの問題は、ポスト人間中心主義をめぐる窮状の中心にあり、これまでの節ですでに何回も姿を現してきた。人間と技術的他者の関係性は、現代の文脈ではずらされてしまっており、前例がないほどの密接性と浸入の度合いにまで達している。ポストヒューマン的窮状とは、諸々の構造的差異ないし存在論的カテゴリーのあいだの境界線を強引に引きなおすようなものである。例を挙げるなら、有機的なものと無機的なもの、出産したものと製造したもの、肉と金属、電子回路と有機的な神経系のあいだの境界線である。

人間と動物の関係の場合と同じく、この動向は隠喩化にとどまるものではない。近代において機械類は、身体をもつ人間の諸能力を模倣した人間中心主義的な装置として、隠喩的ないし類比的機能を果たしてきた。今日においてそうした機能はより複雑な政治的エコノミーに取ってかわられ、そこでは身体は、シミュレーションと相互的な改変を通じて、いっそう密接に機械に結びつけられている。アンドレアス・ヒュイッセン（Huyssen, 1986）が論じたように、電子時代において、ケーブルや電気回路は、工業的な機械類のピストンや軋み音を立てるエンジンとは異なる種類の魅惑を放っているのである。この角度からすると、電子機械はかなり非物質的であって、情報を伝えるプラスティックの箱と金属ケーブルにすぎない。これらの機械は何も「表象」しないが、そのかわりに、明確な指示を伝え明確な情報パターンを複製することが可能である。ミクロ電子工学が放つ誘惑の要点は、実際には神経組織的なものなのである。というのも、それは人間の意識と全般的な電子ネットワークの融合を前景化するからだ。現代の情報通信技術は、人間の神経系を電子的に外在化し複製する。このことは、わたしたちの知覚領域の転換を促した。視覚的な表象様式は、感覚‐神経的なシミュレーション様式に取ってかわられたのである。パトリシア・クラフの言葉では、わたしたちは「生‐媒介的」な身体になったのだ（Clough, 2008: 3）。

それゆえ、わたしたちは以下の前提を出発点として差し支えないであろう。すなわち、サイボーグこそが支配的な社会的・文化的編成物であり、それは、多くの政治的および経済的な含意をともなう社会の網の目を縫って作用している。ウィトルウィウス的人間はサイバネティックになったのだ（図2・4参照）。この主張を的確にするために、すべての技術は、身体をもつ主体と交わると、それに強い生政治的影響を及ぼすと付け加えて述べておこう。かくしてサイボーグには、ハイテクなジェット戦闘機のパイロットやアスリートや映画俳優といった魅惑的な身体だけではなく、低賃金のデジタル・プロレタリアートたちという匿名の大衆も含まれることになる。彼らは、技術に駆動されたグローバル経済の燃料となるのみであり、自らはまったく技術にアクセスすることはないままである（Braidotti, 2006）。この残酷な政治的エコノミーについては次章で立ち戻ることになる。

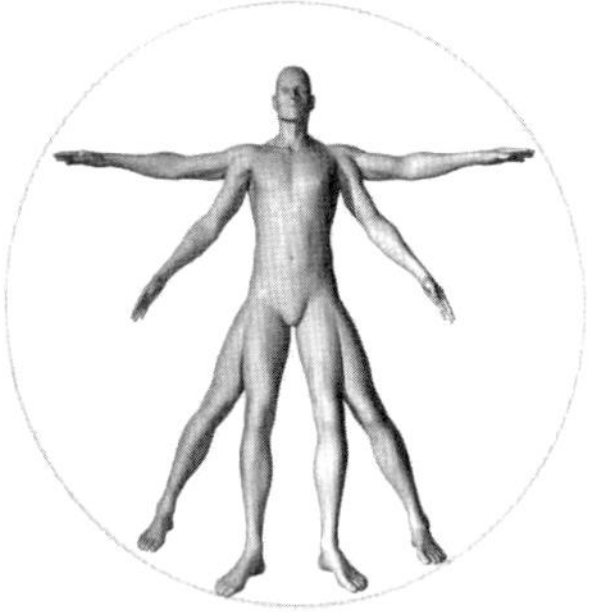

図2・4　ヴィクター・ハビック（マンインブラック）「レオナルドのウィトルウィウス的人体図様式のロボット」
出典：Clivia – Pixmac

わたしが次に論じたいのは、ポストヒューマン的主体性という新たなヴィジョンの中心には技術による媒介作用があり、それが新たな倫理的要請にとっての基盤を与えるということである。肉体をもち拡張された関係する自己というポストヒューマン的観念は、諸変容についての持続可能な倫理によって、技術についての行きすぎた宣伝文句に抑制をかける。この覚めた立場は、ノスタルジーの致命的な魅力と、トランスヒューマニズム的幻想などのテクノユートピアの双方に抵抗するために論陣を張るのである。この立場はまた、「接続されていたい欲望」というレトリックを、「肉体であることの誇り」という唯物論のよりいっそう徹底した感覚と並置する（Sobchack, 2004）。内在性を強調することで、身体と技術的他者のあいだの相互依存的な紐帯を尊重することができるようになる一方で、肉体の軽視や、肉体をもった自己に備わる有限的な物質性から逃避するトランスヒューマン的幻想を回避することができる。次章でみていくように、死と死すべき運命という論点が必然的に提起されることになるのである。

わたしは技術的に生‐媒介された他者についての生気論的観点のために議論したい。この機械的生気性が意味するのは、決定論やあらかじめ組み込まれた目的ないし合目的性というよりは、むしろ生成変化と変容のことである。機械的生気性は、ドゥルーズとガタリがシュルレアリストたちの「独身者の機械」に触発されて「機械への生成変化」と呼んだ過程を導入する。つまり、機能主義に依拠しない遊戯的で快楽志向の技術との関係性という意味だ。ドゥルーズにとってこのことは、人間の身体化（＝身体をもつこと）を、社会化された生産性に指標づけられている状態から解放し、「器官なき身体」、つまり組織的効率性を欠いた身体に生成変化させる企図と結びついている。これは、諸感覚のヒッピーめいた蜂起ではまったくなく、むしろ次の二つの目的を追求する入念に考え抜かれたプログラムである。第一に、このプログラムはわたしたちの身体を、自然‐文化連続体の一部としてその深層構造において考えなおそうと試みる。第二に、このプログラムが身体の物質性を再構成するにあたって設定する枠組みには、政治的次元が付け加わる。というのもその枠組みは、先進資本主義のうわべだけの効率性と酷薄な日和見主義とは真っ向から対立する方向性のものだからである。現代の諸機械とは隠喩などではなく、諸々の力やエネルギーを捕捉し処理をほどこすエンジンないしは装置であり、相互関係や複合的な連結とアッサンブラージュの促進に手を貸している。機械は、ラディカルな関係性や愉しみ、ならびに生産性の味方につくのである。

この特殊な意味で理解される「機械への生成変化」が指し示すとともに現勢化《アクチュアライズ》しているのは、もはや二元論的枠組みに押し固められることなく、多数の他者たちと特権的な紐帯を結び、技術に媒介された惑星的環境と混じりあった主体がもつ関係的な力能である。人間的なものが技術的なものと混淆されると、結果として、動物が惑星という生息環境と取り結ぶ共生的関係性にも似た、新しい横断的な混合物、新しい種類のエコソフィー的な合一が生み出される。これは、ヘーゲルがスピノザを論難したところの全体論的な融合ではなく、むしろ徹底した横断的諸関係であり、そうした関係が諸力の行動学《エソロジー》によって抑制を加えられた新しい主体性の様式を生み出すのである。こうした諸関係が、種を横断する相互依存性にかかわる生気論的倫理を維持している。この倫理は、エコソフィーとしても知られる一般化されたエコロジーであり、主体の多数の層を、内部性から外部性へと、そしてそのあいだにあるすべての層にわたって横断的によぎることを目指している。

この過程こそが、わたしがこの本を通じて弁護している「ポスト人間中心主義的なポストヒューマニズム」が意味するものである。これは、道徳的合理性や単一のアイデンティティ、超越的意識、生来の普遍的道徳価値のような諸観念から徹底的に疎遠になることをともなっている。その焦点はもっぱら、主体形成と可能な倫理的諸関係の両方における、規範的に中立的な諸々の関係的構造にある。ポストヒューマン的主体のための新しい規範的枠組みを練りあげることが、強度についての実験、すなわちわたしたちが実際に生成変化可能なものについての実験を、営利志向でないかたちで集団的に実行に移す際の焦点なのである。この実験は、プラクシス〔地に足のついた共有のプロジェクト〕であって、ドクサ〔常識的な信念〕ではない。このアプローチは、非単一的な主体性と倫理的な説明責任とを、関係性が果たす存在論的役割を前景化することで結びつけるものであり、ノマド的主体というわたし自身の概念がそれを体現している。

フェリックス・ガタリによれば、ポストヒューマン的窮状は、社会的・政治的・倫理的・美学的な次元と、それらの横断的結びつきとを含む、新しい潜勢的《ヴァーチャル》な社会のエコロジーを求めている。ガタリはこのヴィジョンを説明して、三つの根本的なエコロジーを提案する。環境のエコロジー、社会的結合のエコロジー、心的なもののエコロジーである。さらに重要なことに彼は、これら三つすべてを横断する線を作り出す必要性を力説している。これは重要な説明方法であって、わたしはこれを先に提起した理論的な注意点と結びつけたい。すなわち、ポストヒューマン的批判理論にとって欠かない方法として脱親和化〔＝異化〕を実践し、別のしかたで思考することを学ぶ必要性である。

たとえば、温室効果、女性の地位、人種差別と排外主義、熱狂的な消費主義のあいだに相互連結をみてとることが決定的に重要である。わたしたちは、これらの現実のいかなる断片化した部分にも立ち止まることなく、むしろこれらを横断する相互連結をたどらなければならないのである。主体なるものは、存在論的に多声的である。この主体が依拠するのはある一貫性の平面であり、そこには、すでに現勢化された実在的なもの——「領土化した実存の領土」——と、いまだ潜勢的な実在的なもの——「脱領土化した非有体的宇宙」——の両方が含まれる（Guattari, 1995: 26〔二〇〇四、四六頁〕）。ガタリは、諸々の異なるカテゴリーを「カオスモーズ的」に脱‐分離化することで、主体性〔＝主観性〕の生産を集団的に再専有することを求めているのである。読者は覚えているかもしれないが、「カオスモーズ」とは、諸々の潜勢性、つまり可変性を備えた諸価値が徐々に繰り広げられるという意味での生成変化にとっての、参照の宇宙のことである。もし、主体性が、わたしたちが迎えている歴史的時代の特徴である商品化の体制を逃れ、そして諸々の潜勢的な可能性で実験することをわたしたちが望むならば、質的な一歩を進めることが必要である。変異的な諸価値の集合として主体性を再発明し、そこから——なじみのある体制の存続からではなく——快楽を引き出すことを能動的に欲望するようなたぐいの主体になることが、わたしたちには必要なのである。

ウンベルト・マトゥラーナとフランシスコ・ヴァレラの著作（Maturana and Varela, 1972〔一九九一〕）は、自己と他者のあいだの共同決定をめぐって、このように環境に制約されたポスト人間中心主義的で非カント的な倫理を再設計するにあたっての大きな着想源となる。共依存という考えかたが承認という考えかたに取ってかわり、同じく持続可能性の倫理が権利に関する道徳哲学に取ってかわる。このことで、わたしがゾーエー中心的平等主義と呼ぶ動向において、地に足がついていて状況に根ざし非常に個別具体的であり、それゆえに説明責任を果たせるパースペクティヴのもつ重要性が繰り返し主張されることになる。

フェリックス・ガタリは、現在起こっている「集団の実存的変異」（Guattari, 1995: 2〔二〇〇四、九頁〕）を分析するにあたり、オートポイエーシス（自己組織化）・システムとアロポイエーシス・システムのあいだにヴァレラが設けた区別を参照している。ガタリは、（ヴァレラが有機的生物のみに適用する）オートポイエーシスの原理を機械や技術的他者も含むものへと拡張することで、ヴァレラが提案した区別の先に進む。ガタリにとって主体性の別名とは、オートポイエーシスによる主体化ないし自己様式化であり、それによって、生命をもつ有機体、つまり自己組織化システムとしての人間と、非有機的物質、つまり機械の両方を説明できるようになるのである。

ガタリによる機械状のオートポイエーシスは、有機的物質と、技術的ないし機械的人工物のあいだに質的な結びつきを打ち立てる。その結果、機械が知性的かつ生成的なものとしてラディカルに再定義されることになる。機械は独自の時間性をもち、「世代」を通じて発展する。機械には独自の潜勢性と未来性が含まれているのである。結果として機械は、人間に向けてだけではなく、機械それ自体のあいだでも、独自の他性のありかたを享受し、個体化の前提条件である準安定性の創造を目指すことになる。自己組織化と準安定性の強調が、ポストヒューマン的主体による機械への生成変化という企図を枠づけている。これは、技術に媒介された横断的な主体性について、科学的還元主義を回避しつつ再考するにあたって助けとなる立場である。アンセル・ピアソンは、バイオテクノロジーにもとづく生気論のレトリックを批判するなかで（Ansell Pearson, 1997）、進化をめぐる考えかたが、先進的なバイオテクノロジーにもとづいた資本主義に媒介されることで、再び自然化されてしまうという有害な幻想について警笛を鳴らしている。わたしの考えでは、ポストヒューマン的窮状にとって要点となるのは、非決定論的で、さらにはポスト人間中心主義的なしかたで進化のことを考えなおすことである。進化を単線的で目的論的に捉える古典的な考えかた（Chardin de Teilhard, 1959〔一九六九〕）に対抗して、わたしがかわりに強調したいのは、ポストヒューマン的主体を構造化する諸要素——動物たちとの新たな近接性、惑星的な次元、高次の技術による媒介作用——に備わる複雑性の適切な理解を模索する集合的な企図である。機械状のオートポイエーシスとは、技術的なものが、ポスト人間中心主義的な生成変化の場、あるいは多くの可能世界に向けた閾になっているという意味なのである。

ここで鍵となる観念は、諸関係の横断性である。ポスト人間中心主義的でポストヒューマン的な主体は、諸関係の線ないし諸力——物質的なものと象徴的なもの、具体的なものと言説的なもの——のあいだにある横断的な連結を描き出すのである。横断性はゾーエー中心的平等主義を、ひとつの倫理として、さらには、オルタナティヴなポストヒューマン的主体性のありかたを説明するひとつの方法として現勢化する。関係の優先、すなわち相互依存性の優先にもとづく倫理は、ゾーエーそれ自体の価値を重んじるのだ。

わたしはまた、これらの機械への生成変化の諸実践のことを、「徹底した新‐唯物論」（Braidotti, 1991）ないし「物質《マター》‐実在論《リアリズム》」（Fraser et al., 2006）とも呼んでいる。現代の遺伝子工学や情報技術の衝撃のもと、物質それ自体の概念上の構造をめぐる理解が変化しつつあるのだが（DeLanda, 2002; Bennett, 2010）、わたしが提案する考えも、そうした変化に支えられ、またそれと交差している。一元論的な政治的存在論へのスピノザ的な切り替えは、プロセスを、そして生気的な政治学と非決定論的な進化理論を強調する。それゆえ政治的には、諸関係のミクロ政治に強調点が置かれ、それが諸々の線や力——物質的なものと象徴的なもの、具体的なものと言説的なもの——のあいだにある横断的な連結を描き出すポストヒューマニズム的倫理として理解される。その焦点は、情動の力とその自律性、そしてその現勢化のロジスティクスにある（Massumi, 2002）。横断性によって現勢化される倫理は、関係や相互依存性の優先にもとづいており、非‐人間的ないし没‐人称的な〈生〉を重んじる。これが、わたしがポストヒューマンの政治と呼ぶものである（Braidotti, 2006）。

非〈一〉の原理としての差異

アントロポスの終焉が開いたこの入り組んだ議論のなかをわたしたちがどこまで進んできたのか吟味してみよう。第一に、現代の資本主義は、生けるものすべてのコントロールを企図しているという点で「生政治的」であるとわたしは主張した。現代の資本主義は、すでに一種の「バイオパイラシー」（Shiva, 1997〔二〇〇二〕）へと転じている。というのもそれは、女性、動物、植物、遺伝子、細胞がもつ生成能力を搾取するものだからである。第二に、このことが意味するのは、人間の他者や擬人主義的《アントロポモルフィック》な他者が、非‐擬人主義的な他者、つまり動物ないし「地球（＝大地）」の他者との連続性のなかで位置づけなおされたということである。〈人間なるもの《ヒューマン》〉をその自然化された他者から切り離すカテゴリー区分がずらされ、何が「人間なるもの」の基本的な参照単位を構成するのかをめぐるヒューマニズム的前提に混乱をもたらしているのである。第三に、この人間中心主義的《アントロポセントリック》な過程は、絶滅の恐怖に束縛された危惧種としての人間というネガティヴなカテゴリーを生み出している。これはまた、非‐人間的な他者にヒューマニズム的な価値と権利を代償として拡張するというかたちをとった、人間と他の種のあいだの新たな統合を強いている。第四に、同じ体系が、排除と搾取と抑圧というおなじみのパターンを永続化させている。ポストヒューマン的な主体の位置がもつ利点は、古典的な差異化の軸線をまたぐ関係性と横断的な相互連結に依拠している。わたしのこの主張を基礎づけるために、議論の次の段階では、差異をめぐる問いに取り組む必要がある。この新たなポスト人間中心主義的光景における差異のありかたと機能を批判的に見ていきたい。

前章で論じたように、今日の科学による「物質」の再定義の最も印象的な特徴は、二値的なものからリゾーム的なものへ――セックス／ジェンダーや自然／文化から、〈生〉そのもの、つまり物質の生気性を主たる標的とする性別化／人種化／自然化の諸過程へ――差異の場所がずらされていることである。この体系によって、二元論的な諸差異の意図的な曖昧化が生じている。このことは、それ自体として諸々の権力の差異を解消したり改善したりすることはなく、多くのしかたでこれらを助長する。言いかえると、グローバル経済がもたらす日和見主義的なポスト人間中心主義の効果は、「余剰としての〈生〉」や人間が共有する脆弱性という観念を導入し、それによって、ネガティヴなコスモポリタニズム、あるいは反動的に汎人間的な絆が結ばれるという感覚を生み出しているのである。

主体性をめぐって鍵となる問いを提起するにあたって、この確固とした場所から政治的な問いかけを始めなければならない。たとえばキャサリン・ヘイルズは次のように論じている。「ジェンダー化された身体は、身体化が消去され、それに続いて機械と人間の知能がサイボーグの形象において融合することとどのような関係にあるのか」(Hayles, 1999: xii〔二〇〇八〕)。同じ流れでバルサモは、身体はつねにすでにジェンダーと人種によって標づけられているという信念のもと、次のように問いかける。「人間の身体が、諸々の器官と液体と遺伝子コードへと解体されるとき、ジェンダー・アイデンティティには何が起こるのか。身体が諸々の部品と分子コードへと解体されるとき、ジェンダーはどこに場所をもつのか」(Balsamo, 1996: 6)。女性、ゲイ、レズビアン、その他のオルタナティヴな諸力を信じようではないか。それらは歴史的に「漏出的身体」(Grosz, 1994)としてあり、完全な人権を与えられてこなかったが、権力を再び主張し、それとともに生成力のある「ウェットウェア」としてのポストヒューマンな有機体の潜在可能性を強化しようとしているのである。

遺伝子工学やバイオテクノロジーのおかげで、身体をもつ主体の現代的な分類における概念の所在が質的にずらされた。すでに論じたように、諸身体は、物質性と生気力の点で情報的な基層へと還元されている。このことが暗に意味するのは、諸差異の組織化と分配を標づけるものはいまや、生命組織の細胞や種全体の遺伝子コードといった、ミクロな次元における生気的な物質性の事例に位置づけられているということである。わたしたちはかつて、経験的な性、諸々の人種、そして種のあいだの視覚的に検証可能な解剖学的差異を基盤として差異を標づけていたのだが、その大雑把な体系はかつてのものとなった。フーコーが比較解剖学によって例証した生権力から、分子状のゾーエー的権力による今日的な統治にもとづく社会へ移動してきたのである。わたしたちはまた、規律社会からコントロール社会へ、パノプティコンの政治的エコノミーから支配の情報工学へと移行してきた(Haraway, 1990〔二〇一七 c〕, 1992, 2003〔二〇一三〕)。しかしながら、差異および権力の不均衡は、かつてと変わらず中心的な問いでありつづけている。

このポストヒューマン的な政治の光景は、保守的なジェンダーの役割や家族の価値の是認にコミットしているのだから――『アバター』（二〇〇九）のようなハリウッドのブロックバスターにみられるように、銀河を超えたエイリアン的なたぐいのものであっても――、必ずしもより平等主義的になっていないし、さして人種差別主義や異性愛主義を逃れているともいえない。現代のテクノカルチャーには、カテゴリーの差異にかかわる諸々の軸線を不安定にする権力が備わっており、次章でみることになるように、それは権力関係を悪化させて新たな死‐政治《ネクロポリティクス》の極みにまでいたらしめる。その権力はまた、技術的超越のようなひとを惑わす諸傾向を生み出す。こうした傾向は、消費者志向型のリベラルな個人主義と組みあわされ、グローバル資本主義の社会的想像力がもつ特徴のひとつとして登場しているものだ。

技術的な装置が、もはや性別化も人種化も自然化もされておらず、むしろ混淆性、ハイブリッド性、相互連結性の形象として中性化されており、結果としてトランスセクシュアリティがポストヒューマンの支配的なトポスとなっているという事実から、いかなる帰結が生じるだろうか。もし機械が自己組織的であると同時にトランスジェンダー的であるとするなら、古い有機的な人間の身体はどこか別の場所へと位置づけを変える必要がある。思うにわたしたちは、先進資本主義に備わる政治的エコノミーについてリオタールが発した警告をつねに心に留め、それが生み出す曖昧化の諸効果や不確定状態を信じ込むべきではない。ポストヒューマンとして身体化した主体たちが性差や人種差を超えていると仮定するのは、どれほど誘惑的であったとしても見当違いだろう。表象の政治は、ということはつまり、性別化・人種化・自然化された差異の場所をめぐる政治は、いちじるしく位置を変えたにせよ、いまだ強固に作用している（Bukatman, 1993）。すでにみたように、電子的なフロンティアにおいて技術に媒介された参照点となるのは、有機的／非有機的でも男性／女性でもないし、ましてや白人的かどうかでもない。先進資本主義とはポストジェンダー的な体系であり、それは、高度な両性具有性、すなわち性のカテゴリー的な分断がいちじるしく曖昧化した状態を許容する。先進資本主義はポスト人種的な体系でもあり、もはや人々とその文化を肌の色にもとづいていて分類することはないが（Gilroy, 2000）、にもかかわらずいまだどっぷりと人種差別的なままである。ポストヒューマン的主体性の強力な理論の助けを借りて、わたしたちはこれらのプロセスを理論的にも政治的にも奪回しなおし、分析の道具とするだけではなく、諸々の自己の編成のためのオルタナティヴな土台とすることもできるかもしれない。

性別化・人種化・自然化された諸差異は、人文主義《ヒューマニズム》のもとではカテゴリーの境界を標づけるものであったが、いまや蝶番がはずれてしまい、横断的な主体性のオルタナティヴな諸様式を練りあげることにつながる諸力として作用している。それらのオルタナティヴな主体性は、ジェンダーや人種だけでなく、人間なるものをも超えて広がっている。ガタリが示すように、現代の主体が多数のエコロジー——自然的なもの、社会的なもの、心的なもの——と取りもつ関係性を標づけるのは、諸々の相互関係がなす入り組んだ網の目である。わたしの見かたでは、ポストヒューマン的なエコフィロソフィーは、この相互関係を唯物論的に考えなおそうとする試みとして機能している。現在の議論にとっていっそう重要なのは、こうした相互関係が、生政治的な統治性の支柱をなす性別化・人種化・自然化のプロセスを廃絶するのではなく、根本的に再構築するということである。

フェミニズム政治学からみてこのことが意味しているのは、わたしたちは、ジェンダーなしのセクシュアリティを考えなおす必要があり、そのためには、人間のセクシュアリティに備わる多形的構造、フロイトがいう（遊戯的で非生殖的であるという意味での）「倒錯的」構造へと生気論的に回帰することから始めなければならないということである。さらにわたしたちは、女性として身体をもつことに備わる生成の力能を再検討しなければならない。こうした見かたからすると、ジェンダーとは歴史的に偶発的なメカニズムにすぎず、生成ないし生殖の能力も含めて、身体がもつ多数の潜在可能性の一部を捕捉するものでしかない。ジェンダーを超歴史的な権力のマトリクスそのものに転ずることは、言語的および社会的な構築主義の伝統を受け継いだクィア理論が示唆しているように（Butler, 1991〔一九九九〕）、至極端的にいって概念上の誤謬なのである。ポストヒューマン的な一元論の政治的エコノミーという視座からすると、権力とは静的な所与ではなく、プラグマティックな介入の政治と持続可能な別の選択肢の探索を求める複雑で戦略的な諸作用の流れである（Braidotti, 2006）。言いかえるとわたしたちは、諸々のポストヒューマンな身体がなしうることを見出すために、抵抗と強度についての実験をおこなう必要があるのだ。ジェンダーの体系が人間のセクシュアリティの複雑さを二元的装置――異性愛的な家族形成を特権化し、他のすべての可能な身体をわたしたちから文字通り盗みとっている――のなかに捕捉しているがゆえに、性化された身体が何をなしうるのか、わたしたちにはもはや分からない。かくしてわたしたちは、人間的およびポストヒューマン的なセクシュアリティのありかたを標づけるような性的複雑性の観念を再発見する必要がある。他の種と同様、人間においても、身体という物質はつねにすでに性化されており、かくして多数性と異種混淆性の軸線にそって性的に差異化されているということ、それがポスト人間中心主義的なアプローチによって明らかになる。

すでに論じたことだが、物質 - 実在論的ないしポストヒューマン生気論的なフェミニズムは、力動的で一元論的な政治的存在論にもとづいており、その焦点をセックス／ジェンダーの区別からずらして、プロセスとしてのセクシュアリティに全面的にあわせる。さらに言えばこのことは、セクシュアリティとはあるひとつの力ないし構成的な要素であり、ジェンダー・アイデンティティとその諸制度を脱領土化する能力を備えているということである（Braidotti, 1994）。このアプローチは、諸々の潜勢性《ヴァーチャリティ》からなる複雑な非有体的アッサンブラージュとして身体を捉える考えかたと対になっている。両者が組みあわされることで、差異に存在論的な優先性が与えられ、また差異に備わる自己変容する力が肯定されるのである。たとえばクレア・コールブルック（Colebrook, 2000）は、性的な差異とは解決を要する問題ではなく、そこから出発するべき生産的な場所なのだと論じている。同じくパトリシア・マコーマック（MacCormack, 2008）も、多形的で複雑な身体内部の力としてのセクシュアリティに回帰する必要性、そしてアイデンティティの諸問題からもあらゆる二元論的な対立からもセクシュアリティを解放する必要性に注目している。ポストヒューマン・フェミニストたちは、対抗的なアイデンティティの形成による転覆を求めているのではない。むしろ性別化・人種化・自然化された相互作用の標準化された諸パターンを倒錯させることによって、端的にアイデンティティの場所をずらすというしかたでの転覆を求めているのである。

性化された諸身体に何ができるのかというこれらの実験は、しかしながら、社会的な圏域においてもはや諸差異は問題とならないとか、諸々の伝統的な権力関係が実際に改善したのだとか言うに等しいということではない。それとは逆に、極端なかたちで二極化した性的差異が世界規模でかつてなく強力になっている。それらが地政学的諸関係に投影され、好戦的でジェンダー化された「文明の衝突」のヴィジョンを作り出しているのだ。それは、前章で論じたように、女性やＧＬＢＴの権利に関して断定的に述べられているとされるものである。〔だが、〕こうしてジェンダー二分法が反動的に顕在化したことは、全体像の一部にすぎない。

より大きな全体像が示しているのは、差異を標づけるかつての体系の場所がずらされることによって、差異の概念を中心的でありながら同時に非本質主義的なものとして主張しなおすことがますます喫緊になっているということである。わたしは、非〈一〉の原理としての差異、つまり差異化することとしての差異（Braidotti, 2002）を、ポストヒューマン的主体を構成するものとして強調してきたのであり、それに見合ったポスト人間中心主義的な倫理的説明責任のありかたを練りあげているのである。わたしの見かたでは、ポストヒューマン的倫理がわたしたちに突きつけるのは、非〈一〉の原理を主体性の深層構造において存続させることである。そのためには、複雑に張りめぐらされた生気的な相互関係において、多数的な「他者たち」へとわたしたちを結びつける絆に目を向けなければならない。この倫理的原理は、統一性、全体性、一‐性という幻想だけではなく、根源的な喪失や通約不可能な欠如、修復不可能な分離といったマスター・ナラティヴをも粉砕する。それらにかえて、わたしがいっそうアファーマティヴなしかたで強調したいのは、関係というものが優先されること、そして一であるとは、自らに責任のない出会いや相互作用、情動性、欲望の押しとどめがたい流れの効果なのだと自覚することである。

非単一的な主体を構成する非〈一〉性という、ひとを謙虚にするこの経験は、主体を他性への倫理的紐帯のなかにつなぎとめる。ここでいう他性とは、わたしたちが惰性や習慣から「自己」と呼んでいる存在物を構成する、多数的で外在的な他者たちのことである。ノマド的で生気的なポストヒューマン政治理論は、複雑性についての生成的な観念、すなわち非〈一〉であることという条件の生産的な諸局面を強調するのである。はじめに、つねにすでに関係がある。それは、知性をもつ肉体と身体化した心を与えられた情動的で相互作用する存在物との関係、すなわち存在論的な関係性なのだ。ポストヒューマン的な諸差異にかかわる唯物論的政治学は、現勢化《アクチュアリゼーション》を求める潜在的な生成変化によって作動する。潜在的な生成変化は、集団によって共有され共同体を基盤とするプラクシスを通じて具現化する。そしてそれは、行方不明者たち《ミッシング・ピープル》◇4を生気論的で非単一的だが説明責任があるかたちで再構成するプロセスを支持するうえで欠かすことができない。この行方不明者たちこそが「わたしたち」なるものであり、それは、新たな汎人間性をポスト人間中心主義的《アントロポセントリック》に創造することによって喚起され現勢化されるのだ。この「わたしたち」は、ポストヒューマンへの生成変化のアファーマティヴで倫理的な次元を、集合的な自己様式化の身振りとして表現している。この「わたしたち」が現勢化させる共同体は、共有された脆弱性、原初の共同的な暴力という罪、あるいは存在論的な負債を返済できないメランコリアといったものによってネガティヴに結びつけられているのではない。その共同体は、多数的な他者たち——人新世《アントロポセン》の時代において、そのほとんどは端的にいって擬人主義的《アントロポモルフィック》なものではない——との相互依存を、共感をもって承認することにより結びつけられているのだ。

結論

この章でわたしは二重の目的を探求してきた。すなわち、ポスト人間中心主義的な視座からみるとポストヒューマンとはいかなるものでありうるかという問いに答えを与えること、そして主体性を考慮に入れるポストヒューマン理論の擁護のために議論をすることである。

ポスト人間中心主義理論において最も深刻な政治的諸問題は、遺伝子工学的資本主義が、主体についてのヒューマニズム的定義の残滓である個人主義と都合よく連帯することから生じている。これに対してわたしが考えるポストヒューマン思想は徹底して反個人主義的なものであり、窮地のさなか、有機体説や全体論的調和の神話だけではなく、資本主義がもつ日和見主義にも抵抗しようとするものである。キャサリン・ヘイルズが、現代のポストヒューマンな諸身体に対して強力な介入をおこなっている。

しかし、ポストヒューマンというものは、実際に人間性の終わりを意味しているわけではない。そうではなくて、ポストヒューマンは、人間なるものについてのある一定の考えかたに終わりを告げるものである。〔……〕致命的に重大なのは、ポストヒューマンそれ自体ではなく、ポストヒューマンなるものが自己についてのリベラル・ヒューマニズム的な観点に接ぎ木されることである。〔……〕ポストヒューマンは、パターン／ランダムネスの弁証法内部に位置づけられ、脱身体化された情報ではなく身体化された現実性に基礎づけられることで、人間と知能をもった機械の分節化を考えなおすための材料を提供する（Hayles, 1999: 286〔二〇〇八〕）。

ヘイルズは、主体性は意識をもった行為者性《エージェンシー》と一致しているはずだという古典的なヒューマニズムの観念を攻撃する。ヒューマニズムの過去の過ちのいくつか、わけても自律的な主体――その「明白な宿命とは自然を征服し支配することである」（Hayles, 1999: 288〔二〇〇八〕）――というリベラルなヴィジョンを回避するためである。

　実際、ポスト人間中心主義的な身体‐機械をとりまく「宣伝文句」にはリスクがあり、そのひとつは、多元主義的な断片化にまぎれて強固な単一的主体観を作りなおしてしまうということである。わたしたちは、技術的瞑想による超越をあらためて主張したり、ネオ‐普遍的な機械状のエートスを提案してしまったりするリスクを負っているのである。ポストヒューマン的な批判理論の言語でいうと、このことは、質的な転換をまったくともなわない量的な多数性というまやかしを生み出してしまうだろう。ネオリベラリズム的な多幸感と適合したこの落とし穴を避け、かわりに質的な変容を具現化するために、わたしたちは次のものから等しく距離をとる必要がある。すなわち、一方で、宣伝文句にのせられた脱身体化やトランスヒューマニズム的逃走という幻想から、他方で、リベラルな個人主義という本質化されなおし中心化した諸観念からである。わたしの提案は、ポストヒューマンな諸身体をラディカルな関係性のなかへと書き込みなおすことである。その関係性には、社会的次元、心的な次元、エコロジカルな次元、そして微生物や細胞の次元における権力関係の網の目も含まれる。今日の科学におけるポスト人間中心主義、そしてグローバル化され技術に媒介されたわたしたちの時代におけるポスト人間中心主義ゆえに、「新たなテクノサイエンス民主主義」（Haraway, 1997: 95）に向かって働きかけることが喫緊の課題となっている。

　ポスト人間中心主義についてのこの議論の中心にあるのは、前章の主題であった人文主義《ヒューマニズム》の地位と場所である。ある種の批判理論、社会理論、科学理論にみられる政治的中立性には、わたしは抵抗したい。彼らは分析的形式のポスト人間中心主義を支持し、主体性の問いを回避ないし放棄しているのである。

わたしは、ポスト人間中心主義の主体は反ヒューマニズムの企図にも依拠しているのだと主張したい。つまり、ヒューマニズムが単一の主体に普遍的価値を認めることを前提とすることと、科学に駆動されたポスト‐ヒューマニズムの極端なありかたが主体の必要性をまるごと放棄してしまうことの、両方から同程度に距離を保ちたいのである。

少なくとも何らかの主体の位置が必要である。主体の位置といっても、単一的であったりもっぱら人間中心主義的であったりする必要はないが、けれどもそれは、政治的・倫理的な説明責任の場や、集合的な想像力や共有された熱望のための場でなければならない。状況に埋め込まれ身体化されているという主体の性質を説明するためのオルタナティヴな方法を哲学的に探究することが、わたしたちの時代がもつ複雑性にふさわしい主体性へのアプローチを展開するうえで重要である。第四章でより広範に論ずることになるように、この議論は、〈人文学《ヒューマニティーズ》〉と〈科学〉という二つの文化のあいだの関係性をめぐる問いを再開させる。わたしの論点は、科学社会学（Latour, 1993〔二〇〇八〕）は、先進資本主義におけるポスト人間中心主義的なテクノ身体をとりまく複雑な諸現象を分析するための唯一の道具ではないし、最も有効な道具でさえないということである。

別の視角からこの問題に迫ってみよう。すでに論じたようにゾーエー平等主義は、生そのもの――すべての種をまたがって流れる生成能力としてのゾーエー――に備わる唯物論的であると同時に生気論的な力を表現している。ポストヒューマン的主体たちが種をまたいで新たに横断的に連帯することによって、共同体の再構成、人間性《ヒューマニティ》という観念そのもの、帰属をめぐる諸倫理の、予測もしなかった諸々の可能性が開かれる。こうした可能性は、気候変動や環境危機、さらには絶滅といった惑星規模の脅威を共有することにかかわるネガティヴな紐帯には限定されない。わたしが提起しているのは、ポストヒューマン的主体性を再定義するためのもっとアファーマティヴなアプローチである。たとえば、この章ですでにみた横断的で関係を織りなすノマド的なアッサンブラージュという対抗モデル、あるいは、前章でみた古典的な人文主義的主体とは別の選択肢としての拡張された自然 - 文化的自己だ。もっと多くのモデルが考えられるし実現可能である。そのためには、「わたしたち」——人新世《アントロポセン》の時代に多様な場所をもつポストヒューマン的主体——が何に生成変化できるのかというプロジェクトを、わたしたち皆が体系的に実験すればよいのだ。

わたしたち皆の利益になるのは、これらの身体化された非 - 人間的主体——かつては人間中心主義的《アントロポセントリック》でヒューマニズム的な〈人間〉にとっての「他者たち」として知られていたもの——の位置に、ポスト人間中心主義的で横断的な構造上のつながりが存在するのを認めることである。このプロジェクトの倫理的な部門は、新しい社会的結合の創造、そしてこれらのテクノ - 他者との新しい社会的な連結のありかたにかかわる。技術に媒介された有機体の自然 - 文化連続体のなかではどのような種類の紐帯が確立されうるのだろうか、そしてそうした紐帯はどのようにして維持可能なのだろうか。親族関係と倫理的な説明責任の両方を再定義する必要がある。そうすることで、情動性と応答責任の結びつきを、非 - 擬人主義的《アントロポモルフィック》で有機的な他者たちのためだけでなく、技術に媒介され、新しく特許化されているが、わたしたちと地球を共有している生き物たちのためにもなるように考えなおす必要があるのだ。

わたしは、現代の政治においてあまりに支配的であるノスタルジックな動向にだけではなく、進歩主義的左翼の側のメランコリックな傾向（Derrida, 2001b; Butler, 2004a〔二〇〇七〕; Gilroy, 2005）にも対抗したい。生／

ゾーエーそのものをポストヒューマン的に強調することで、アファーマティヴな政治を生み出しうるとわたしは主張したいのである。批判的なポスト人間中心主義が生み出す新たな視座は、パニックと喪を乗り越えて、より実用的なプラットフォームを作り出す。第一に、批判的なポスト人間中心主義は、わたしたちの実生活上の諸条件についてより適切な地図作成をもたらす。なぜなら、現代の技術に媒介された諸身体の複雑性、および人間の身体化にかかわる社会的な諸実践に、より正確に焦点化するからである。さらに、このタイプの生気的唯物論は種のあいだの明確な区別に制約されないので、ゾーエーという観念を非‐人間的だが生成的な生命の力として構成する。このポストヒューマン的アプローチは、「盛期」サイバー・スタディーズ（Haraway, 1985〔二〇一七 a〕; Hayles, 1999〔二〇〇八〕）を超えて、ポストサイバー唯物論（Braidotti, 2002）やポストヒューマン理論（Braidotti, 2006）へと進んでいく。ノマド的でゾーエー中心的なアプローチは、人間の生命を人間以外の生命へと結びつけることで、生成変化の包括的なエコフィロソフィーを展開させようとするのである。

情動ならびに知能に深くかかわる資源を活用するこのポストヒューマン的かつポスト人間中心主義的な感受性は、ドクサ——一般に受容されている規範的な思考イメージ——に適合しようとする原理をわたしが拒否していることの表れでもある。ポスト人文主義とポスト人間中心主義の両方の意味におけるポストヒューマン的窮状が思い起こさせてくれるのは、思考という活動が、批判を創造性と結びつけるにあたって、実験的で侵犯的でさえなくてはならないという考えである。ドゥルーズとガタリが教えてくれるように、思考することとは、新しい概念や新しい生産的な倫理的関係を発明することである。この観点からすると、理論とはある種、支配的な諸価値から組織的に疎遠になることである。批判的である以上に臨床的であろうとするポストヒューマン理論は、主体性をめぐる古典的なヴィジョンの核心に斬り込み、生気論的、横断的で関係を織りなす諸主体という拡張的なヴィジョンに向かって進んでいく。今日の理論とは、何を人間とみなすのかをめぐる基本的な参照単位がこれまでになく変化と変容を被っている状況と取り組むことにほかならない。このアファーマティヴでプログラムされていない変異は、新たな概念や情動や惑星的な主体編成を現勢化《アクチュアライズ》するのに役立ちうる。諸々のポストヒューマン的身体に何ができるのかをわたしたちが知らないのとちょうど同じように、ポスト人間中心主義的に身体化した脳が実際に何を考え出すことができるのか、わたしたちは推測すら始められていない。

第三章

非人間的なもの——死を越える生

The Inhuman: Life beyond Death

わたしのお気に入りの映画のひとつにマルセル・レルビエの『人でなしの女〔L'Inhumaine〕』（一九二四）がある。フェルナン・レジェとロベール・マレ＝ステヴァンがセットをデザインした本作品は、表現主義の優雅さと構成主義の贅沢さ、そして未来派の自信を示す宣言になっている。この見事な芸術作品において「人でなし〔＝非人間的inhuman〕」なものは、作品自体が負っている歴史的契機を徴候的に示している。映画の主題は、人間という種のなかでも女性がもつ超人的な能力であり、その能力によって女性は、人類の歴史と進化の流れを操作し制御する。女性の身体と加速度的に高まっていくテクノロジーの諸力との誘惑的な同盟関係が打ち立てられることになる。テクノロジーに向けられた恐れと欲望という両義的な感情が、力強い女性たちや権力的な立場にある女性たちに向けられた古来からの家父長的な疑念という様式に鋳なおされるのだ。女性の身体‐機械に進歩の約束と破壊のポテンシャルが同居し、緊密で計算された均衡を保つのである。

技術的人工物と機械状の「他者」は、モダニズムのなかでジェンダー化されかつエロティックなものにされ、技術に駆動された未来というものの寓意になる（Huyssen, 1986）。もうひとつの表現主義の傑作、フリッツ・ラングの『メトロポリス』（一九二七）においては、ヒロインのマリアは、歴史の流れを歪める悪魔的なロボットと化す。この映画のもととなった未来志向の小説『未来のイヴ』（Villiers de l'Isle-Adam, 1977〔二〇一八〕）は、産業革命における機械的な身体‐他者を激しい欲望の対象として描き出す。肉が鉄となり、資本の成長を焚きつけるのだ。進歩が幻想の風景として視覚化され、機関車が西洋史という列車を出口のないトンネルのなか駆動し遂げるのである。機械‐妖婦であると同時に祈りを捧げるカマキリ、処女‐母であると同時に妊婦の自爆テロ犯として、レルビエの『人でなしの女』に登場するクレールおよびラング作品のマリアは、二〇世紀という時代が工業技術や機械類に対してもつ、非常に性別化され深くジェンダー化された関係を表現している。だが、こうしたヴィジョンは、世界の進化の中心に人間を位置づける擬人主義の枠組みに囚われているばかりではない。それは人間的なものと技術的なもののあいだにある区別を是認しもするのである――その区別を新たな同盟関係として再定義する結果となるかもしれないとはいえ。このことが、多数の面をもつ非人間的な世界を作り出しているのだ。

モダニズムの時代はテクノロジーの力を、個別の出来事としてではなく、産業化のアッサンブラージュ――製造物、貨幣、権力、社会の進歩、想像力、主体性の構築を含む――の欠かせない要素として強調した。マルクス主義や、それを基盤とする社会主義的な人文主義《ヒューマニズム》は、こうした歴史的契機についての批判的な分析として、次のことを教えてくれる。物象化は実際、人間たちにとって屈辱を与え貶めるような経験である。なぜなら、それは人々の完全な人間性《ヒューマニティ》を否定し、それゆえに、社会の基本的な次元において、真に非人間的と呼ぶに相応しいからである。商品化の過程それ自体が、人間を、製造されたもの、すなわち利潤追求型で技術に媒介されたモノという地位に還元するのである。第一章で分析したような、マルクス主義が胸に宿すヒューマニズムの核心にあるのは、このような洞察である。人間の諸関係を「貨幣‐権力」の結合に含み込んでいくことは、マルクス主義者にとってみれば非人間性のひとつのありかたであり、また資本主義的生産様式による主たる社会的な非正義である。マルクス主義は方法論的な観点からみると反ヒューマニズム的な理論的運動であったがゆえに、こうした規範的態度はいっそう顕著なものである。すなわちマルクス主義は生まれもった本質〔という考え〕に反駁を加え、諸差異の自然化は権力の戦略であると暴露したのである。第一章でみたように、マルクス主義的な社会構築主義は根底から反本質主義的な方法論であり、ヘーゲル的な歴史哲学に依拠し、技術が駆動する社会の進歩をかたく信じこんでいた。レーニンでさえ社会主義を、つまりは歴史の進歩の原動力を、ソヴィエト（地域の労働者評議会）＋電化として定義した。

モダニズムの狂乱や、そのマルクス主義的派生物は、完全に雲散霧消したわけではなかった――それらが敷いた鉄路の多くは実際には大惨事を導いたのではあるが。マルセル・レルビエの映画に戻るなら、一方で誘惑する女性の残酷さと、他方で機械エンジンの冷酷なエネルギーとのあいだにあるアナロジーは、超人としての非人間的なものという観念を生み出し、これによって技術は超越的他者として措定された。そのアナロジーはまた、成長と進歩のナラティヴにおけるきわだった要素としての残酷さをにじみ出してもいる。これらの新たな技術が、望まれるか否かにかかわらず新たな密接性のありかたを介して、人間の有機的な身体を変質せざるをえないということがすでに察知されていたのだ。

したがって、モダニズムの正典が喚起する非人間的なものには別の側面が、すなわち芸術に表現されるような想像力の機能と構造が存在することになる。モダニズムは、工業化したモダニティの核心に芸術の実践にかかわる問題を位置づけた。技術的な所産と芸術品はともに製造されたものであり、かくして非自然的なものの領域に属している。まさしくそれらの反自然主義的な構造こそが、機械と倒錯的なものとのあいだの共通分母なのだ――『人でなしの女』や『メトロポリス』のような芸術作品に登場する「ファム・ファタール」の非生殖的なセクシュアリティにおけるように。女性のセクシュアリティは、この非人間をめぐる筋書きのなかに脅威として、しかし同時にあらがいがたい魅力として書きこまれている。多様な誘惑をおこなうテクノ‐イヴは、不穏な未来への路を指し示すのだ。

芸術的所産に備わる非人間的な本性は、非機能主義と遊戯的な誘惑の組合せからなる。これこそが、シュルレアリスムの作家たちが「独身者の機械」で意図したものであり、ドゥルーズとガタリは「器官なき身体」の理論、すなわち生成変化の没機能的で非有機的な枠組みをめぐる理論のなかで、この概念を採用し変容させた。ドゥルーズにとって芸術とは、批判哲学にも似て、ひとつの強度的実践であり、その目的は、〈生〉がもつ無限の可能性を思考し知覚し感覚するための新たな方法を創造することにある（Deleuze and Guattari, 1994〔二〇一二〕）。制約されたアインデンティティという束縛を超えてわたしたちを転位することで、芸術は必然的に、人間ではないという意味での非人間的なものになる。というのも芸術は、わたしたちを取り囲む動物と植物や、大地や惑星がもつ力と接続するからだ。さらにまた芸術は、それが共鳴するという点において宇宙的なものであり、かくして構造上ポストヒューマン的である。なぜなら芸術は、わたしたちの身体化した自己がなしうる、ないし耐えうることの諸限界へとわたしたちを連れて行くからである。芸術は、表象の諸々の境界を最大限に引き伸ばす以上、生そのものの諸限界に達し、それゆえ死の地平に直面するのだ。このような意味で、芸術は諸限界の経験としての死と結びついている（Blanchot, 2000〔二〇〇〇〕）。この点については、本章後半で死をめぐるポストヒューマン的哲学を論じる際に立ち戻ることになる。

工業技術文化における非人間性についての論点をさらに追求するために、議論のこの段階で次のことを付け加えておくのがよいだろう。つまり、科学的理性と、科学研究の合理的実践は、モダニズムという企図とその非人間的な側面のどちらとも疎遠なものではまったくない、ということである。科学もまた、歴史上のこの時期の両面入り混じった遺産を共有しており、工業化したモダニティという企図の中心にある。目を見張る工業機械類から平凡な家電機器まで、機械的「他者たち」は、集団的に出資され社会的に権限を賦与された科学実践の所産として、羨望の的なのだ。テクノロジーへの恐怖と欲望が入り混じった表現は芸術や映画において顕在化しているが、機械的「他者たち」はそうした表現のもうひとつのかたちである。残酷さや暴力を含んだ非人間的な側面は、モダニズムの時代における科学的理性《ラティオ》の欠かせない構成要素なのである。ポール・ラビノウは次のように述べる（Rabinow, 2003: 103）。

> 二〇世紀に目撃されたのは、知と軍事のあいだに強力かつ有害な結びつきが確立されたことである。［……］それは有毒ガス（その他の化学産業の賜物）の怖ろしい効果から、核爆弾（その他の物理学と工学の賜物）や人種の浄化というナチスの悪夢（その他の人類学やバイオサイエンスの賜物）を経て、冷戦期の科学研究費の四分の三近くが軍事目的で費やされたという受け入れがたい事実にまで及んでいる。タナトスの産業と科学は栄光の世紀を過ごしたのである。

死と殺害という論点が、ここでは科学それ自体の目的と構造との関連のなかで提起されているのである。ジャン＝フランソワ・リオタールは『非人間的なもの』（Lyotard, 1989〔二〇一〇〕）でこの議論にとって決定的な章を著している。彼は古典的テキスト『ポスト・モダンの条件』（Lyotard, 1984〔一九八六〕）で宣言した批判的な態度を追求し、先進資本主義が人間に及ぼした疎外と商品化の効果として非人間的なものを定義する。テクノロジーによる浸入と操作とは、効率の名のもと、この人間という主体を容赦なく脱人間化するようなものだというのである。リオタールはこの技術嫌悪的な洞察にとどまらず、アントロポス彼／彼女自身に特有のさらに深淵なたぐいの非人間性を同定していく。リオタールにとってみれば、構造的な異和ないし生産的な疎遠性のこの内奥には、非人間的なものの非合理的かつ非意志的な核があり、それがわたしたちを精髄において人間的にするというのだ。◆1 それは、主体の非単一的構造を確証するだけでなく、技術に駆動された資本主義の脱人間化効果に対して、人間性それ自体が抵抗する究極の場としても機能する。この観点からすると、非人間的なものはリオタールにとって、倫理のうえでも政治のうえでも生産力をもち、そうした力が諸々のポストヒューマン的な倫理的諸関係にいたる道筋を指し示すのである。

本章でわたしは、モダニズムにおける非人間的なものは、目下の歴史的文脈のなかでポストヒューマン的でポスト人間中心主義的《アントロポセントリック》な一連の実践へと変容した、という立場を弁護する。非人間なるものはかつてのようなものではない。人間と技術的他者のあいだの関係性も、そこにかかわっている情動——欲望、残酷さ、苦痛を含む——も、先進資本主義における現代的な諸技術によって徹底的に変化しているのである。ひとつには、いまや技術的構築物は、前章でみたように、これまでにないほど深いところまで肉体に浸入して混じりあっている。さらに、人間と技術の相互作用の性質は、リオタールが同時代の非人間的な状況に備わる明確な特徴として見立てた傾向にしたがって、ジェンダー・人種・種のあいだ

◆1　この存在物は、フロイト的な「不気味なもの」やラカン的な「現実界」、そしてクリステヴァの「おぞましいもの」と同種のものである（Kristeva, 1982〔一九八四〕）。

の境界を曖昧化する方向へと転じていった。今日の技術的他者とは、回路構成とフィードバック・ループによるアッサンブラージュにすぎないのだが、それは諸々の差異を平等主義的に曖昧化するような──まったくの非決定性ではないとしても──領域において機能している。先進資本主義における新たな両性具有のキャラクターを最も雄弁に表現する映画とは、『アバター』〔二〇〇九〕のような作品であり、アイフォーンがアイコンからかけ離れているように、『アバター』は『人でなしの女』からかけ離れている。どちらがより今日の時流に乗っているかは疑う余地がないのだが、それはここでの論点ではない。問題は、法外なまでのテクノロジーの進化とその予想外の副産物なのである。

人間‐機械の相互作用をエロティックなものとするモダニズム的幻想から、技術的な対象のポストモダニズム的な脱魔術化へ、あるいは少なくともアイロニカルな距離をとることへと、何か根本的なものが転換した。情動をめぐって異なる政治的エコノミーが作動しはじめた。より冷淡な感受性がわたしたちのシステムのなかに入り込み、ポストヒューマンなるものへと向かう道を敷いたのである。ジグムント・バウマンは、こうした残酷かつ冷淡なアプローチについて述べた最初の人物であった（Bauman, 1993, 1998〔二〇一〇〕）。バウマンは、歴史的な災禍、エリック・ホブズボームが「短い二〇世紀」（Hobsbawm, 1994〔二〇一八〕）と呼んだ歴史上の一時代が招いた苦痛、より具体的にはホロコーストに応答し、そのような凄まじい出来事が、暴力の被害者だけでなく加害者の道徳心や倫理的感受性にも及ぼした代価を力説した。結果生じるのは、わたしたちの道徳的自己が残忍化することであり、人間たちのあいだで精神的獰猛性が増すことである。エメ・セゼールやフランツ・ファノンのような反植民地主義や反人種差別主義の思想家たちもこうした洞察を発展させ、女性嫌悪者、人種差別主義者、ファシストの心のなかで生じる道徳的感受性の解離について論じた。こうした倫理基準の低下と比較して、暴力の「犠牲者たち」は実際、道徳的に高く歩んでいる。こうした洞察は、第一章で分析したポスト植民地主義的で非西欧的な新‐人文主義の核をなしている。

問いはいまやこのようになる。モダニティにおける道徳の危機は、ポストヒューマン的な準拠枠のなかでどのような結末を迎えているのだろうか。ポストヒューマン的な状況は、わたしたちの地球規模の相互作用に備わる非人間的（非人道的）〔inhumain(e)〕な側面という地平にも新境地を開くことがあるのだろうか。それは地球規模での脱人間化を導くのだろうか。現代の世界が直面している主要な問題には、金融危機や、それが雇用と構造的な経済不均衡にもたらす帰結にはじまり、気候変動とそれが引き起こす環境危機、さらに言うまでもなく地政学的な紛争やテロリズム、人道主義的な軍事介入があるが、それらの規模を考慮するなら、ポストヒューマン的状況が、それ自体の非人間的（非人道的）な次元を生み出してきたことは明らかである。

本章は、非人間なるものが抱える多層的な問題を、死および死にゆくこととの関係の多様な様式を検討することで論じていく。ポストヒューマン的連続体としてのゾーエーという観念と完璧な対をなす生についての議論を展開するなかで、わたしはタナトスについて、そして死‐政治《ネクロポリティクス》について詳細に検討することを提案する。それは、死をめぐるアファーマティヴなポストヒューマン理論を構築するひとつの方法なのである。「物質《マター》‐実在論的《リアリスト》」な生気論への概念的な転換は、存在論的一元論に基礎づけられているが、それはわたしが思うに、現代の生‐媒介的な文脈のなかで死および死すべき運命について再考するというこの企図にとって助けとなるだろう。政治的には、生気を肯定的に捉える政治学がもつ諸々の利点を算定する必要がある。倫理的には、人間の他者と非 - 人間の他者双方に対する共感と配慮を、この新たな枠組みのなかに置きなおす必要がある。

いくつかの死にかた

わたしたちは前章で、生ける物質の生政治的管理として理解されたポストヒューマン的窮状が、ポスト人間中心主義的な性格をもつことを確認し、〈生〉／ゾーエー中心的なアプローチの必要性を掲げた。いまやさらに一歩踏み出し、ポストヒューマンな生気的政治が生と死の諸境界をずらし、結果として、生けるものの統治だけでなく、死にゆくことの諸実践にもかかわっていると主張したい。これらのことの多くは、貧困、飢饉、ホームレスのような、非人間的（非人道的）な社会的・政治的現象と結びついており、ジラー・アイゼンシュタイン（Eisenstein, 1998）はこれをいみじくも「グローバルな猥雑さ」と呼んだ。ヴァンダナ・シヴァ（Shiva, 1997〔二〇〇二〕）は、生 - 権力《バイオパワー》がどれほど「バイオパイラシー」というありかたに転じているかを力説しており、そのことは確固たる根拠と具体性をもった政治的分析を必要としている。たとえば、差異を意味作用する経験的主体（女性／原住民／大地〔＝地球 earth〕ないし自然なる他者）の諸身体は、グローバル経済における使い捨て可能な身体になった。現代の資本主義は実際、フーコーが論じるように、生きるすべてのものを制御しようとする点で「生 - 政治的」であるが、〈生〉は人間のみがもつ特質ではないので、ゾーエー政治的な次元ないしポスト人間中心主義《アントロポセントリック》的な次元を開いてもいるのである。核時代に絶滅への不安が共有されていたとすれば、人新世《アントロポセン》というポストヒューマン的状況において、死の地平はほとんどの種にまで拡張されている。もっとも、チャクラバルティが指摘するように、そこには非常に重要な違いがある。「核戦争は、時の権力者の側の意識的な決定であったであろう。〔だが、〕気候変動は、種としての人間の活動がもたらす意図せざる帰結なのである」(Chakrabarty, 2009: 221)。このことは、地球規模の汎人間的な絆というネガティヴないし反動的なありかたの発端となり、脆弱性をめぐって広く共有された絆の周囲に人間性《ヒューマニティ》を再構成することになるだけではない。前章で論じたように、それは人間なるものをその他の種の運命に接続することにもなるのだ。こうした横断的な同盟関係にとっての公分母とは、死と破壊である。

この政治的エコノミーを説明するために、現代における死にかたの例をいくつか挙げてみよう。グローバル化のポストヒューマン的な側面には、ア・プリオリに非人道的ではないといえ、やはりいちじるしく破壊的な側面のきっかけとなるような多くの現象が含まれる。キリスト教原理主義を含めて多様なかたちの宗教的過激主義が興隆するポスト世俗化の状況は、女性、同性愛者、そしてすべての性的マイノリティの権利に関する政治的な退行を必然的にともなう。この退行の顕著な徴しは、生殖に関する権利の拒絶と、女性やＧＬＢＴの人々に対する暴力の増大である。グローバルな金融ネットワークや抑制のないヘッジファンドの結果、新たなテクノロジーへのアクセスにおける不均衡に影響を受けた貧困が、特に若者や女性のあいだで増加してきた。子どもたちの状況は別に章を割くほどの問題である。強制労働から子ども兵の現象まで、小児期が搾取の非道なサイクルのなかに暴力的に差し込まれてきたのである。身体をめぐる政治は、一方でサイボーグ、他方でかたちを変えた脆弱性が同時に出現することで転換した。たとえば、ＳＡＲＳ、エボラ熱、ＨＩＶ、鳥インフルエンザなどのパンデミックの激増のかたわらで、特にマラリアや結核などの、より身近な伝染病も回帰してきており、健康は公共政策問題であるとともに人権をめぐる懸念ともなってきているほどである。

ここでの論点は、〈生〉／ゾーエーが脅威的な力であると同時に生成的な力でもある、ということだ。健康や環境に関する懸念ならびに地政学的な問題があまりに多く、生と死の区別を端的に曖昧なものにしている。遺伝子工学的資本主義と自然 - 文化連続体の時代に、ゾーエーは人間未満〔infra-human〕の力となり、いまやあらゆる注意が消えゆく自然という緊急事態に向けられている。たとえば、環境をめぐるカタストロフィや「自然」災害——福島の原子力発電所と日本の津波、オーストラリアの山火事、ニューオリンズのハリケーン・カトリーナなど——をめぐる公の言説は、いちじるしいダブルバインドに達している。そうした議論は、一方で生態系への新たな意識を表明し、他方で自然と文化のあいだに再び区別を差し込んでくるのだ。プロテヴィが論じるように（Protevi, 2009）、結果として、バイオテクノロジーに媒介されたわたしたちの環境が逆説的にも再自然化されることになる。地政学的な諸力は、再自然化されると同時に、古くからのヒエラルキー的な権力関係——擬人主義的《アントロポモルフィック》な主体による支配的な政治に規定された権力関係——に服することになるのである。公の言説は、環境の非人間的な諸力について道徳主義的になってきていると同時に、人間中心主義的《アントロポセントリック》な傲慢さを永続化する点でかなり偽善的なものになってきてもいる。このような立場は結果としてカタストロフィにみられる人為的な構造を否定し、わたしたちはカタストロフィを、地球、宇宙的秩序、「自然」のような、わたしたちの集団的な制御を超えた力に帰因するものとしつづけることになるのである。わたしたちの公共道徳は、技術の進展が生み出した被害の規模や複雑性という難題に端的に太刀打ちできていない。このことが二重の倫理的な緊急課題を引き起こす。第一に、不安や、自然秩序の喪失を悲しむ傾向を、どのようにして実効性がある社会的・政治的活動へと転ずるのか。第二に、わたしがこれまで他のところでも探求してきた社会的な持続可能性の精神のもと（Braidotti, 2006）、そのような活動をどうやって未来の世代への責任のなかに根づかせるのか。

もうひとつ争点となる目立った事例を挙げると、前章で分析したようにポストヒューマンのデジタル世界は、非人間の独自の変種を生じさせている。そのことが最もよく現れているのは、ウイルスの激増である。つまり、コンピュータを基盤とするウイルス、有機体のウイルスの両方であり、後者のうちのいくつかは動物から人間へ、またその逆へと伝染していく。病は明らかに有機的な存在物のみがもつ特質ではなく、有機的物質――擬人主義的なものであろうとなかろうと――と電子回路のあいだの相互汚染状態という広範囲にわたる実践も含んでいる。いくぶんか複雑な共生関係、肉と機械のある種の相互依存が今日のサイバー世界に出現してきたのである。このことはいくつかのいちじるしい逆説を生み出す。つまり、主体性が宿る有体的な場は、人間を強化する諸実践と、技術的超越を介した逃走という幻想において、否定されると同時に、いやます脆弱性としてあらためて強調されもするのである。バルサモ（Balsamo, 1996）は、デジタル技術は不死性の夢、そして生と死の制御という夢を促進すると論じている。「とはいうものの、技術に支えられた未来の身体の「生」に対するそのような信念は、制御不可能でスペクタクル的な身体の脅威――抗生物質耐性のウイルス、ランダムな汚染、肉食のバクテリア――が引き起こす死と殲滅という生々しい恐怖によって補完されている」（Balsamo, 1996: 1-2）。技術の非人間的な諸力は身体のなかに入っていき、来るべき死骸を幽霊のように告げ知らせてやまないのだ。わたしたちの社会的想像力は、法医学的転回を果たしたのである。

こうした矛盾した動向は、病、死、絶滅を含む人間の身体の終焉というものの地位が変わりつつあることを反映しており、そのことを大衆文化とインフォテインメント産業はすぐさま拾いあげている。死体はグローバルなメディアやニュース報道のなかで日々存在感を示しているだけでなく、現代の大衆文化のなかでも娯楽の対象になっており、そのことは法医学的な推理ものというジャンルの成功において顕著である。ヘカベーやメーデイアといった古典を翻案した近年の文学作品や演劇公演の成功が示すように、殺害をする女性の流布は文化や芸術において非常に敏感に記録されてきた。もちろん、コンピュータ・ゲームの世界における正確無比の狙撃者ララ・クロフト[◇1]が世界中にもつ訴求力は言うまでもない。ジェンダー・ロールが発展して、殺人という事業に双方の性がより平等主義的に参加するようになっていくことは、現代のジェンダー・ポリティクスの最も問題含みな側面のひとつである。それを要約するなら、五月広場の母における普遍的〈人権〉という姿勢から、チェチェン紛争の未亡人による残忍な干渉主義や妊婦の自爆テロ犯へ[◇2]、さらには「人道主義的《ヒューマニタリアン》」な戦争という軍事的「ヒューマニズム」における女性の役割の増大への転換ということになる。

身体をともなう現代の社会的実践のなかには、たとえば〔薬物などの〕中毒や摂食障害、鬱、燃え尽き症候群、無気力や不信感の状態のような、しばしば病的なものとみなされるがけっして十分に注意を払われることのないものがあり、それらを考慮に入れるならば、スピリチュアルな死もまた、ここで描いている全体像の一部である。わたしは、これらの実践を単に自己破壊的なものと分類するのではなく、生きるものすべてを商品化する政治的エコノミーとの相互作用ならびにそれへの抵抗が、規範としては中立的に顕在化したものとみなしたい。それらの実践は、「生そのもの」の政治の時代における、生きることと死にゆくことのあいだの変転しつつある社会関係を例証しているのである。合法の薬物（リタリン、プロザック）と非合法の薬物のいずれもが現代文化に流布していることは、自己破壊とファッショナブルな振る舞いの境界を曖昧にし、「生そのもの」の価値とは何かという問いの再考を余儀なくさせる。最後に重要なこととして、ほう助自殺と安楽死の実践は、「生」には自明の価値が割り当てられているという暗黙の前提に依拠する〈法〉に異議を突きつけている。先進資本主義は往々にして、分裂病的ないし内部に矛盾を含んだ動きによって機能している。たとえば、フィットネスや健康や永遠の若さという社会的に強調されたイデオロギーは、ヘルスケアに対する備えや幼児と若年の死亡率における社会的不均衡の増大と足並みを揃えている。「永遠に若く」あることへの執着心は、安楽死やほう助死という社会実践と歩調を揃えて働き、互いの対となるのである。

こうしたことについて考えはじめると、多様な死にかた、死を課するしかたや喪失を被るしかたは、わたしたちのまわりに増大している〔ことに気づく〕。とはいえ、そのことを説明するとなると、社会理論はこうした政治的エコノミーを「生《バイオ》」政治的なものとして捉えがちになる。だが、生（ビオス）はそれとどのような関係があるのか。フーコー以来の生‐政治的な分析は研究領域を変容させ、生けるものの管理にかかわることについて、より精密な理解を導入した。なぜそれと同程度の分析精度が、死ぬことをめぐる死‐政治的な管理についての分析には捧げられることがないのだろうか。

社会的および個人的な死ぬことの実践、殺人のしかたや絶滅のありかた、さらには追悼儀式の創造性や死別の必然性に生じた変化は、その量と規模の両面において社会‐文化的アジェンダの拡大を支えているほどである。このことは新たな言説分野の出現を含んでいる。「デス・スタディーズ」は、大きな必要性から学問の世界に加えられた新しい領域である。一九七〇年代のカウンターカルチャーに端を発するこの研究は堅実な学際的領域へと成長し、死すべき運命についての道徳的・宗教的議論も含んでいるが、それと同時に社会・政策・健康の問題についての研究も含み、さらには職業訓練という非常に実際的な側面もある。[◆2] この新しい「スタディーズ」領域の拡大については第四章で立ち戻る。

生政治を超えて

基本的な洞察から再開しよう。「生」を生政治的に管理する新しい諸実践は、生成的な諸力のみならず、いっそう捉えがたくなった新たな段階の死と絶滅をも総動員している、という洞察である。わたしの主張は、〈生〉／ゾーエーという、自己組織化する生気的な力に注目すると、生きることと死ぬことのあいだのいかなる明瞭な区別も帳消しにされてしまうというものだ。この主張は、ゾーエーという観念をポストヒューマン的でありながらアファーマティヴな生命の力として組み立てる。こうした生気論的唯物論は、一元論と徹底した内在性という新スピノザ主義の政治的存在論に堅固に依拠しており、横断的な関係性の倫理を作り出すことで、ポストヒューマン的窮状が抱える非人間的（非人道的）側面に対抗するのである。

わたしがこれまで論じてきたように、ポストヒューマン的窮状は、人間なるものについての伝統的な理解の位置をずらしてしまう以上、非人間的なものおよび非人道的な諸実践についても、その地位や構造に重大な変化を引き起こす。かくして続く問いは以下となる。非人間的なもののこうした新しい編成は、どのように主体の理論や社会文化理論に衝撃を与えるのか。生政治的な分析はここでも議論の中心にあるが、目下の文脈においてはフーコーの先駆的な取り組みが分節化した諸前提の先に進んでいる。そこに見てとられるのは、生と死の生政治的な管理について思考する新しい動向なのである。たとえば、生政治的な市民権についての学派が出現し、権限と同時に制限を与える統治性の審級として「生権力」がもつ倫理的含意を力説している（Rabinow, 2003; Rose, 2007〔二〇一四〕; Esposito, 2008）。この学派は、生‐倫理的主体が負っている関係的で自己制御的な説明責任に政治的契機を認める。生倫理的主体は、彼女／彼の遺伝的な存在に対して全面的な応答責任を背負うのであり、そこには身体をもつ自己に対する病気その他のかたちでの責任も含まれるのだ。前章でみたように、この立場は、カント主義の残滓がフーコー晩年の仕事周辺に出現し、健康やライフスタイルの自己管理に対する個人の責任を強調することを許容する。この立場の利点は、ポストヒューマンな生‐有機的存在をよりいっそう明るみに出すことを求める点にあり、それは自然主義のパラダイムがきっぱりと放棄されたことを意味する。だが一方で、この立場の欠点は、新自由主義が福祉国家の柱である国民健康保険制度を解体し、民営化をますます増大させていくという政治的な文脈のなかで、応答責任という考えかたを曲解して個人主義に転化してしまうこ

◆2　たとえば、イギリスのバース大学にある「死と社会センター〔Centre for Death and Society〕」を参照。いくつかの学術誌もこの領域が活気に満ちていることを証言している。なかでも以下を参照。*Death Studies*（Routledge, 1970, redesigned in 1985）; *Journal of Death and Dying*（Baywood Publishing, 1970）and *Journal of Near-Death Studies*（1978）.

とである。生倫理的な市民権は、ヘルスケアのような基本的な社会サービスのコストへの権利と責任を、誤ったライフスタイルの行使やそれに結びついたリスクを軽減することで責任をもった振る舞いをする個人の明白な能力に指標づけるのである。言いかえれば、ここでの生倫理的な行為者性《エージェンシー》は、自分自身の遺伝的な資本に適切な配慮をくばることを意味している。喫煙、過度な飲酒、肥満に対する近年の政府キャンペーンは、ハイパー個人主義を支えるこの新自由主義的な規範の動向を証拠だてている。

また、新カント主義的なフーコー解釈は、生権力という観念をめぐる重大な理論的問いも提起している。現代のバイオテクノロジーが被った急速な進歩と変化、またそれらの技術が人間というものの地位に投げかけた難題を鑑みて、フーコーの仕事は——とりわけハラウェイ(Haraway, 1997)によって——、現代の技術に対する時代遅れのヴィジョンに依拠しているとして批判されてきた。ハラウェイの示唆によると、フーコー的な生権力がもたらす地図作成は、もはや存在しない世界についてのものであり、いまやわたしたちは支配をめぐる情報科学の時代に入ってしまっているのである。他の批判理論のほうが、目標に近いところまで来ている。とりわけフェミニスト、環境保護主義者、人種理論家たちは、グローバルな社会関係の複雑性を反映するしかたで、先進資本主義において転換しつつある身体化や差異の状況を扱ってきた[◆3]。

フーコーの生権力概念と現代のポストヒューマン的諸構造のあいだにある中心的な乖離は、人間中心主義の位置がずらされたことと関係している。第二章でわたしが論じたのは、先進資本主義の遺伝子工学的構造が諸身体を生気的情報のキャリアに変える、ということである。それによりキャリアとしての諸身体は、金融価値の投資対象となり、資本化されていくことになる。諸身体は、遺伝的素因や自己組織化のための生気力にもとづいて、人口全体を新しく区分けする素材を提供することになる。経済学的な成長と生物学的な成長のあいだには同形の構造があり、それが現代の新自由主義的な資本主義の権力関係をフォーディズムの時代以上に露骨で剥き出しのものにしているのである（Cooper, 2008）。このことが、死にゆくことをめぐる政治のゾーエー的次元に対して重大な波紋を投げかけるのだ。

遺伝子情報は、心理学的特質や神経的特徴と同じく平等には分配されていないので、このシステムは単に差別を含んでいるだけでなく、その術語の一定の基本的な水準において人種差別主義的でもある。パトリシア・クラフ（Clough, 2008）は現代の政治的エコノミーのこうした側面を追求するにあたって、〈生〉のポストヒューマン的な管理をめぐる同時代の事例――二、三の例を挙げるならＨＩＶに抗する医薬品の入手可能性や抗マラリア・ワクチンの広範囲な入手可能性――をめぐる公の論争を分析している。遺伝子的に過剰にむき出しにされ、かつ社会的に保証が不十分な、使い捨て可能な身体からなる下層階級の総体が、西洋世界内部と新興のグローバル経済の双方において生みだされている。この種の人口制御は生政治的なものをめぐるフーコーの分析を超えていく。なぜなら、それは規律やコントロールの技法ではなく、むしろ遺伝子工学的なデータ・ファーミングや、「バイオパイラシー」（Shiva, 1997〔二〇〇二〕）によって機能しているからだ。マーク・ハルセイが述べるように、「かつては狂人、若者、女性、浮浪者、変質者をコントロールすることが唯一の目標であったが、昨今の目標は人間ならざるもの、非

◆3　とりわけ下記を参照。Gilroy（2000）, Braidotti（2002）, Barad（2003）, Butler（2004b）, Grosz（2004）.

有機的なもの、不活性なもの——つまりは、いわゆる「自然界」——を捕縛することになってきている」(Halsey, 2006: 15)。これがポストヒューマン的なゾーエー政治であり、それは生政治的な統治性とは異なる。

これらの新たな歴史的状況が突きつける難題を考え抜くにあたっても、一元論的なポストヒューマンの哲学は大いに役に立つ。マッスミの視角からドゥルーズを読解することで、クラフは、リベラルな個人〔individuals〕ではなく、遺伝子工学的な「分人〔dividuals〕」を捕捉する新しいメカニズムについて研究している。

〔分人は〕人口のなかで統計的に再配置されるのだが、そこでの人口とは、身体的な諸能力の分析表として表面化し、いま身体に何ができるか、そして、身体が将来どのような能力を繰り広げられるかもしれないかを指し示すものである。諸身体がもつ情動能力は、リスク要因として統計的にシミュレートされているので、主体抜きで、個別の主体の身体さえも欠いたまま、それ自体として把捉されうる。この結果、コントロールと政治的指令という競合してみえる官僚主義的な手続きが、人口の生を安全なものにするという観点から遂行されることになる (Clough, 2008: 18)。

政治的なコントロールのありかたをリスク要因の算出と結びつけるこうした方法は、フーコーが人種差別主義として定義したひとつの技法である。なぜなら、この技法はヒエラルキー的尺度のなかに全人口を配置する——「人種化」されたものとして全人口を生み出す——からであるが、この度は以前とは異なり、尺度が肌の色によってではなく、他の遺伝的な特質によって決定されているのである。この政治的行使の目的は、所与の人口がもっている生存ないし絶滅の可能性を算出することにあるので、生けるものの生政治的な管理は、種をまたがって横断的でゾーエーに駆動されているだけでなく、本来的に死と結びつけられてもいる。これこそがポスト人間中心主義の、死につなぎとめられた、あるいは死 - 政治的なすがたであり、その非人間的（非人道的）な性質の核心である。「それが許容しているのは、一定の人口の健康的な生のために、その他の人口の死、すなわち自然界において劣性ないし不健康と標づけられた人口の死が必要とされている、ということである」（Clough, 2008: 18）。

加えて死 - 政治的な次元が意味しているのは、身体化した主体の政治的表象は今日、フーコー的な意味（Foucault, 1978〔一九八六 a〕）における生 - 政治の視覚的エコノミーの枠内ではもはや理解することができないということである。身体化した主体の表象は、視ることにかかわるという意味で、すなわち、ポスト - プラトン的なシミュラークルという意味において視覚的なものなのではない。またそれは、自己と／としての他者という対立的な認識の弁証法的図式のうちで視覚を再定義する精神分析的な様式におけるような鏡面的なものでもない。身体化した主体の表象は、シミュレーションに取ってかわられ、スキゾ化され、あるいは内部からバラバラにされてしまった。さらにそれは亡霊的でもある。身体は、それがつねよりそうであった潜在的な死体として二重化され、終わりなき循環という視覚的エコノミーに捕えられた自己複製するシステムとして表象されるのだ（Braidotti, 2002）。現代の社会的想像力は際限ない循環というこの論理のなかに浸され、それゆえにイメージ化された自己をめぐる生と死のサイクルを超えたどこかに宙づりにされている。その結果、遺伝子工学的な想像力は、死体としての身体との関係性のなかで、そして、もはや制御できない生の諸痕跡を探求するなかで、法医学的なものになった。現代の身体化した主体は、一方で遺伝子工学的な容れ物として、他方でグローバルなメディアにおけるキャッシュ・フローの回路を循環する視覚的な商品として、余剰価値を備えているのであり、そのような観点から説明する必要がある。こうした情報の大半は、知識によって駆動されているのではなく、メディアによって膨れあがっているのであり、それゆえにまったきエンターテイメントと区別不可能である。かくしてそれらは遺伝子工学的コードと情報のコードによって二重に媒介されているのだ。

このようにしてわたしたちがみるのは、現代の生政治が、前章で分析したエコフィロソフィーの次元と交差しており、現状の社会政治的な権力関係がもつネガティヴな面を照らし出しているということだ。ここでの難題は、これらのハイブリッドで少々スキゾ的な社会現象を、ポストヒューマン的状況の非人間的な側面に対する抵抗の諸地点へと転回させていくことにある。フーコーによる政治の解剖学の中心的な洞察は、いまだ有効である。生権力は死にゆくことの管理も含むのである。言いかえると、生の統治という問いは、絶滅の統治も包含しているのである。この聡明な洞察に含まれる倫理的で政治的なポテンシャルを十分に展開するために、わたしたちはぜひ、初期フーコーに回帰する必要があり、その後のフーコーの新カント主義的な解釈に惑わされてはいけない。

フーコーは初期の著作（Foucault, 1977〔一九七七〕）において、主体性が産出される際に作動している権力メカニズムについての批判的分析にはっきりと焦点をあわせている。ここでの主体の産出は、制約的であるだけでなく生産的でもあるような、諸効果の言説的かつ物質的な循環プロセスと定義される。こうした権力の強調は、ポストヒューマン的窮状の意味を理解するにあたって欠くことができないものである。

法医学的社会理論

フーコー以後の社会政治理論は、人間なるものの地位や人間についての理論をめぐるこうした変容に精力を傾けてきた。そのことはたとえば、法医学的〔forensic〕な転回[◇3]に対する最も重要な反応のひとつであるジョルジョ・アガンベンの仕事に示されている（Agamben, 1998〔二〇〇七〕）。アガンベンの定義によれば、「〈生〉／ゾーエー」とは、身体をもつ主体に対して主権権力が致命的な介入をした結果であり、そこでの主体は「剥き出しの生」、つまりは極度に脆弱で絶滅に瀕している非‐人間の状態にまで貶められている。ここでの生‐権力とはタナトス‐政治を意味し、アガンベンにとってその帰結とは、工業的なモダニティという企図に対して、その脱人間化する諸効果に鑑みてなされる告発である。植民地のプランテーションはこうした政治的エコノミーのプロトタイプであり、また奴隷化された人間は、ほとんど絵に描いたような「ホモ・サケル」である（Agamben, 1998〔二〇〇七〕）。こうした洞察は、近代化と暴力、モダニティと恐怖、主権と殺人のあいだの内在的な結びつきを描く結果となる。

アガンベンにとってもリオタールと同様、非人間的なものは近代化の結果であるが、全体主義という現象を他者の人間性《ヒューマニティ》の究極的な否定とみる考えをハンナ・アーレント（Arendt, 1951〔二〇一七〕）から学んでもいる。しかしながらアーレントは、これらの政治的な極右や極左とは異なる力強い選択肢を構築するにあたって、人権は誰にも必要であり、脱人間化された「他者たち」にさえも、あるいは彼らにとってこそ必要であると力説したのであった。セイラ・ベンハビブの見事な定式化によれば、アーレントは

「不承不承のモダニスト」（Benhabib, 1996）である。それに対してアガンベンはそれほど革新的ではなく、死すべき運命ないし有限性を、「生」をめぐる議論の超歴史的地平とする哲学の習性を途絶えさせないでいる。彼にとって「剥き出しの生」とは生成力のある生気性ではなく、むしろ、主権権力が殺してもよい人間主体を構成するうえで欠かせない脆弱性である。「剥き出しの生」こそが身体を、抑制のない権力の横暴な力のもと使い捨て可能な物質としているのだ。このことは、存在をめぐるハイデガーの理論において、存在が動物的な生を無きものとすることによって、その力を引き出していることとつながっている。有限性は欠かすことのできない構成要素として主体性の枠組みのなかに導入されているのであるが、それと同時に主体の核心において、喪失とメランコリアという情動的な政治的エコノミーを焚きつけるのである。

ニーチェが一世紀以上も前に批判したタナトスが、今日でも依然として批判的議論のなかで存在感を示しているのをみるとき、こうしたタナトスへの固着にわたしは狼狽してしまう。そうした議論は多くの場合、権力についてのみならず、生権力の諸体制を推進するような技術の発展についても、陰鬱とした悲観的なヴィジョンを産み出すのである。わたしが「生」を持続可能な変容をめぐるゾーエーの倫理として理解するとき、それはアガンベンが「剥き出しの生」ないし消極的なゾーエーと呼ぶものとは随分と異なっている。死の地平、あるいは非生命との閾の状態という地平上にゾーエーの問題を配置することを好む習性には同意しかねる。死すべき運命や消滅可能性という地平をこのように過度に強調することは、現代の社会文化理論における「法医学的転回」の特徴であって、それは絶滅という亡霊に、そして、西洋的なモダニティという企図の諸限界に取り憑かれているのである。基本的な参照項として死を過度に強調することは、今日の生気的な政治にとって適切ではないとわたしは思う。それゆえわたしは、別の重要な研究者の一群に目を向けることにする。すなわち、スピノザ主義の枠組み[4]において研究し、生そのものの政治を、死を含みまた超えていく仮借なき生成的な力として強調することを選ぶ研究者たちのことである。このような方向転換は、人間的な諸力と非‐人間的な諸力のあいだの変転しつつある相互関係について問いたずねることを必要としている。

未来と種を再生産する能力を有する、身体をもち状況に埋め込まれた女性主体の立場から言わせてもらうなら、有限性の形而上学は「生」と呼ばれるものの諸限界について、近視眼的なしかたで問いを立てていると思う。本章の後半で論じることになるように、死という究極の減算を、生成的なプロセスのもうひとつの位相として考えなおすことが必要である。死の仮借なき生成的な力能ゆえに、わたしに最も近く、最も大切なもの、すなわち、わたし自身——わたし自身が生気を備えてそこに存在するということ——が抑圧されなければならないとは、残念なことである。精神分析が教えてくれるように、ナルシシズム的な人間主体には、わたしがそこに存在することなしに〈生〉は続いていくはずだとは考えられないのだ（Laplanche, 1976〔二〇一八〕）。〈生〉の中心には「わたし」もいかなる「人間」もいないかもしれない。このことについて思考する可能性に向きあうプロセスは、実際、目が覚めるような啓発的なプロ

◆4　この枠組みに含まれるのは下記の研究である。Deleuze and Guattari（1977, 1987〔二〇〇六、二〇一〇〕）; Guattari,（1995〔二〇〇四〕）; Glissant（1997〔二〇〇〇〕）; Balibar（2002）; Hardt and Negri（2000〔二〇〇三〕）.

セスだ。わたしが見るところ、このポスト人間中心主義的転換は、ゾーエーのポストヒューマン的な積極性に焦点を合わせなおすことを目指す持続可能性の倫理にとって必要な出発点である。わたしの研究プロジェクトは、脆弱性を尊重するとともに、希望の社会的地平を能動的に構築していこうとする倫理を胸に宿しているのだ。

現代の死 - 政治について

本書のこの時点において次のことを強調しておくことが重要である。すなわち、アファーマティヴな政治とは、ネガティヴな情念を生産的で持続可能な実践へと変質させていくプロセスであり、それは恐怖や暴力、破壊といった現実を否定しない。アファーマティヴな政治は単に、そうした現実に対処する別の方法を提案しているのである。現代の政治は、説明できないほどの残酷さを抱え込んでいる。今日の戦争の野蛮さと、暴力の新たなかたちでの表出は、生けるものの統治のみならず死にゆくことの多様な実践を標的としており、そのことに注視する新しい研究がこれまでに現れてきた。アキーユ・ンベンベ（Mbembe, 2003〔二〇〇五〕）が見事に論じたように、生 - 権力と死 - 政治は表裏一体となっている。言いかえると、生そのものの政治に関心を寄せる言説の激増が、死と殺害をめぐる地政学的次元をも触発しているのである。ンベンベは、生存をめぐる生政治的な管理について、より地に足のついた分析をおこなう方向性で、フーコーの洞察を拡張している。ンベンベはそうした管理を適切にも「死 - 政治《ネクロポリティクス》」と名づけなおして、この権力は本質的に死の行政運営であると定義する。つまり、「人間存在の全般的な道具化、および人間の身体と人口の物質的な破壊」（Mbembe, 2003: 19〔二〇〇五、一四頁〕）である。わたしならば、これは人間だけでなく、地球にもかかわっていると付け加えるであろう。

ポスト冷戦期の世界において見られたのは、戦争行為の劇的な増加のみならず、戦争の実践それ自体の根底からの変容でもある。新しいかたちの戦争には、一方で「インテリジェント」な無人の技術兵器類がもつ並外れた効率性と、他方で手足を切断され辱められた人体の生々しさの双方が同時についてまわる。序の第三エピソードで喚起したように、尊厳を損なわれたカダフィの最期がこのことを例証している。ポストヒューマンな戦争は、新しいかたちの非人間性を増殖させているのである。死‐権力へのこうしたアプローチの含意は、ラディカルなものだ。すなわち、死権力は、権力の行使を構造化するにあたって、〈法〉の合理性および道徳的諸価値の普遍主義に頼るのではなく、むしろ、他者たちの生を殺害し、不具にし、強姦し、破壊する主権の制限なき権利を解放しているのである。こうした政治的エコノミーが、さまざまな度合いにおける「人間性《ヒューマニティ》」への帰属を構造化しているのであるが、それが依拠する諸々のヒエラルキーは、旧来の弁証法から切り離され、生政治の論理から蝶番をはずされている。そのかわりにこれらのヒエラルキーが実現するのは、あなた――個別的であるばかりか総称的でもあるあなた――のうちにある生を日和見主義的に搾取するという、より道具的で狭小な論理なのである。

現代の死‐政治は、世界中で地域規模での死の政治を行使してきた。産業規模にまでになった新しい戦争行為は、軍隊の商業的な民営化と、世界中で生じる紛争に依拠しており、そうした状況は武装部隊の利用とその正当性を脱領土化している。戦争は、「インフラストラクチャーへの戦争行為〔二〇〇五、三一頁〕」と大規模な兵站術的オペレーション（Virilio, 2002）に還元され、市民社会を機能させるあらゆる施設――道路、電力線、空港、病院、その他の不可欠な施設――の破壊を目的とする。昔ながらの軍隊は、「都市の市民軍、民間の軍隊、地方領主の軍隊、民間のセキュリティ会社、州兵」に変異してしまい、「それらのすべてが暴力を行使する権利、あるいは殺す権利を主張している」(Mbembe, 2003: 32〔二〇〇五、三三頁〕)のである。結果として、「人口」という政治的カテゴリーも、「反逆者、子ども兵、犠牲者ないし難民、手足をもがれて無能力になった市民、あるいは古代の生贄にならって大虐殺された市民」といった構成要素に分解されてしまい、「その一方、「生存者たち」は、ぞっとするような脱出《エクソダス》の後に、キャンプや例外地帯に閉じ込められる」(Mbembe, 2003: 34〔二〇〇五、三五頁〕)。西洋諸国の連合が「人道主義的な支援」という名目のもと導いてきた現代の戦争は数あるが、多くの場合、それらは鉱物採掘をはじめとして、グローバル経済にとって欠かせない地球資源を守ることを目的とした新植民地主義的な遂行となっている。この点からすると、「新しい」戦争は、旧来のように兵を徴集し国家の名を冠する軍隊同士の衝突というよりも、民営化された紛争やゲリラ、あるいはテロリストの襲撃に似ている。

アルジュン・アパデュライ(Appadurai, 1998)もまた、新しい「民族抹殺《エスノサイド》にかかわる暴力」、すなわち、友人や親族、隣人にかかわる新しい戦争行為のありかたについて鋭い分析を提供している。彼が戦慄を覚えたのは、これらの紛争における暴力が、「残忍性と侮辱――手足の切断やカニバリズム、強姦、性的虐待、そして市民空間や人口に対する暴力をともなうもの――にかかわっている」ことである。「簡潔にいうと、ここでの要点は、普通の人が、以前は比較的友好につきあっていたかもしれない――あるいは、そうでありえた――他の人たちに対して振るう身体的な残忍性である」(Appadurai, 1998: 907)。これはポストヒューマン的状況の特に非人間的な一端である。

チョムスキーもこの新しい状況に抜かりなく注釈を与え、人道主義的《ヒューマニタリアン》な介入における「新たな軍事的ヒューマニズム」と名指した。

> 世界中で壊滅状態を生み出す技術と、パルプ・フィクションやタブロイド誌の見出し、プレイステーションのゲームに見られるジャーゴン――「対テロ戦争、文明の衝突、悪の枢軸、衝撃と畏怖」[◇4]――で武装して［……］。これらの冒険は、自由・良識・民主主義という立派な旗印のもと、文明化された世界（「ホモ・フーマーヌス」）をその敵（「ホモ・バルバルス」）から守ることに着手するのだ（Davies, 1997: 137）[◇5]。

このようにして技術に媒介された暴力の布置が展開されていくことは、身体を規律することや敵と戦うことによっても、あるいはコントロール社会の技法としてさえも、適切に記述することはできない。むしろわたしたちは、大規模に編成された道具的な虐殺、新たな「殺害の記号過程」の時代へと入ったのであり、そうした状況が、多数の平行する「死の世界」を創造することにつながったのだ（Mbembe, 2003: 37〔二〇〇五、三五頁〕）。これらの死‐政治的な統治様式は、以前に言及した二重の媒介作用の論理にしたがって、グローバルなメディアの回路のなかでインフォテインメントとして流通してもいるのである。

第一章で言及した週刊誌『エコノミスト』の特集「道徳と機械」（二〇一二年六月二日、一三頁）は、現代の軍事技術についての印象的な最新情報を提供している。その特集が論じるところでは、最近の開発は、尋常ではない新たなテクノ動物寓話集を産み出しつつあるというのだ。たとえば、ボストン・ダイナミクス社（MITの派生会社）が製造した「サンド・フリー〔砂蚤〕」は、窓を通り抜けたり、九メートルの高さの屋根の上まで跳躍したりすることができ、その間、ジャイロスタビライザーによって円滑な撮影をおこなうことが可能である。この五キログラムのロボットはその後、再度ジャンプが必要となるまで、車輪で転がって進みつづける。次に登場するのは、壁を登ることができる六本足のゴキブリ型ロボット「ライズ」である。オシュコシュ・ディフェンス社（ウィスコンシン州）が製作した「テラマックス」というロボット工学キットは、軍用トラックや装甲車両を遠隔操作可能な機械へと変貌させたものである。犬のようなロボット「LS3」は、コンピュータ画像を使用することで、一八〇キログラムまでの装備を背負いながら、人間の後を追って荒れた土地を駆けることができる。「SUGV」は、キャタピラーで走行するブリーフケースほどの大きさのロボットであり、群衆のなかで人物を同定し、顔写真をアップロードしてその人物を追跡することができる。MITの別の派生会社であるアイロボット社製の軍用ロボット「ファースト・ルック」は、窓や壁越しに投げ入れて使用するよう設計されている。ミネソタ州のリコン・ロボティクス社が製作した「スカウト・XT・スローボット」は、両端に車輪がついた両頭ハンマーのような形状をしており、手榴弾ほどの重量で、窓ガラスを突き破って投げ入れることができる。スパイク車輪は、急勾配やゴツゴツした地面でもトラクションをかけて走行する。その水中仕様も開発中である。これは実際、SF的な代物が具現化したものである。

だが、『エコノミスト』誌が指摘するように、ずば抜けて最も効果的な新しい兵器は、一〇年前にアフガニスタンで使用が開始されたUGV（無人地上車両）、そして、ドローンないし遠隔操縦航空機（RPA）としても知られるUAV（無人航空車両）であり、それらは地上・海上・空中を含む大規模なロボット軍隊の一部を構成している。二〇〇五年にＣＩＡのドローンは、パキスタンで標的を三回攻撃した。他方、昨年〔二〇一一年〕には七六回の攻撃があり、そのうちのひとつはリビアでのカダフィ殺害において決定的な役割を果たした。ドローンには、あらゆる種類のサイズがある。デルフト工科大学が製造したトンボ型の監視ドローン「デルフライ」は、カメラを含めても金の結婚指輪よりも軽い。対極的に最大かつ最速のアメリカ製ドローン、アヴェンジャーは、一五〇〇万米ドルもの費用がかかるが、二・七トンまでの爆弾やセンサーその他の装備を搭載し、時速七四〇キロメートル以上の速度で飛行可能である。

ドローンによって、殺害はあまりに簡単になるのではないか。必ずしもそうではない、と『エコノミスト』誌は答える。ドローンは非常に多くのデータを処理しているので、「委員会による戦争行為」を戦っていることになるのだ。操作室にいる政府の法律家などの人たちは、ロボットから配信される映像をモニターし、違法のあるいは「ＣＮＮで悪い印象を与えるだろう」攻撃を中止させるのである。さらには、遠隔地にいるこれらの人間の観察者たちは、より人道的な環境で働き、戦闘によるストレスの影響を被ることはない。フランスの企業ＭＢＤＡ社が設計したロボット・ミサイル「ファイヤーシャドウ」は「徘徊型兵器」であり、これまでの砲弾の最大射程距離の二倍以上、一〇〇キロメートルも飛行可能である。それは、動く標的をセンサーで追跡しながら、数時間空中を巡回できるのである。人間のオペレーターは配信映像を見ながら、いつ砲撃するか、また砲撃するのかどうかを決定したり、より適した射程範囲を見つけたり、あるいは作戦そのものを中止することができる。しかしながら、『エコノミスト』誌が繰り返し強調するように、人間の意思決定者を飛び越えて遂行することは、すでに技術的に実装可能である。イスラエル軍は国境地帯にロボット・マシンガンを保有しており、遠隔操作でそれらをモニターしている。イスラエルの企業ラファエル社のデイヴィッド・イシャイによって製造されたサムソン遠隔操作兵器ステーションは、センサーによって標的を見分け、人間の介入なしに機能しうる。

この問題について『ガーディアン』誌（Carroll, 2012）に問われて、RPAないしドローンのパイロットたちは、彼らの仕事にともなうのは従来の戦争行為とは異なる種類の勇気である、と主張する。なぜなら、起こりうるミスの責任を負わなければならないだけでなく、遠隔操作での殺害には、従来とは異なる水準の厳密さと正確さが必要だからである。これらの遠隔タナトス的な戦士たちは、精巧な装備――たとえば「赤外線センサー、高感度TVカメラ、目標指示と照明のためのレーザー装置を単一のパッケージに統合した多重スペクトル照準システム」（Carroll, 2012）――を必要とする。さらに、この種の戦争行為におけるこうした複雑なマルチタスク構造は多くの場合、一連の専門家や上官――将校、機密情報の分析官、軍事法律家など――の厳重な監督のもとで作動する。ドローンによる殺害は、言葉のどのような意味においても、より「簡単」というわけではないのである。

元合衆国大統領ジミー・カーターも含め、これらの殺人技術に批判的な人たちの考えかたは異なっている。彼らは、ドローンの攻撃が「司法の埒外にある作戦遂行であり、国家の主権を侵害し、合衆国の道徳的立場を汚し、過激主義を焚きつける」（Carroll, 2012: 2）と主張する。彼らの主張では、これらの複雑な問いを扱う最善の方法とは、自律型の戦場兵器をすべて禁止し、ロボットが常時人間の完全な監督下に置かれるよう要求することである。二〇一二年ベルリンにおいて、エンジニア、哲学者、活動家たちのグループが、現代のロボット兵器システム、特にドローンが達成した自律性の諸効果を規制するために、ロボット兵器規制国際委員会（ＩＣＲＡＣ）を組織した。しかしながら、オバマ政権がプレデター・ドローンとリーパー・ドローンに一五〇億米ドルもの高額投資を公約している以上、攻撃兵器と政策手段の両面でドローンの重要性が増大していることは否定できない。

『エコノミスト』誌はポストヒューマン的な戦争行為の利点を他にも指摘しており、自律するロボット兵士は害よりも益が大きいと論じる。ロボット兵士は、女性を強姦したり、怒りにまかせて市民の住居を焼きつくしたり、戦闘の感情的なストレスのもとで常軌を逸した決定をくだしたりしないだろうというのである。そこから類推すれば、自動操縦が飛行機をより安全なものにしたように、運転手なしの自動車は通常の車両よりおそらく安全である。さらに、ドローンはますます民間目的で使用されるようになってきており、その点で原子力発電所や旅客機の操縦室、自動運転列車でこれまで長く使用されてきた他のロボットたちと変わらない。『ガーディアン』誌による最近の報道（Franklin, 2012）では、環境保護活動家たちが、三〇〇キロメートルの飛行距離を備え、費用八〇〇米ドル以下のバッテリー駆動式ドローンを用いて、南極大陸海域における日本の捕鯨操業を見つけ出し、可能であれば阻止しようとしている様子が描写されている。かつてはイスラエルの諜報部隊と合衆国空軍が独占していたものが、海洋哺乳動物の調査から作物の点検にいたる任務で送り込まれている。アメリカ合衆国の連邦航空局は、これらの移動装置の使用に関する新たな指針を発令したところである。

これらの高度な技術的達成を前に読者は驚嘆するほかないだろうが、ポスト人間中心主義的な兵器類が抱える非人間的なリスクについていぶかしくも思うであろう。一流大学の学術研究がこうした殺人ロボットの開発に果たしている役割もまたいちじるしい。アカデミアと軍部のあいだの由緒ある絆は、今日のポストヒューマンな世界において、高度に生産的な新しい局面に達しているのだ。

ポスト人間中心主義的な諸技術は、社会的領域における監視の実践にも新しいかたちを作り出している。国境での入国管理と密入国を試みる人々は、現代における非人間的な状況の重要な側面であり、死 - 政治的なゲームの中心プレイヤーである。ディケン（Diken, 2004）が論じているように、難民と亡命者は、現代における死 - 権力のさらなる寓意となっている。というのも、そうした人々は、アガンベンが「ホモ・サケル」とも呼ぶ使い捨て可能な人間性《ヒューマニティ》に完璧な具体例を与え、それゆえ、究極の死政治的な主体となっているからである。かつては市民意識の高い空間であったヨーロッパの諸都市で拘留が拡大し、重警備の収容所や拘置所が増えていることは、〈要塞ヨーロッパ〔政策〕〉[◇6]がもつ非人間的な顔の一例である。収容所――「殺菌された単一機能の囲い地《エンクロージャー》」（Diken, 2004: 91）――は、ポストヒューマンな非人間性についての尊厳を欠いたモニュメントとしてそびえているのである。

ダッフィールド（Duffield, 2008）は死 - 政治的で社会政治的な分析をさらに進め、先進的な人間ないし保険加入済の人間と、後進的な人間ないし保険未加入の人間とのあいだに区別を設けた。「先進的な生活を主に支えるのは社会保障と官僚主義的な保護の体制であり、そうした体制は歴史的に産業資本主義および福祉国家の成長と関係がある」（Duffield, 2008: 149）。これら二つのカテゴリーの区別と両者の緊張関係は、「グローバルな市民戦争」の地勢を構成しており、それこそがダッフィールドによるグローバル化した先進資本主義の定義にほかならない。植民地主義との結びつきは明確である。脱植民地化が生み出した国民国家においては、かつては奴隷状態にあった人々が解放されて、世界中に循環するようになったのである。これらの人々が、望まれざる移民や難民、亡命者の大多数を占め、先進世界のいたるところで収容され、閉じ込められている。世界規模での移住は、とりわけヨーロッパにとっての脅威として認知されているが、ここには皮肉含みの思わぬ展開がある。なぜなら世界規模での移住は、まさしくヨーロッパの主要な社会的インフラストラクチャーである福祉国家を危機にさらしているからである。拡大しつづける戦争兵器と殺人技術の規模は、死というものが現代における政治分析の一対象として抱えている状況について、逼迫した問いを投げかけている。

現代の死政治における技術的な媒介作用の規模と精巧さは、死が概念としては矛盾に囚われたままであることを示している。急速に拡大している技術が人間の脆弱性を助長しているという文脈のなかで、新しい殺人技術を捉えるならば、死は、政治的な理論と実践にとって中心的な概念である。だが、それと同時に死は、批判理論の術語として十分に検討されておらず、また社会政治的統治と国際関係において定着した実践としても検討の余地がある。概念としての死は単一で差異化されていないままである一方、〈生〉や生権力をめぐる政治的思考のレパートリーは増殖し、多様化しているのである。

幸運なことに、新しいポストヒューマン理論がこの真空状態を満たし、重要な貢献をなしつつある。たとえばパトリック・ハナフィン（Hanafin, 2010）が示唆しているように、死‐政治に新たに向けなおされた関心は、ポストヒューマン的主体性という横断的なヴィジョンと組みあわせると、「リベラルな法律尊重主義に強制的に束縛された主体」に対して、政治的・倫理的な対抗ナラティヴを提供する助けとなるかもしれない（Hanafin, 2010: 133）。ハナフィンにとってこのことは、存在を規定する準‐形而上学的な地平として死すべき運命を位置づけてきた伝統的な立場から離脱することをともなう。マジョリティの男性による法的・社会的契約は、生き延びようとする欲望に基礎づけられている。これは、エンパワーメントの政治ではない。むしろ、想像上の自然的秩序——本書の体系においては、身体を規律しコントロールする生政治的な体制と読み替えられる——という罠に陥れる計略《エントラップメント》の政治なのである。このことが意味しているのは、わたしたちは、犠牲者の立場を経由してのみ、すなわち、損失と傷害を被り、それにともなう埋めあわせがなされてはじめて、完全な市民として認められるということである。政治と法をめぐる死‐政治的なポストヒューマン理論は、傷や損失といったネガティヴな審級にもとづかない政治理論とはどのようなものになりうるだろうか、という問いを投げかけている。

ハナフィンは、死‐政治的な次元を真摯に受け止めるために、以下の提案をする。すなわち、法的な主体性を死に拘束されたものとして思考することから離れ、相互に密接に関係づけられているアイデンティティなき諸々の特異点について、またそれら特異点が位置づけられる環境について思考すること。この提案が指し示しているのは、諸権利をめぐるポストヒューマン的な批判的政治学である。ここにおいて、西洋の哲学的思考が抱えるもうひとつの根源的な二項関係がどのように切り離されるのかが見られることになる。すなわち、一方には、死が政治的な生に資格を与えるという思考があり、他方には、わたしたちの死すべき存在としての条件に価値を置いて、生存の政治学を作り出す政治と法の哲学があるのであって、これらの二項が切り離されることになるのだ。こうして現れるのがポスト‐アイデンティ主義の立場であり、それはヴァージニア・ウルフにならって、「まるですでに過ぎ去ったかのように」思考する様式を採ること、言いかえると、死とともに、そして死に抗することなく思考することへとわたしたちを促している。死と生の連続体を強調することは、ハナフィンによれば、死すべき運命の形而上学という制限的な地平のうえに築かれた法の体系に対する究極的な脅威となる。

ウィリアム・コノリーの「生成変化の政治」（Connolly, 1999）も同様の論調を展開している。すなわち、死‐政治的な破壊に抗して、既存の社会的・政治的所与――今日わたしたちが面している諸々の恐怖を含めて――との「関与《アンガジュマン》のエートス」を展開することがわたしたちに必要なのであり、そのようにして対抗的な諸効果、つまりは予期せぬ結果や変容をもたらさなければならない、というのである。批判理論は、現在に関与することで「時代にふさわしい」ものになるとともに、今日の暴力や恐怖、不正に抵抗しなければならない（Braidotti, 2008）。アファーマティヴな倫理は、傷害や苦痛からポジティヴなものを構築していく実践、そのようにして新しい社会的状況や関係を存在せしめるように促す実践にもとづいている。そうした倫理は、これらの経験が帯びているネガティヴな負荷を変容させて――支配の弁証法が作動する密接な関係性においてさえも――エネルギーを能動的に作りあげていくのである（Benjamin, 1988）。ドゥルーズとガタリにとって、この政治的活動のタイムラインは、アイオーンのそれ、つまり生成変化という連続的な時制であり、これはヘゲモニー的な政治秩序のクロノスの内部で働くこととも、それに抗して働くこととも異なる。わたしたちは、恐怖と暴力――今日の時代の非人間的な側面――の拒絶に向けて能動的かつ集合的に働きかけ、それを別のアファーマティヴな選択肢の構築へと変えていくことを必要としている。そのような死‐政治的思考は、肯定《アファーメーション》の力を発揮させて既存のアレンジメントを取り消し、それとは異なる生産的な選択肢を現勢化《アクチュアライズ》することを目指しているのである。本章の残りでは、ポストヒューマン的主体性が担うべきこうした政治的説明責任への関与を継続させながら、その枠組みのなかで生と死の連続体を思考することを試みたい。

死をめぐるポストヒューマン理論

以上すべてのことから導きうる明白な結論のひとつを先取りすれば、わたしたちが必要としているのは死にゆく方法についてもっと厳密に思考することであり、それは一方で死 - 政治をめぐるポストヒューマン的な文脈のなかで、また他方で新しい法医学的な社会的感受性のなかでおこなわれなければならない、ということだ。生気論的で唯物論的な死の理解はどのような有効性をもつだろうか。死は人間のみがもつ特質ではないし、このことは自然が「消滅していく」時代にはとりわけあてはまる。人間は自然の管理人である、という合理主義的な理念の対極にいたったいま、環境にかかわる問いとは、いかにして種の絶滅を防ぐかというものである。これは、生政治にかかわる論点である。すなわち、どの種が生存を許され、どの種は死んでもよいのか。そしてどのような価値基準でそれを決定することがわたしたちに許されているのか。わたしたちは適切な価値基準を発展させていくために、このような取り組みを支え、それをきちんと機能させるような、主体性についての代替的なヴィジョンを必要としている。これが、ポストヒューマン理論が強調する論点である。

さまざまなかたちで社会に分配され組織化された死にゆくことのありかたを項目ごとに示していくことから始めるのがよいだろう。つまり、暴力、病、貧困であり、事故であり、また戦争やカタストロフィである。政治的暴力の存続と「単なる戦争」という観念はこうした話題の一部であり、また、批判的哲学者たちがこれまでに死を扱ってきた方法の分析もそうである（Critchley, 2008〔二〇〇九〕）。それに続いて、自殺、燃え尽き症候群、鬱病、その他の心身にかかわる病理など、内部から生み出され、自ずと進行するような死にゆくことのありかたの検討へと進むこともできるだろう。死をめぐるポストヒューマン理論とはどのようなすがたをしているだろうか。この理論は、「新しい」戦争と、遠隔操作された技術タナトス的な兵器類によって標づけられた現代の文脈のなかで、生権力が実際にいかに作動するのか、ということについて、より十全に理解を与えてくれる。死政治的なアプローチは、現代における身体化した主体が、いかにして相互に作用を及ぼし、殺しあっているのかということについて、より正確な地図作成を生み出す。ひるがえってこのアプローチは、今日の時代の恐怖と複雑性の双方を顧慮し、それらをアファーマティヴに扱おうとする倫理に向けた新たな分析ツールを提供する。なかなかのアジェンダであり、ここで十分に正当に扱うことができないのは、残念なことである。

　死についてあるひとがもつ見解は、そのひとが〈生〉に関して前提としていることに依拠している。生気論的唯物論というわたしの観点においては、〈生〉は宇宙のエネルギーであり、空虚なカオスであると同時に絶対的なスピードもしくは運動である。〈生〉は、徹底した他性——持てる力をすべて発揮しているゾーエー——という怪物的・動物的な意味において、非人称的で非人間的なものなのである。このことは、ゾーエー、すなわち絶対的な生気性としての生命が、否定性より上位にはない、という意味ではない。というのもゾーエーが傷つくこともありうるからだ。ゾーエーは、単一の主体を構成する存在という個々の肉片にとって、つねにあまりも過剰である。人間というものは、純粋な強度、あるいは潜勢《ヴァーチャル》的なものの力よりも一段階下位の存在なのだ。わたしたちにとって不断の挑戦とは、好機に立ちあがること、時代にあらがいつつ「わたしたちの時代にふさわしいもの」となること、そうすることで運命愛《アモール・ファティ》をアファーマティヴに実践することである。諸々の境界や限界を乗り越え、そのただなかにおいて境界や限界をさらけ出すこと、そうすることで、波打つような生の強度を世俗的なやりかたで捉え、その波に乗っていくことはとても大変なことである。ジョージ・エリオットが鋭く観察したように、わたしたちの多くが宇宙的なエネルギーのそうしたうなりに背を向けていることは、何ら不思議なことではない。わたしたちは生と向きあうプロセスのなかでしばしばくじけてしまい、どうしても耐えきれなくなってしまうのだ。〔だが、〕死は究極の転位であるが、最期ではない。ゾーエーは容赦なく続いていくのだから。

死とは非人間的な概念的過剰である。すなわち、表象不可能で思考不可能で非生産的なブラック・ホールなのであり、わたしたち皆がそれに恐れを抱く。もっとも、死は、フローとエネルギーと永続的な生成変化を創造的に合成したものでもある。ジル・ドゥルーズ（Deleuze, 1983, 1990b, 1995〔二〇〇八、二〇〇七b、一九九六〕）が示唆しているように、死の意味を理解するためには、人称的な死と非人称的な死のあいだにある暫定的だが根源的な区別に依拠した、型破りなアプローチが必要である。人称的な死は、個人となった自我の抑圧と結びついている。非人称的な死は自我を超えている。それは、いつもわたしより先にあり、わたしが生成変化する力能にとっての究極の閾を標づける死のことである。言いかえれば、ポストヒューマン的な視座においては、生の非人称性を強調することには、同じように〔非人称的に〕死についても省察することがつきまとう。人間は死を運命づけられているので、死、あるいは生のはかなさは、わたしたちの核心に書き込まれている。死とは、わたしたちの時間軸を構造化し、時間帯を枠づける——限界としてではなく多孔性の閾として——出来事なのである。死が、つねにすでに生じてしまっている出来事として、わたしたちの心的および身体的地平にたえず現前している以上（Blanchot, 2000〔二〇〇〇〕）、構成的な出来事としての死はわたしたち以前に存在している。死は、わたしたちであるものすべてを構築する潜勢的なポテンシャルとしてすでに場を占めているのである。生けるものすべてがはかないと突如思い当たることは、わたしたちの実存における決定的な契機である。そうした認識こそが、わたしたちが主体へと生成変化すること、わたしたちの能力、関係性の力能を、そして倫理的な目覚めを獲得するプロセスを構築しているのだ。死すべき存在であることで、わたしたちは皆「すでにあった〔現在完了形の〕」存在である。わたしたちの死の光景《スペクタクル》は、わたしたちの時間性という台本《スクリプト》に、障害としてではなく可能性の条件として遠回しに書きこまれているのだ。

このことが意味するのは、わたしたちすべてが最も恐怖を覚えるもの、すなわちわたしたちが死んでしまうこと、この苦悩や恐怖や不安の源泉は、わたしたちの行く先にあるのではなく、わたしたち以前にすでに存在している、ということである。それらはすでにあったのである。たえず現前している過去についてまわるこの死は、個人的なものではなく、非人称的なものである。それはわたしたちの実存の前提条件であり、未来というものの前提条件である。このような死との近接関係は、時間的な持続ないし連続性と、空間的な忍耐や持続可能性という二重の意味で耐性《エンデュアランス》を必要とするような、近しく密接な関係を交わすことである。死という非人称的な必然性と親しい関係を交わすことは、はかなく少しばかり傷を負った訪問者として生のなかに自らを組み込む倫理的なありかたである。わたしたちは、いわば亀裂のうえに自らの家を建てるのだ。このゲームは始まる前にすでに終わっている、と気づいたことによる衝撃から立ちなおるべく、わたしたちは生きている。死との近接関係によって生は宙づりにされるのだが、それは超越性にではなく、「単なるひとつの生」の徹底した内在性に向けられている。死との近接関係は、わたしたちが捉えうるかぎりの生をできるかぎり長く、いまここにとどまらせるのである。

　このことはしかしながら、〈生〉が死の地平上で繰り広げられるという意味ではない。先に論じたように、死というこの古典的な観念は有限性をめぐる形而上学の中心をなすものであり、とりわけハイデガーの伝統においては、人間の意識の決定的な特徴として死は神聖化されている。そうではなくわたしが強調したいのは、ゾーエーに備わる生産的で微分的な性質であり、つまり、生‐死の連続体の生産的な側面である。それは恐怖のリアリティを否定することではなく、むしろ、そうしたリアリティに作業をほどこし、癒しや共感といった生気的な力能を主張できるようにすることなのだ。これが、現代的なスピノザ主義によるポストヒューマンのアファーマティヴな倫理の核心である（Braidotti, 2011b）。その啓発的な例を与えているのはエドゥアール・グリッサンであり（Glissant, 1997［二〇〇〇］）、植民地主義と文学に関する彼の著作は、世界史的な奴隷制度の経験から出発し、モダニティにおける恐怖をアファーマティヴに枠づけなおしている。グリッサンは、支配的で、国民国家に結びつけられ、多くの場合ヨーロッパ中心主義的な「母語」を批判するために、ノマド的な思考を採用する。地球規模のハイブリッド化した多言語主義とクレオール化を求めることは、植民地主義と帝国主義の権力が課した強制的な単一文化主義に対するアファーマティヴな回答を与える。生産的な肯定《アファーメーション》の倫理は、苦痛やトラウマをどのように取り扱い、極限的な状況にどのように立ち向かうか、といった課題に対処するもうひとつの方法であり、この倫理はそれとともに、ゾーエー――自我に縛りつけられた人間を超えた生――の生成的な力を引き出すよう働きかけもするのである。

死は、こうしたパースペクティヴにおいては生の目的論的な到達点、つまり、わたしたちを前へと押し進めるある種の存在論的な磁力ではない。繰り返すが、死はわたしたちの背後にある。死は、つねにすでに意識の次元で生じてしまっている出来事である。個別に起こることとしては、死は身体の物理的な消滅というかたちで到来することになる。だが、出来事としては——有限性への自覚、わたしの現存在の流れが中断されることへの自覚という意味での出来事としては——死はすでに生じてしまっている。わたしたちは皆、死とシンクロしている。わたしたち皆が借りられた時間を生きている以上、死はわたしたちが生きている時間と同じものなのである。出来事としての死の時間は、アイオーンという非人称的で連続的な現在、つまりは永続的な生成変化なのであり、線形的で個別化されたクロノスだけではない。死の時間性は時間そのものであり、わたしの考えでは、それは時間の全体性を意味している。

これらの考えのいくつかは、世俗的な批判理論家たちにとって直観に反するようにみえるかもしれない。しかしながらわたしは、死をめぐる諸々の旧来の境界を超えたポストヒューマン的な生について再考する必要性を強調したい。ここで、前章で概説した脱親和化〔＝異化〕という戦術の重要性を思い起こすのがよいだろう。異なるかたちで死にアプローチするために、わたしたちの文化において「生」に帰せられた自明とされている価値に対して、多少の批判的距離を設けることから始めてみたいのである。神聖化された「生への〈権利〉」の名のもとに殺人を犯す人々がいる世界にわたしは生きている。わたしはもっと明快な思想の伝統を参照したい。すなわち、「生」が本来的で自明で内在的な価値を有するという想定から始めるのではなく、そのかわりに、これと同じ生のトラウマ的な要素が、顧みられない親密性をしばしば有するということを強調するような思想の伝統である。「生」とは、言いかえると、後になって獲得された趣味趣向、数ある嗜癖のひとつであり、目的が定められていないプロジェクトである。ひとはそれに作業をほどこさなければならない。生は過ぎ去り、わたしたちはそれを所有していない。時間貸しの共有スペースにも似て、わたしたちはただそこに住まうだけなのだ。

ある主体の死

死に関するわたしの生気論的な理解によれば、死とはわたしたちのなかにある非人間的なものであり、それがわたしたちを生に向けて解放する。わたしたちは死すべき存在であるから、わたしたちの各々はつねにすでに「すでにあった〔現在完了形の〕」存在である。欲望は、生成変化（ポテンティア）[◇7]に向けた存在論的な駆動因として、わたしたちが生きつづけるよう誘い込む。生は十分に長く持続すると、習慣へと生成変化する。習慣が自己充足的なものになれば、生は嗜癖へと生成変化するが、それは必然や自明とは正反対の何かである。それゆえ、「単なるひとつの生」を生きることはひとつのプロジェクトであり、所与のものではない。そこにはいかなる自然なものも自動的なものもないからだ。わたしたちは定期的に欲望という電磁力を充填しなおし、生へと「急発進する」ことを必要とする——とはいえ、しばしば自動操縦で日々を過ごして終わってしまうのであるが。生には有無を言わさないところがあるが、それは強迫観念的なものではない。生は快感と苦痛の彼岸にある生成変化のプロセス、耐性《エンデュアランス》の諸限界を引き伸ばすプロセスなのである。

こうして死を生気的に捉える観念を受けて、批判理論は何をなしうるのだろうか。脱親和化〔＝異化〕

の実験とは、虚空の恐怖に抗し、非‐人間的な心的風景という荒れ地において、眼前に死の影をぶらさげて、無限に向けて思考する試みである。そのとき思考は、内在的な諸関係や期限つきの一貫性を肯定《アファーメーション》し、そこにおいて持続可能性と耐性を希求する身振りとなる。疑惑と苦痛のしびれるような諸効果を超えていくこと、それらを横断して作業することが、倫理にとっての鍵となる。ポストヒューマンな批判的思考が目指しているのは、ネガティヴな情念を征服することではなく、ネガティヴな情念をポジティヴな情念に変容させることなのだ。

生とは欲望であり、その欲望はみずからの表出を本質的な目的としており、それゆえエントロピー的なエネルギーによって作動している。鮭が流れに逆らって泳ぎ、産卵して死んでいくように、欲望はその目的に達したときに消滅する。結果として、死ぬことへの願望は、強度をもって生きることへの欲望と対をなしており、その別の表現とみなすことができる。そこから導き出される結論はより愉しいものである。すなわち、エロスとタナトスのあいだにいかなる弁証法的な緊張関係もないだけでなく、これら二つの存在物は、実際には、それ自体の成就を目指すただひとつの生の力である、ということになるのだ。ポストヒューマンな生気的唯物論は、生きることと死にゆくことのあいだにある諸境界をずらしていく。「生」ないしゾーエーは、本質的に自己を永続させることを目的とし、そしてその目的を達成した後は、自己の融解が目的となる。それゆえに、ゾーエーとしての〈生〉はわたしたちが「死」と呼ぶものを包み込んでもいる、と主張することができる。結果として、わたしたち人間たちが最も深く熱望することとは、〔単に〕消滅することというよりはむしろ、わたしたち自身の生の空間において、そして、わたしたち自身の方法において消滅することなのである（Phillips, 1999〔二〇〇六〕）。まるでわたししたちの各々が自身のやりかたで死ぬことを希望しているかのようである。わたしたちの深奥にある欲望は、自分のやりかたでの死、自分のスタイルでの死を求めている。かくしてわたしたちは、究極的には避けようとしているものを追い求め、潜勢的《ヴァーチャル》な実存的自殺者となるのであるが、ニヒリズムゆえではなく、それがわたしたちの死すべき本性であり、みずからの死にかたを自分で作り出すというわたしたちの最も深い欲望であるからなのだ。

もちろんこれは逆説である。つまり、リオタールが分析した非人間的なものの逆説であって、リオタールは人間というものの構造には、共有された人間性《ヒューマニティ》に属することに端的に抵抗し、それを超えて伸張していく何かがあるとした。存在論的な非人間なるものはこれまでしばしば神聖なものとされてきたが、わたしのような世俗的な唯物論者にとってこれは納得がいかない。わたしたちがまさしく外に向かって伸張しようとしているものは、終わりのない宇宙のエネルギーであり、それは苛烈なものであると同時に自己組織的なものである。「超えていくこと」の自覚とかかわりがあるのは、つねにすでに生じてしまっている経験としての死であり、超越論的なあなたであったものとしての死ではない。わたしたち皆が意識の次元では生存のためにもがく一方で、いくぶんか深い無意識的な構造の次元においてわたしたち皆が切望することは、ただ静かに横たわり、非‐生の静寂さのなかで時間がわたしたちを流し去ってしまうのに身をまかせることのみである。自分のスタイルで死ぬことはひとつの肯定《アファーメーション》の行為である。なぜならそのことは、ひとつの生へのアプローチ、生の「スタイル」を洗練させ、あらゆることに注意を払って最終幕〔＝最後の行為〕の諸様相やその舞台を漸進的かつ連続的に固めていくことを意味しているからである。不死性へのある種の誘惑を追い求めると、倫理的な生は潜勢的な自殺としての生となる。潜勢的な自殺としての生とは絶え間ない創造としての生である。それは、陳腐さを導きいれる不活性な反復の循環を突き破るべくして生きられる生である。ナルシシズム的な虚飾で自らを惑わさないためにわたしたちが必要としているのは、耐性を、時間の内部における不死を、すなわち生のうちにある死を洗練させることなのである。

　こうした生‐死の連続体がもつ生成的な能力が、単一の人間個人に制約ないし制限されえないということは、繰り返し言っておかなければならない。この能力はむしろ、あらゆる境界を横断的に侵犯し、みずからを永続化させるべく潜在力を表出するという目的を追求するのである。この能力は個人を横断し、世代を横断し、エコフィロソフィー的にわたしたちを接続する。わたしのうちにある生は、リベラルな個人主義が信奉する狭い専有的な意味においては、わたしのものでも個人のものでさえもない。それと同様に、わたしのうちにある死がわたしのものであるのも、その語のきわめて範囲が制限された意味においてでしかない。どちらの場合も「わたし」が望みうるすべては、「わたし」に可能な強度すべてを維持できるだけの様式と速度と流儀をもって、わたしの生とわたしの死の双方を巧みに作り出すことでしかないのである。「わたし」はこの身振りをオートポイエーシス的に自らのスタイルとし、かくしてその身振りの本質を、「「わたし」にとって」不可欠な、耐え抜《エンデュア》こうとする欲望として表出することができる。この欲望をわたしはポテンティアと呼ぶ。

知覚不可能なものへの生成変化

わたしたち人間が本当に思い焦がれているのは、この生成変化の流れに溶け込んで消滅することであり、その前提条件は、原子化された個人としての自己の喪失、消滅、崩壊である。記憶だけをたずさえ、足跡だけを遺していくことが理想であろう。わたしたちが何よりも本当に欲望していることは、――できるならばエクスタシーの激情のただなかで――自己を明け渡し、そのようにしてみずからに固有の方法で消滅すること、自分自身だけで、自分自身として死にゆく方法を選びとることである。このことは主体の禁欲的な融解の瞬間としても記述されうる。それは、彼／彼女を枠づける非‐人間的な諸力の網の目、つまり総体としての宇宙と溶けあっていく瞬間である。この瞬間は死と呼ばれるかもしれないが、生気論的唯物論の一元論的な存在論においては、むしろ徹底した内在性とかかわりがある。つまり、わたしたちがずっとそうであったであろうもの――潜勢的《ヴァーチャル》な死体――へとついに生成変化することにおいて、わたしたちがみずからの身体と完全に一致する瞬間の、確固とした全体性のことである。

死、すなわち、〔わたしたちの〕内にある非人間的なものは、知覚不可能なものへの主体の生成変化を、強度的な変容ないし生成変化の諸々のプロセスのうちでも最も前線にあるものとして標づけている。知覚不可能なものへの生成変化は、超越でも何でもなく、徹底した経験的な内在性であり、言うなれば、生あるものすべてが反転し、生成変化という「カオスモーズ的」な反響室に鳴り響くうなりとなることである。それは、人称的で個人的な死を超えたゾーエーの生成力、すなわち、宇宙という巨大な動物‐

機械を標づけている。こうした発想は、ある批判理論が生み出した世俗的な言説であることを思い起こしておこう。すなわち、あらゆる物質が知性を有し自己組織化すると捉える一元論的な存在論の枠内で、自然‐文化連続体を考え抜こうとするような批判理論のことである。この連続体を認識することで、わたしたちは、みずからに生起するあらゆることにふさわしいものとなることができる。ポストヒューマン的主体とは、存在論的な駆動力たるゾーエーを燃料として継起的に波打つ生成変化が表出したものである――こうしたプラグマティックな認識こそが、運命愛《アモール・ファティ》にほかならないのだ。ポストヒューマン的主体とは、人間でも神のようなものでもなく仮借なき物質であり、多方面に広がり種をまたぐ関係性へと捧げられたものである。生はたしかに続いていく――生を活気づける生気的な力のなかで、苛烈に非‐人間的なままで。知覚不可能なものへの生成変化が標づけているのは、諸々の制約された自己が撤退ないし霧消し、中間環境《ミリュー》――中間の場、すなわち、地球それ自体の徹底した内在性、その宇宙的な共振――へと融合していく地点である。知覚不可能なものへの生成変化は、個別の自己の消滅に依拠しているがゆえに、表象なき出来事である。あたかもすでに過ぎ去ったかのように書き起こすこと、あるいは制約された自己を超えて思考することは、脱親和化〔＝異化〕の究極的な身振りである。このプロセスは、現在、つまり「もはや」と「いまだ」のあいだのどこかという時間の系列において、潜勢的《ヴァーチャル》な可能性を現勢化《アクチュアライズ》し、過去・現在・未来を出来事の臨界質量へと混合していく。諸価値を変質させ、肯定《アファーメーション》へと転じていくよう駆り立てる生気的エネルギーとは、永続的な生成変化としての生のポテンティアであり、それは積極性というカオス的で生成的な虚空を通してみずからを表出する。出来事によってわたしたちが誘い込まれるのは、否定性という亡霊的なエコノミーから切り離され、非人称的な死と近しいかかわりをもつ〈生〉なのである。

死を生気的な連続体として捉えるポストヒューマン的な理論は、不活性で無反応な物質の状態という意味での死の観念、つまり、身体が「回帰する」べきエントロピー状態としての死の観念からは、これ以上ないくらいかけ離れている。むしろポストヒューマン的な死の理論は、欲望を、欠如ではなく充溢や氾濫として受け取るのである。死とは、ポストヒューマン的主体が知覚不可能なものへと生成変化することである。そうである以上、死は生成変化の循環の一部分であり、相互連結性——多数の力を相互に結びつける生気的な関係性——のもうひとつのありかたである。非人称的なものとは、わたしたちのうちにあるビオス／ゾーエーとしての生と死である——それは非有体的なもののフロンティアとしての究極的な外部、つまり知覚不可能なものへの生成変化なのである。

「わたし」が住まう生の個別の一片が抑圧されてもなお、またその抑圧によってこそ、ポテンティアないしエネルギーとしての生を肯定するという逆説は、ポスト人文主義《ヒューマニズム》とポスト人間中心主義の両方を内破の地点まで押し進めるひとつの方法である。この逆説は死を、たえず変転するプロセス上の諸変化へと溶解させ、そうすることで自我を、その中核にあるナルシシズム、パラノイアや否定性もろとも解体するのだ。自我という特殊かつきわめて限定された観点から見ていても、プロセスとしての死にはいかなる意義も見いだせない。そのようなプロセスのうちで、そして、それを通じて「スタイル」となった「自己」のようなものは、非〈一〉ではあるが、匿名的な複数性ではない。自己とは微分的なものであり、状況に埋め込まれ身体化された諸々の相互関係の集合を通じて構成されている。このポストヒューマン的な主体の内的な一貫性を保っているのは、彼／彼女が内在的な次元においてなす諸々の表出、行為、そして他者との相互作用であり、想起の力、すなわち時間における連続性である。このプロセスには必然的に耐性《エンデュアランス》がともなうので、わたしはこの耐性という概念を強調するために、持続可能性との関連でこのプロセスに言及したい。持続可能性は未来への信念を前提とし、また、住むことが可能であり住むに値する世界を未来の世代に向けて「受け渡す」ことに対する責任の感覚を前提としている。現在を持ちこたえさせる《エンデュア》ことは、未来の持続可能なモデルである。見栄っ張りでエゴイズム的、ナルシシズム的でパラノイア的な意識というこの自惚れたイメージに抗して、ポストヒューマン的な批判理論は、ゾーエーの複合的で力動的な諸力を解き放つのであり、そうした諸力は、意識はおろか人間なるものとさえ一致することはない。非本質主義を標榜するこの種の生気論が、ポストヒューマンな主体を枠づけているのだ。

わたしが掲げる生気論的な唯物論は、キリスト教的な〈生〉の肯定――意味と価値の体系を、身体をもつ自己よりも高位のカテゴリーへと超越論的に委任すること――からは、これ以上ないくらいかけ離れている。それとはまったく逆にわたしの唯物論は、徹底して内在的な肉体に宿る知性であり、それは一呼吸ごとにこう告げるのだ。あなたのうちにある生はいかなるマスター・シニフィアンにも標づけられていない、はっきり言っておこう、それがあなたの名前を担うことはない、と。諸々の強度的ないし非有体的な情動と、わたしたちがたまたまそうであるような個別の情動を抱いた身体との絶対的な差異に気づくことは、アファーマティヴなポストヒューマンの倫理にとって欠くことのできないものである。死とは持続不可能なものなのだが、現勢的なものを生じさせる生成能力を有する点で、潜勢的でもある。結果として死とは、生のあらゆる側面において活動している諸原理、すなわちポテンティアの非人称的な力能がはっきりと発露したものにほかならない。ポストヒューマン的主体は、この種の複数性を肯定《アファーメーション》し、宇宙的で際限のない「外部」と関係し接続することに支えられているのである。

結論——ポストヒューマンの倫理について

ポストヒューマン的窮状にはそれ固有の非人間的〔非人道的〕な諸実践のかたちがあり、それは新しい分析の枠組みや新しい規範的価値を呼び求めている。本章でわたしは、いくつかの相互に関連する問題を通じて、ポストヒューマン的状況の死‐政治的な諸側面を扱ってきた。第一にわたしが議論したのは、グローバルにリスクを共有する社会から生じた、新しいかたちの反動的ないしネガティヴな汎人間性が抱える破壊的な諸側面である。また、〈生〉そのものを情報資本として計上する政治的エコノミーのなかへと、生けるものすべてが全般的に包摂されてしまうことも論じた。第二にわたしは、広く行き渡った技術的媒介作用のありかたに注目し、グローバルな通信ネットワークと遺伝子工学的な介入が、自然‐文化の関係を複合的な連続体——それは破壊的であると同時に生成的でもありうる——へと、どれほどの規模で構造化しなおされるようになったのかを考察した。その適切な事例は新しい戦争であり、そこには人道主義的介入、および人間を介さず意思決定が可能な自律型兵器類が含まれる。そこでわたしが主張したのは、内なる差異化を基盤とした生気的連続体という観点から、生と死の区別を新たに鋳造する必要性である。こうした必要性をわたしは二重の転覆として提示した。すなわち、第一に、諸々の複雑な特異性を支持して個人主義を転覆させること、そして第二に、非‐人間的な流れとアッサンブラージュの多数性を支持して人間中心主義を転覆させることである。これらすべての事例を通じて、わたしは今日の時代における非人間性と暴力を強調し、わたしたちが囚われている死 - 政治的なエコノミーに対抗するアファーマティヴな実践を呼び求めたのである。

このポストヒューマン的な死政治的転回がもつ数々の特徴を要約しておこう。第一の論点は、こうした生 - 死をめぐる統治性の体制における政治的かつ法的な主体は、ポスト人間中心主義的でエコソフィー的な存在物であるということである。このゾーエーに駆動された主体を標づけるのは、その環境との相互依存であり、両者をとりもつ相互のフローとデータの転送という構造は、複雑で強度をもった相互連結として最適なかたちで配列されている。

第二に、この環境によって制約された主体は、有限で集合的な存在物であり、古典的な人文主義《ヒューマニズム》と人間中心主義の諸々のパラメーターを超えていくものである。人間という有機体は、さまざまなかたちでありうる資源や諸力に接続され連結された中間的な存在である。そのかぎりにおいて、人間を機械と定義することは有益ではあるが、その機械は、実用的な個別の目的を有した道具のようなものではなく、むしろ、より抽象的であると同時により物質的に埋め込まれた何かを意味する。身体 - 機械の最低限の定義とは、諸々のプロセスを捕捉し、諸々のエネルギーと力を変容させるような、身体をもち情動的かつ知的な存在物である。身体をもつ存在物は、環境に制約され、一定の領土に基盤を置いているがゆえに、たえず自らの（自然的、社会的、人間的、ないし技術的な）環境を糧とし、それらを組み込み変容させる。こうしてハイテク生態系のなかで身体化されていることは、必然的に絶え間ないフローと変容の領域へと完全に没入することをともなう。もちろん、これらすべてがポジティヴなこととは言えない。

なぜなら、非人間的な側面には多数のかたちの脆弱性が含まれるからであるが、そのことをめぐる知識や判断は、このような力動的なシステムにおいてア・プリオリに得ることはできない。それゆえ、前章で概観したように、わたしたちが必要とするのは、生成変化の異なる筋道のさまざまに可能な諸事例――現勢化《アクチュアリゼーション》と反-現勢化――を許容するような新しい諸々の実践をもって、実験してみることなのである。

第三に、このようなゾーエー-権力の主体は、倫理的および政治的に切迫した問いを提起する。諸々の変化のプロセスが加速していくという前提のもと、わたしたちはさまざまな変化や変容の流れのあいだの差異をどのように見分けることができるであろうか。変容をもたらす諸々の逃走線ないし生成変化は、他にありうる生成変化の道筋がおりなす集合的なアッサンブラージュとして説明され、マッピングされる必要がある。いかなる一枚岩の静的なモデルも、適切な答えを供することはできない。よりプラグマティックな態度で結論を未決定なままにしておき、可能な戦略を多様化していくことが必要なのである。その出発点は、生成的だが破壊的でもある仮借なきゾーエーの力であり、そして、ポストヒューマン的な倫理の土台として確立されるような種類の種を横断する平等主義である。これは諸力の問題であると同時に行動学《エソロジー》の問題でもある。

第四に、ポストヒューマン的主体に固有の時間性は、死すべき運命の形而上学を超えて再考される必要がある。主体とは進化を押し進めるエンジンであり、彼女ないし彼自身の身体化された時間性――遺伝子コードに固有のタイミングという意味においても、個体化された記憶という、より系譜学的な時間という意味においても――を授けられている。仮に、生権力のもと身体化された主体というものが、複雑な分子的有機体や、安定した遺伝子やジャンピング遺伝子の生化学工場、ないしは自分自身の操縦ツールと組み込まれた時間性を与えられた進化論的な存在物であるとされるならば、わたしたちに必要とされるのは、この高度な時間的複雑性を反映するような倫理的な諸価値と政治的な行為者性《エージェンシー》である。わたしの論点は、主体に関する異なるヴィジョン、そして、それとともに自然‐文化の相互作用をめぐる新たな考えを採用することで、批判理論が、非人間的なものについての近代主義的で、かなり還元主義的な諸々の着想を超えていくことが可能になるのではないか、というものである。

最後に第五の論点として、この倫理的なアプローチを、権力についての考察と切り離すことはできない。ポストモダニティないし先進資本主義における技術に媒介された主体についてのゾーエー中心的なヴィジョンは、内部に諸矛盾を抱えている。批判理論に課された地図作成の作業とは、それらの矛盾を説明することであり、歴史的に状況化された主体観にとってこれらの矛盾がもつ含意を説明することは、こうした地図作成のプロジェクトの不可欠な一部分である（Braidotti, 2002）。昨今の技術的変容が潜在的にもたらしているゾーエー中心的平等主義は、ヒューマニズム的な主体観に対して不吉な帰結をもつ。言いかえれば、ゾーエーのそうした潜在力は、先進資本主義がもつ搾取的で死政治的な引力をずらすのである。今日の歴史的な状況が引き起こした諸々の社会的かつ象徴的な変容のために、リベラルな個人主義も古典的なヒューマニズムもその基盤もろとも粉砕される。単なる諸価値をめぐる危機とはまったく異なるこのような状況ゆえ、わたしたちは格好の新たな機会に向かいあうことになる。それら数々の機会は、異なる道筋を通って、ひとつの種としての人類をめぐる共通の理解を再構成することへと収斂していくのだ。そうした機会のひとつとして、わたしが前章で分析した、汎人間的な脆弱性というネガテイヴな絆、すなわち、「わたしたち」は皆、その他の点でのすべての差異にもかかわらず、この混乱をともにしている、という感覚がある。もっとわたしの心情に即したもうひとつのアプローチは、場所をめぐる諸々の差異から出発し、抑圧的かつ生産的（ポテスタスかつポテンティア）なものとしての権力との関連でそれらの差異を説明すること、そうすることでさまざまな様式のポストヒューマン的主体の実験をしてみることである。ポスト人文主義を標榜するポスト人間中心主義的な生気論のことを、こうした難題への可能な応答として考察するべきである、とわたしは主張してきたし、そのようなかたちでポストヒューマン理論を定義してきた。

こうした確信を支えているのは、歴史的かつ地政学的にわたしが立っている場所であり、それゆえわたしは、真逆に対立する社会的影響が分裂症的に一致していることに気づくことになる。たとえば、種子、穀物、植物の生物学的多様性や水の供給に関して世界が蓄えている資源の過剰消費と枯渇は、〈生〉そのものを搾取するとともに称揚する政治的エコノミーにおいて、共存可能であるらしい。同じように、一方では拒食と過食が蔓延し、他方では貧困が飢餓を引き起こしている。つまり、世界の富裕層においては体重が増大しては減少する痙攣的な波があり、その一方では、その他の多くの人々が、積極的な介入もしくはまったくの放置によって、痩せ細らされ意図的に破壊されているということだ。

生政治的なものと死政治的なものが結合することによって、身体化された主体性はポストヒューマン的な連続体のなかに再配置されるのであり、その連続体は新しい倫理的なコード化を必要としている。それゆえわたしは次のような認識にもいたる。ハイテク戦争において、身体をもつ人間の地位は、コンピュータ制御のドローンによる上空からの「自律型爆弾」攻撃にさらされて、「巻き添え被害者」になってしまった。そうした人間は、ジュネーヴ条約が定義する「戦争による死傷者」よりも、サラエヴォ動物園の動物たちに近い。その動物たちは、NATOによる爆撃の結果、強制的に解放され、街路を歩き回っていたのである――動物たちは怯え、人間たちを怖がらせ、最後は庇護者の銃撃に屈した。わたしは〔また〕、遺伝子工学的な資本主義がもつ死政治的な統治性に向きあいたい。希少な鳥類や絶滅危惧動物の市場価格と、グローバルな性売買産業において使い捨て可能にされてしまった女性や子どもなどの身体の市場価格とが比較可能になってしまっており、しかも多くの場合、〔人間以外の〕有毛種の市場価格のほうが高い、という認識の内部から思考することが必要なのだ。「獣を根絶せよ！」というコンラッドの恐ろしい格言◇8は、今日では種のあいだのいかなる境界も区別しない。これこそがわたしが立つ場所の非人間的な顔であり、わたしはこのポストヒューマン的ないまここに、アファーマティヴな別の選択肢の能動的な探求としてのポストヒューマン批判理論を位置づけている。そしてまた、わたしはこうした枠組みのなかで、世俗的であることを介して創造的な別の選択肢となる非本質主義的で生気的な唯物論を、さらには、ポストヒューマン的な死を主体内部の非人間的な生成力として捉えるアファーマティヴな理論を提案したい。そうしたことがわたしたち皆をあまりにも人間的なものにするのだ。

第四章

ポストヒューマン人文学——理論を越える生

Posthuman Humanities: Life beyond Theory

人文学《ヒューマニティーズ》はいかにしてポストヒューマン的状況からの強い影響を被らずにおれようか。人文主義《ヒューマニズム》が外側へと爆発することで言説の境界線がずらされ、人間中心主義が内側に爆発することでカテゴリーの差異がずらされた結果、人文学の内部には善意だけでは修復できない内なる亀裂が生じている。これまでの三つの章でわたしが示した分析を土台に、その被害を査定してみよう。

第一章でわたしが論じたのは、ポスト人文主義がもたらした悪影響〔＝死の灰 fallout〕であった。人文学《ヒューマニティーズ》に含意された「人間なるもの〔the Human〕」という観念、言いかえると、知の主体にとっての基本的な参照単位を何が構成しているかについての暗黙の前提とは、ウィトルウィウス的なモデルのことである。言語を授けられた理性的な動物という〈人間〔Man〕〉のイメージだ。反人文主義者たちは過去三〇年間にわたって、〈人間なるもの〉をめぐる人文主義的な定義に含意された自己表象と思考イメージの双方を問題に付してきた。とりわけ問題視されたのは超越論的理性という概念、そして主体のことを理性的意識とみなす考えかたである。「人間」をめぐるこの自惚れた自己イメージは、自己中心的な態度を促すという点で問題含みであるばかりか偏った見かたでもある。しかも、人文主義的な主体は、降順にヒエラルキー化された価値の尺度にもとづいて諸々の差異を組織化しているので、みずからの自己表象に含み入れるものによってだけでなく、そこから除外しているものによってもみずからを定義した。そのアプローチは多くの場合に、性別化・人種化・自然化された「他者たち」、つまりは差異のうちで価値の低い枠を占める「他者たち」に対する暴力的で好戦的な関係性を正当化したのである。さらにわたしは、普遍主義をもつとする権利要求を、排他的、男性中心主義的、ヨーロッパ中心主義的なものとして批判した。そうした権利要求は、男性優位主義や人種差別主義、人種的な至上主義のイデオロギーを支持しており、それらのイデオロギーが、文化的特殊性を偽りの普遍性へ、そして正常性〔normality〕を規範的〔normative〕な命令へと変えるのである。こうした思考のイメージは、人文学の実践を、わけても理論的実践を、ヒエラルキーによる排除と文化的ヘゲモニーの行使に貶めてしまうのだ。

新しい批判的認識論は、過去三〇年間にわたり「スタディーズ」を自称する学際的な領域を発明することで、「人間なるもの」についてこれまでとは異なる諸定義を提示してきた。その領域とは、ジェンダー、フェミニズム、エスニシティ、カルチュラル・スタディーズや、ポスト植民地研究、メディア研究、ニューメディア研究、人権研究などである（Bart et al., 2003）。わたしは本書を通じてフェミニズム理論を、理論としても方法論としても主要な参照項として前景化してきた。ジェイムズ・チャンドラー（Chandler, 2004）によると、こうした対抗言説の増殖は、「クリティカル・ディシプリナリティ」という状況を作り出しており、これはポストヒューマン的窮状の徴候である。チャンドラーの主張では、フーコーが「人間」の死について正鵠を射た診断をしてからというもの、諸学科によって構造化された伝統的な大学組織は、これらの新たな言説領域の成長によって異議を突きつけられてきた。こうした言説の増殖は、方法論的な刷新を要請する点において、脅威であると同時に好機でもある。そうした方法論的刷新の一例として、危機を単なるレトリックとして済ませることのない批判的系譜学のアプローチが挙げられる。

第二章で概観したように、ポスト人間中心主義による悪影響は、人文学に対して右記とは異なるアジェンダを設定しており、それは研究の優先順位という点には限られない。ポスト人間中心主義による〈人間なるもの〉の定義が含意する思考のイメージは、主体の脱構築をさらに押し進めていく。なぜなら、それはラディカルな関係性を、言いかえると非単一的なアイデンティティや複数の所属先への帰属意識を強調するからである。こうした転換がグローバル化とともに衝突にまみれた世界に生じるにつれて、ポスト世俗主義とポストナショナリズムの双方の視座からみて、諸々の新しい難題が登場することになる。たとえば、多言語主義と文化的多様性に標づけられた新しいヨーロッパという局面もそこに含まれる。[1] このグローバル化したネットワーク文化（Terranova, 2004）において、時間と空間の統一性を統制の原理として是認することがもはやできなくなっているとすれば、科学的な事業としての人文学がそこに占める位置とはどのようなものであるのだろうか。市民科学[2]や市民ジャーナリズムの時代に、アカデミックな研究機関の役割とはどのようなものでありうるのか。

　人間中心主義が放棄され、種のヒエラルキーがかき乱されると、〈人間なるもの〉は錨がはずされて漂流させられるようになり、そのことが人文学の領域から、強く望まれていた認識論的基盤を奪い去っている。人文学の未来という問い、その更新という問題、学問分野《ディシプリン》の死という繰り返される恐怖、これらのことはひとつの中心的な要因によってさらに深刻なものとなる。それとはすなわち、新たな「人間と非-人間の諸々の結びつき、なかでも生物学的な「ウェットウェア」と非生物学的な「ハードウェア」との機械状のアッサンブラージュにかかわる複合的なインターフェイス」（Bono et al., 2008: 3）のことである。第二章で検討したのは、自然-文化の二元論的な区別が崩れ去ってしまい、それがデータ-フィードバックとインタラクション、そしてコミュニケーションの転送からなる複合的なシステムに取ってかわられたということであった。このことによって、［人文学と自然科学という］二つの文化の関係性という論点が再びアジェンダの中心に設定される。破滅の予言にあらがって、わたしは次のように主張したい。

すなわち、技術に媒介されたポスト人間中心主義は、人文学を刷新するという課題にあたり、遺伝子工学的コードならびにテレコミュニケーション、ニューメディア、情報技術といったリソースに協力を求めることができるのである。ポストヒューマン的な主体性は、自律的で自己参照的なディシプリンの純粋性にかわって、他律性と多面的な関係性を強調することにより、ヒューマニズム的な諸実践のアイデンティティを作り変えるのである。

第二・三章で論じたように、科学論と情報技術が支配的となったこうした知の複雑な布置は、人文学の核心に深く根ざした人間中心主義を追い払ってしまう。しかしながら、こうした難局は何も末期的な危機というわけではなく、新しい地球規模のエコソフィー的な次元を切り開いている。こうしたポストヒューマンの熱狂を、わたしはしきりに期待しているのではないと言えば嘘になる。このことは反ヒューマニズムとフェミニズムというわたしの背景に由来している。そうした背景ゆえにわたしは、古典的人文学の同時代的領域に対して、それを活性化しつつ批判的でもあるような関係性をもっているのである。実際、一九七〇年代の文化革命の余波を受けた批判的な思想家たちが諸々の学術機関に入り、それらの機関を内側から変えるという明白な意図をもちつつも、単に当該のディシプリンを修復し、制度的な衰退から救出しただけに終わってしまったとするなら、それは控えめにいっても逆説的なことである。

◆1　グローバルな多様性というこの局面は、「ヴァナキュラー・コスモポリタニズム」としても知られている。（Bhabha, 1996b; Nava, 2002; Gunew, 2004; Webner, 2006）

◆2　http://www.citizensciencealliance.org/

これまでの章で指摘したように、一貫してポストヒューマン的な姿勢を展開するとなれば、物事はけっして簡単に割り切れるものではなく、線形的な思考はその進めかたとして最善ではないのかもしれない。サム・ウィムスターは、そうしたジレンマを明晰に分析している（Whimster, 2006: 174）。

人文学とは、どんな唯物論的な基盤にも還元不可能なものとしての人間の条件をありありと説き、褒めそやすものであったが、それは、あらゆる生物種の起源について妥当な科学的説明を与えるダーウィニズムが登場した一九世紀後半以降、退却してしまっている。それゆえ、人間についての科学は、非人間的なものになる能力を備えるか、それとも、ヒューマニズム的ではあるがほとんど科学的ではなくなるのか、そのどちらかでしかないように思われる。

ウィムスターがもうひとつ思い出させてくれるのは、かつてのフランス哲学がポスト人間中心主義的人文学と人間なるものの地位という論点に取り組んでいたということであり、すなわち、哲学者ジュリアン・ラ・メトリ（La Mettrie, 1996〔一九五七〕）が一七四八年に発表した驚くべき独創的な著作のことである。ラ・メトリは、啓蒙主義的な唯物論というフランスの偉大な伝統に連なる唯物論的人文主義者であり、人文学の古きアーカイヴにおける近代初期の重要な先行事例をなしている。人間というものを生得的に「機械的」ないし自己組織化する構造とみなすラ・メトリの理論は画期的であり、今日の状況ときわめて関連が深いものである。

環境、進化、認知、遺伝子工学、そしてデジタルといった領域横断的な言説の前線が今日、古典的人文学との境界線上で諸々の学問分野《ディシプリン》を踏み越えて登場しつつある。それらの言説は、ポスト人間中心主義的な諸前提に依拠しており、技術に媒介された〈生〉を種の平等主義というゾーエー中心的体系に即して強調するのである（Braidotti, 2006）。そのことが、この領域における新たな研究をとても見込みのあるものにしている。ポスト人間中心主義的な人文学のきわめて健全な状況を示す最も顕著な事例は、おそらく近年における「アニマル・スタディーズ」と「エコクリティシズム」の領域での研究の急増である。また、障がい研究という急速に変化しつづける領域は、ポストヒューマン的窮状のほとんど寓意となっている。身体が何をなしうるのか、わたしたちはいまだ知らないということにたえず注意を払いつつ、障がい研究は、規範的な身体モデルに対する批判を、身体化〔＝身体をもつこと〕という新しく創造的なモデルの唱道と組みあわせる（Braidotti and Roets, 2012）。これらの領域は、要約しようとしてもできないほどに豊かで急成長を遂げている。◆3 こうした展開を受けて、人文学《ヒューマニティーズ》の研究は何をなしうるのだろうか。もしくは、こう言ってもいいだろう。人間《ヒューマン》なるものは、この変動しつつある地平といかなる関係があるのか。そして、それらが今日、人文学の未来にとって含意しているものとは何か。エリザベス・グロー

◆3 アニマル・スタディーズの論集がちょうど出版されたところであり（Gross and Vallely, 2012）、エコクリティシズムのまとまった読本は以前から入手可能であった（Glotfelty and Fromm, 1996）。*The Journal of Ecocriticism* はかなり地位が確立された雑誌であり、権威ある雑誌 *PMLA* も最近の号（2009）で動物の問題を特集している。優れた歴史分析として Joanna Bourke（2011）を参照。若い世代の研究者たちにとって（Rossini and Tyler, 2009）、動物とはすぐれてポストヒューマン的な問いである。障がい研究の領域もやはり適切に要約できないほどに広大だが、定評ある国際学会 Society for Disability Studies が季刊誌とまとまった読本（Lenard, 1997）を発行している。

スのような現代の新‐生気論の思想家は、チャールズ・ダーウィンを脱構築的に再評価することで、この研究の筋道をさらに押し進めている。グロース（Grosz, 2011）の主張では、人文主義の自負をくじけさせた進化論は、いまや明白なものとなった人間「例外主義」の危機を先駆けるものであった。かくしてグロースは「非人間的な人文学」の展開を呼びかけるのであり、これは、種の平等、遺伝子に刻印された性差の強調、性別選択の優位、そして人間を他のあらゆる種と同列におく進化への非目的論的なアプローチに存している。グロースが性分化の遺伝子的基盤に強調点を置くことは、わたしの流動的でノマド的な主体観からすればあまりに硬直したものではあるのだが、重要な一点において、わたしは彼女に賛同している。すなわち、自己組織化する生気論的な「物質」という観念が前景化するにつれて、人文学は変異を起こし、ポストヒューマンへと生成する必要があり、さもなければ、自らの悩みがますます取りあってもらえなくなることを人文学は甘受しなければならない、ということである。

これらのポスト人間中心主義の難局だけでは足りないかのように、それにも劣らず重要なこととして最後に到来したものがある。それが第三章で論じたような、今日の歴史的状況の非人間的（非人道的）〔inhuman(e)〕な諸側面からの悪影響である。古典的な人文主義の教義によれば、人文学とは、わたしたちの社会的な行動や価値、そして市民のやり取りを人間的なものにする能力を有することによって規定されるのであった。このことは、学者と学生ならびに市民の福利を暗黙のうちに倫理的な使命とし、それに関心を払うということを含意している。大量移民や対テロ戦争、技術に媒介された紛争におけるロボット兵器やドローンなど、ポストヒューマンかつポスト人間中心主義的な転換が起きている時代に、この要請はどうなってしまうのであろうか。

今日の時代の非人間的（非人道的）な構造に対する明確な制度上の反応のひとつは、近現代史が被った災禍に取り組む学際的な研究の確立と増殖である。ジェンダー研究、フェミニズム研究、ポスト植民地研究は、これらの新しい実験的領域のプロトタイプであり、諸々の道具だてや革新的な諸概念という点において非常に多くのものを提供してきた。より具体的に言えば、ホロコースト研究にはじまり、奴隷制や植民地主義についての研究、さらに複雑なイデオロギーに駆り立てられた民族虐殺のトラウマ的記憶をめぐる仕事にいたるまで、現代の惨事に取り組む新しい複合領域的な研究が設立されなくてはならなかったのである。J＝F・リオタールによる「争異〔différend〕」という概念（Lyotard, 1983〔一九八九〕）——懲罰や補償のみならず適切な正義のかたちさえもありえないような犯罪や倫理的な過失のこと——は、この時代のカタストロフィの規模に取り組むうえで重要である。「争異」とは、寛容不可能なものないし和解不可能なものという悲劇に対する倫理的な反応のことであるが、こうした惨事が、ほとんどの場合に言葉にできないものであるとすれば、人文学はそれをどこまで掘りさげることができるのだろうか。この点についても、一方で女性研究やジェンダー、クィア、フェミニズム研究、そして他方でポスト植民地研究や人種研究といった諸々のラディカルな認識論が、革新的な役割を果たしてきた。これらの研究は、そうした惨事による認識的な衝撃に対応するためのテーマや方法を提示し、それらが批判理論の担うべき役割にもたらす帰結に取り組んでいる。これらの研究はまた、そこにともなう苦痛や傷といった遺産との関係において治癒的な機能を果たしてもいる。

新たな言説領域の増殖は、「紛争と平和のための研究センター〔Centres for Conflict Studies and Peace Research〕」が設立された冷戦の終結後もさらに続いており、人道主義的な運営管理、人権志向の医療、トラウマと和解の研究、デス・スタディーズなど、このリストはいまも増加している。これらの言説領域は、歴史的惨事の非人道的で痛ましい諸側面に対処するために、パストラル・ケア[◇1]と治癒的な機能を組みあわせる制度的枠組みである。これらの領域は、非人道的な文脈のうちで人文学を変容させるほどの衝撃を永続させ更新しつづけているのだが、そのことは、古典的人文学におけるディシプリンの境界を爆破することによってなし遂げられるのである。

これら複合的なドミノ効果が生じた結果として、社会的および学術的なアジェンダの上位に浮上してくるのは、次のような問いである。すなわち、〈人間なるもの〉および人間化〔＝人道化〕のプロセスについて人文学が有している暗黙の前提がもはや自明視できなくなるとき、人文学に何が生じるのであろうか。ポストヒューマン的な批判的思想家たちが表明した批判とならんで、これまでの章で検討してきたように、新‐人文主義《ネオヒューマニズム》のさまざまな系統が、現代の人文学内部で作動している。たとえば主要な参照点として、フェミニズム理論や人種理論の場合を取りあげてみよう。シモーヌ・ド・ボーヴォワールによる社会主義的な人文主義《ヒューマニズム》からの長きにわたる遺産は、進歩主義的ヒューマニズムを第三千年紀へと橋渡しするのに中心的な役割を果たしている。その他のフェミニズム的ヒューマニストたちも、諸々の価値の危機に対して確固たる別の選択肢を提示してきた——たとえばセイラ・ベンハビブ（Benhabib, 2002）がハーバーマスの哲学から流用した新カント主義的モデルや、彼女によるハンナ・アーレント（Benhabib, 1996）の再評価がそれである。第一章でみたように、すでに非西洋的な諸々の前提や文化的伝統と価値に満たされた新人文主義の残余的形式が、ポスト植民地主義理論を介して到来している（Hill Collins, 1991; Said, 2004〔二〇一三〕）。現代の科学論は、人間以外の種についての研究（Waal, 1996〔一九九八〕, 2006, 2009〔二〇一〇〕）

と、環境問題についての政治的分析（Shiva, 1997〔二〇〇二〕）の双方において代償的ヒューマニズムを採り入れている。

現代の人文学に関するリベラル・ヒューマニズムのヴィジョンを最も声高に掲げているのは、マーサ・ヌスバウムである。第一章でみたように、彼女はこの領域についてのどんな批判や脱構築もかたくなに拒否し、古典的ヒューマニズムを来たるべきユートピア的な企図に変えようとしている（Nussbaum, 1999, 2006〔ヌスバウム、二〇一二〕, 2010〔ヌスバウム、二〇一三〕）。ヌスバウムの著作『経済成長がすべてか？』における古典的人文学の熱を上げた弁護は、この文脈において、気高いものであると同時に、旧態依然の状態をかなり非現実的に嘆願するものとしても突出している。人文学の学部をリベラルな教育の安息地とする彼女のヴィジョンは、理性的な判断の自律性、およびそれに足並み揃えた特殊な倫理的・美学的判断基準という、カントの観念にもとづいているが、これは控えめにいっても時代にそぐわない。さらに言えば、〔ヌスバウムのヴィジョンは〕民営の資金構造にもとづいているため、ヨーロッパ連合の国家教育モデルに当てはめることすらできない。実務的な水準でいうと、人文学の諸学部が実際にはどれだけ営利志向となっており、主として登録学生数の多さや集中講座の実施などで、所属大学のためにどれだけのお金を稼いでいるのかが理解されていないのである。

なおかつ歴史的な面をみても、冷戦期において大学は、アメリカをはじめとして残りの国々でも、この哲学的なヴィジョンに同調することをやめてしまった。第三章で見たように、安全保障や地政学的紛争や国際的な名声、これらと結びついた諸々の懸念が、大学を軍事に接近させ、かくして政府のコントロールに接近させたのである。一九六〇年代の文化的動乱の後、大学は国民文化の標準的な参照項としても、基礎研究の独占的な保持者としてもヘゲモニー的な機能を失い、それらは民間部門や連携事業へと移行していった。ヌスバウムがリベラル教育を支持する告発の書《パンフレット》を著したときまでに、大学はすでに、重要ではあるがけっして無比のものではない法人組織として、市場経済のうちに組み込まれていたのである（Readings, 1996〔二〇一八〕）。

したがって、人文学のことを、普遍的・超越論的な理性と生来の道徳的な善を貯蔵し、行使するものとみなすノスタルジックなヴィジョンへと逆行するのではなく、ポストヒューマンの複合的な未来へと進むことをわたしは提案する。わたしたちが必要としているのは、新しいグローバルな文脈において人文学の学術領域を再発明し、今日のポストヒューマン時代にふさわしい倫理的な枠組みを発展させるための能動的な努力である。追求すべき道は、ノスタルジーではなく肯定《アファーメーション》なのであり、哲学的なメタ言説の理想化ではなく、つつましい実験を介した自己変容という、よりプラグマティクな課題である。次節ではこの企図を展開していきたい。

不協和の制度的パターン

人文学の自己定義と世論とに生じた諸々の危機は、一九七〇年代末以来、明確な政治的諸要素によって枠づけられた、制度をめぐる論争として積み重ねられるようになった。アメリカにおける最近の研究は、その状況を明瞭に査定している。

連邦政府の補助金減額、雇用市場の縮小、グローバル化という新たな圧力に加えて、人文学が内部で直面した最も顕著な難局は以下の両面から現れてきた。すなわち一方にあるのは、テクノサイエンスのヘゲモニーや「ニューメディア」革命の衝撃、専門家文化の興隆である。そして他方では、新しい学際的な分野、たとえば、ジェンダーやエスニシティ、障がい、アフリカン・アメリカン研究、そして非ヨーロッパ文化の研究などがこれまでにない規模で増殖し市民権を得るようになった。これらすべては、〈人文学〉の伝統的な正典や「共通」の使命を疑問に付している（Bono et al., 2008: 2）。制度的な危機はこうして自己表象の諸問題を超え出るようになった。それは、控えめに言っても流動状態にある大学構造の内部において、現代の人文学者たちにとって何が学問的な知を構成しているのかをめぐる支配的なパラダイムを問いに付すようになってきたのである。

論争があふれかえっていた一九九〇年代には、「サイエンス・ウォーズ」――または「セオリー」戦争や「カルチャー」戦争としても知られる――が、アメリカの大学内で勃発した（Arthur and Shapiro, 1995）。論争の核心にあったのはまさしく、人文学《ヒューマニティーズ》と自然科学のあいだにあるパラダイムの差異に対する問いかけであった。フランスの大陸哲学、なかでもポスト構造主義が、「ポリティカル・コレクトネス」という全般的な罪状のもとにきわだった敵意の標的とされた（Bérbé and Nelson, 1995）。ソーカルとブリクモン（Socal and Bricmont, 1998〔二〇一二〕）のような攻撃的な反ポスト構造主義の科学者たちは、人文学を科学的に不正確でまったくの無知だと糾弾し、この領域のモラルに破滅的な影響をもたらしたのである。

彼らが促したのは、いまではおなじみの反応である。すなわち、道徳的かつ認知的な相対主義という知的に厳密さを欠いた罪状で、彼らは人文学を退けたのである。これは近年のうちで、〔人文学と自然科学という〕二つの文化の関係性が間違いなく最悪のものになったときであった。

それでも、これらの粗雑な単純化にあらがって、わたしは、ポスト構造主義その他の批判理論が人文学の領域の刷新のためになしてきた生産的な貢献を認めることが重要であると主張する。振り返って一九七〇年代にフーコーが論じたのは、わたしたちがいままでに知っていた人文学が、「人間」に関する一連の人文主義的な暗黙の前提によって構造化されているということ、また、それらの前提は、普遍的であるという見せかけとは異なり、歴史的に枠づけられ文脈のなかで定義されているということであった。〈人間〉は「経験的‐超越論的二重体」として、〈生命〉と〈労働〉と〈言語〉の諸構造に枠づけられており、これはたえず進行中《ワーク・イン・プログレス》である。このことは相対主義の宣言ではなく、むしろラビノウが呼ぶように、「アントロポスをあらためて問題化すること」への訴えなのである（Rabinow 2003: 114）。

人文主義的な「人間」が衰退したのは、わたしたちが迎えている歴史的局面が変化にさらされているがゆえのことである。悪いニュースを告げたかどでポスト構造主義を責めるのは、メッセージとメッセンジャーをとり違えている。この〔人間の〕「死」というフーコーの皮肉な表現は（Foucault, 1970〔一九七四〕）、絶滅のようなものではなく、第二章で検討した人間学的脱出《アントロポロジカル・エクソダス》の後に「元‐人間」として存続するという、歴史的に固有な様式である。ガヤトリ・スピヴァク（Spivak, 1987〔一九九〇〕）はいつもの洞察力とウィットをもって、この死とは、ヨーロッパ中心主義的な「元‐人間」を弱体化させつつ、それでもヘゲモニー的なものにする暫定協定であると非難している。〈人間〉の死から普遍的なものの死、国民国家の死、歴史とイデオロギーの終焉、印刷本の消滅にいたるまで、批判理論がそれ以来、際限のない死を甘受するようになっているという事実は、スピヴァクの見解に先見の明があったことを証言している。

人文学の核心において、致命傷となりかねない欠陥として現れてきたものは、人文学の構造的な擬人主義《アントロポモルフィズム》と、長年続いている方法論的なナショナリズムである（Beck, 2007）。このことは本書の序で引用した第四エピソードで、わたしの同僚でもある敵意をもった自然科学者が指摘していたとおりだ。前者〔人文学の構造的な擬人主義〕は、科学技術の文化や実践、またその制度的存在に対してたえず敵意を示し、それらと正真正銘、両立不可能なものとなっている。後者〔方法論的なナショナリズム〕ゆえに、今日の時代のきわだった二つの特徴に対処する人文学の能力に異議が突きつけられている。そのひとつは、「生命」科学の科学的興隆と、技術に媒介されたコミュニケーションと知識の移動である。もうひとつは文化的な多様性を考慮に入れる必要性であり、とりわけ異なる地政学的領域のあいだの多様性が重要であるが、それぞれの領域内部にも多様性がある。

とりわけ政治的な文脈をみると、この批判は手痛いものである。現在のヨーロッパ連合では、一方では新自由主義経済の右翼的なアジェンダが、他方では排外主義やポピュリズムといった社会的・文化的なアジェンダが支配的になっている。その結果として、制度としての大学や、なかでも人文学が攻撃にさらされる。大学や人文学が非難されるのは、それらのアプローチが非生産的でナルシズム的で時代遅れであり、さらには現代の科学技術文化と縁遠くなっているためでもある。人文学はこうして、みずからが直接的に「人間」の危機を経験しているところである。そうした「人間」の危機については、ポスト構造主義のようにきわめてラディカルな哲学や、フェミニズムやポスト植民地研究などの学際的な「スタディーズ」が理論化してきたのだが、それらの研究は、大学の制度機構においてはしばしば周縁化されていた。人文学は多くの場合に、防御的な立場へと追いやられているのである。

方法論的ナショナリズムという論点は、ヨーロッパ人文学の自己表象のうちにすでに組み込まれているがゆえに欠かすことができない。エドワード・サイードがわたしたちに思い出させてくれたのは、人文主義がその自惚れたヨーロッパ中心主義を拭い去り、差異のうちへ乗り出してそれとは異なる諸々の文化的伝統へと向かう冒険になるべきだ、ということである。こうしたパースペクティヴの転換は、人文学の研究者の側で前もって意識を高めておくこと〔consciousness-raising〕を必要とする。すなわち、「人文学者たちは、研究の境界線や対象の変化にもかかわらず、アイデンティティの政治とナショナリズムにもとづく教育制度が、いまも人文学の実際の営みの大部分の核にあることを、いくらか警戒心をもって認識しなければならないのである」（Said, 2004: 55〔二〇一三、七四頁〕）。現代の大学における制度的構造の変化がどのようにして研究の地平としての国民国家が衰退したことに依拠しているのか、そして、それと同時に、ポスト国家的なパースペクティヴに寄与するポテンシャルを備えているのかについては、後に見ていくことになる。

現在の議論の主要な点に立ち戻ろう。わたしは人文学の認識論的転回への呼びかけに全面的に賛成である。それによって人文学がみずからの知の生産プロセスを明らかにし、結果として他分野の知の生産プロセスをも明らかにするような態勢を整えることができるようにするためである。しかしながら、この価値ある企図にはいくつかの深刻な障害がある。第一に、認識論的な自己反省の伝統がこの領域には欠けている。これと関連して、嘆かわしくも学問分野《ディシプリン》の偏狭性という内向的な文化が残されており、ヨーロッパ中心主義や人間中心主義が考えられていない。人文学のこれら制度的な習慣のうちには、実際に認識論的な自己点検につながるものがほとんどないのである。なおかつ、この領域はしばしば、人文主義へと戻ろうとする引力のような免れがたい魅惑にあらがうことができない。それゆえ、人文学は深刻な変異を被ることによってはじめて、みずからの凝り固まった悪しき習慣のいくつかを脱することができるだろう。このことは数々の新しい視座を必要とするが、わたしが考えるに、そうした形式的な価値基準にもまして人文学が必要としているのは、人文主義的な〈人間〉であれ人間中心主義的な〈人間〉であれ、もっぱら人間なるものだけに関心を寄せるのではなく、大胆な発想力をもって地球規模の多くの知的課題に取り組むことなのである。

二一世紀の人文学

前節でわたしは、現代の人文学が抱えるアイデンティティの危機が、高度な水準でなされる技術的媒介作用と、グローバル化した世界の多文化構造とに関連していると主張した。このことから、二つの文化――〈人文学〉と〈(自然)科学〉――の関係性という問題が、議論の中心に据えられることになる。

同時代の状況を批判的に吟味したロバーツとマッケンジー(Roberts and Mackenzie, 2006)は、〈人文学〉と〈科学〉のこうした関係性が第三千年紀に入ってもあまり解決されず、しばしば対立にあふれていることに対して、それとは異なる堅固で建設的な制度上の選択肢が多様にあると議論している。有益な戦略のひとつは、二つの文化の両立可能な点を同定することを目指すものである。そうすることで、公に価値が認められた科学を作るなかで、文化表象、イメージ、文学装置――これらすべては「繊細な

〔subtle〕」科学から取り出される（この「繊細な」という言葉は、蔑称的な「ソフト」〔サイエンス〕よりも大いに好ましいとわたしは思う）――が果たす役割を指摘しようとするのである。たとえば、進化論的なナラティヴについてのジリアン・ビアの研究（Beer, 1983〔一九九八〕）は、この点において建設的な道を切り開くものであったし、文学上のダーウィニズムに関する諸々の見事な研究がそれに続いた（Carroll, 2004）。科学という文化の内側で仕事をするエヴリン・フォックス・ケラー（Keller, 1995〔一九九六〕, 2002）は、それとは異なるタイプの先駆者であり、人文学的な知と経験科学との補完的な性質を解説する一連の重要なテクストを著している。なかでもバーバラ・マクリントックの生涯と仕事についての彼女の著作（Keller, 1983〔一九八七〕）は、文化的な洞察力、スピリチュアルな資源、実験的な科学が近接したものであることを例証している点で重要である。

今日の二つの文化をめぐる問題に対しては、異なる角度からのアプローチもあり、これは科学における視覚化の機能に焦点を当てるものである。スティーヴン・ジェイ・グールドとロザモンド・パーセル（Gould and Purcell, 2000）は、イメージと科学的情報のあいだの洗練された相互作用による、芸術と科学の対話を先駆的に実現していた。この伝統は、キャロリン・ジョーンズとピーター・ギャリソン（Jones and Galison, 1998）による、科学の描写と芸術をめぐる学際的な共同作業によって新たな高みへと到達した。この領域は、広範であると同時に多くの才能に恵まれており、科学の眼差しをめぐる政治的な分析（Keller, 1985〔一九九三〕; Jordanova, 1989; Braidotti, 1994）から、写真とニューメディアの文化史（Lury, 1998; Zylinska, 2009）にまで及んでいる。バーバラ・スタフォードが見事に立証してきたように、物理学や生物学との関連における視覚芸術についての横断的な研究も欠かすことができない（Stafford, 1999〔二〇〇六〕, 2007）。

人類学は、科学についての研究にとって刺激的な役割を果たしてきた。マリリン・ストラザーン（Strathern, 1992）のようなアジェンダを設定した先駆者たちにはじまり、「生命」科学に対するポール・ラビノウのフーコー的な取り組み（Rabinow, 2003）や、政治的な要素と認識的な要素を組みあわせてバイオテクノロジーを分析したレイナ・ラップ（Rapp, 2000）が続いている。ポスト構造主義の時代を通して主体の形成について分析してきたヘンリエッタ・ムーアは、身体、心的風景、文化、技術のもつれあいについて実に着実な洞察を提供している（Moore, 1994, 2007, 2011）。

フェミニズム的認識論と科学社会学は、フェミニズム理論を、科学論と認識論的な政治的主体性とのあいだのミッシング・リンクとして位置づける。その知的な先駆者は、ダナ・ハラウェイ（Haraway, 1988［二〇一七b］）、サンドラ・ハーディング（Harding, 1991, 1993）、イザベル・スタンジェール（Stengers, 1987, 2000）、リサ・カートライト（Cartwright, 2001）、メット・ブリュルとニナ・リュケ（Bryld and Lykke, 1999）、そしてアネマリー・モル（Mol, 2002［二〇一六］）である。科学社会学もまた、とても革新的な成果を遂げており、そのことは、フレイザーら（Fraser et al., 2006）の著作や、テクノロジーについて抜かりない政治的分析をおこなったモーリーン・マクニール（McNeil, 2007）、そして羊のドリーをめぐるサラ・フランクリンによる画期的な著作に示されている（Franklin, 2007）。科学をめぐるカルチュラル・スタディーズも欠かせないものであり、ジャッキー・ステイシーが、癌に関する社会文化と治療文化や、遺伝子の映画的生命について見事な分析をしている（Stacey, 1997, 2010）。

メディア・スタディーズの領域は、科学と技術について質の高い研究を驚くべき量で生み出してきた。そのことは、広くアメリカの読者にフランス思想と科学哲学をもたらしたジョナサン・クレーリーの著作（Crary, 2001〔二〇〇五〕）とゾーン・ブックスのシリーズに示されている。デジタル文化をめぐるヨセ・ファン・ダイクの分析は画期的なものである（Dijck, 2007）。スメリクとリュケ（Smelik and Lykke, 2008）は、この領域を切り開き、現代科学の学際的な諸構造とそこに埋め込まれた文化的・社会的な諸側面に対してさまざまな独創的な介入をおこなった。

このように〈科学〉と〈人文学〉のあいだの現状の関係に関する新たな言説の豊富さに直面して、わたしたちはある種の困惑を覚えるほどであり、ここに概観した諸領域のさらに詳細な分析へと立ち入ることができず残念である。

さしあたり、これら新たな研究領域の幅や質を賞賛することから離れて、いくつかの結論を導き出すことにしたい。第一に、このように革新的で学際的な研究が、人文学内部で、そして人文学を横断して豊富にあることは、この領域が危機にあるのではなく、活気にあふれていることを表している。第二に、これらの新たな研究の多くが「スタディーズ」という実験的で学際的な分野で進められており、これは本書を通して、わたしが主要な着想源として強調してきたものである。第三に、それらの研究は認識論に基礎づけられており、結果として、現代の人文学が、知の生産に関するみずからの方法とメカニズムを明らかにすることを可能にしている。しかしながら、これらの新しい研究分野のまさしく学際的な性質によって、領域を新たに総合するという課題が容易なものではなくなってしまう。それゆえ、数々のアプローチに富んでいることは、ひとつの学問分野《ディシプリン》としての〈人文学〉の総称的アイデンティティという、古くからの問いをあらためて浮上させるのである。

人文学の言説実践がこのようにして統一性を欠いていることに言及して、ラビノウは次のように述べる（Rabinow, 2003: 4）。

いまだかつて人文諸科学における問題特定の諸々の原理、方法、様式、あるいは［……］検証の原理や語りの形式について、いかなる合意に到達することもなかった。

しかしながら、この脱 - 統一性が指し示しているのは量の超過であって、欠如ではないということを強調しておくことは重要である。かくして、「アントロポスとは、あまりに多くのロゴスに苦しんでいる、かの存在のことである」（Rabinow, 2003: 6）。このことは、よりいっそう異種混淆的な言説を引き起こしてきた現代の科学技術の進展という文脈にはとりわけよく当てはまる。それらの言説は、かくも異種混淆的であるために、技術的な自己表象についてそれぞれを架橋する理論を提供できなくなっているのである。その結果として、アントロポスの言説的統一性がさらに解体されることになったのだが、そのこと自体は、こうして充溢する科学へと適応するにあたって優れた創造性を発揮するものであった。おそらく、〈人文学〉が複雑性ととり結ぶ関係は、〈自然〉科学や〈生命〉科学のそれとは異なるものであるのだろう。

ロレーヌ・ダストン（Daston, 2004）が、これら諸々のリソースやそのディシプリン上の先行事例の範囲と性質を確認している。彼女はまた、科学を作るにあたって文化と解釈が果たす重要な役割を力説してもいる。ダストンが示すところでは、解釈学的な枠組みは、人文学に隣接するあらゆる種類のディシプリン――特に社会科学や法学、生命科学――に埋め込まれているのみならず、そうした枠組みは広く社会において重要な役割を果たし、あらゆる意思決定のプロセスに介在している。ダストンはそれゆえ、人文学者たちに対して、自分たちの知っていることをいかにして知るのかを外部の世界に向けて説明するべく、さらなる努力をするように勧めている。認識論と科学哲学の研究成果が自然科学に傾きがちであると主張したうえで、彼女は、人文学者たちによる知の実践についての認識論を呼びかけるのである。これは結果として、何が科学的な「発見〔discovery〕」とされ、人文学において単に「分かったこと〔finding〕」とされるのかを説明することになるだろうし、もっぱら知の対象のみに焦点を当てるのではなく、プロセスや実践のほうに注意を向けることになるはずである。

こうしたことはとても重要であり必要なことではあるのだが、わたしが思うに、人文学におけるデータ収集の性質そのものが、生きられた経験にもとづき、定量化ではなく複雑性へと向かう傾向をもつ以上、自然科学や「生命」科学の方法とは衝突してしまう。さらにヨーロッパの文脈であれば、たとえば人文学の研究と思考における多言語構造のように、他にも諸々の要素を要因に含めなければならない。つまり、研究の実践は、ヨーロッパ内外の地理的な場所のみならず、時間的な場所という観点からもいちじるしく多様であるということだ。であるならば、こうして多彩かつ内部から差異化された領域に、異なる研究パラダイムに適応するよう求めることは、公平といえるのだろうか。

人文学が、何らかの「バイオ‐リテラシー」やサイバースペースの航海術を発達させるべきであると要請する力は強くなっているが、人文学においてもより広範な学問共同体においても、それに対する抵抗はいまだ大きい。その間に、かつての引用索引は急速にグーグル検索に取ってかわられているし、人文学研究の文化に適した〔効果〕計量システムを開発する絶え間ない試みは、いままでにないほど喫緊であると同時に問題含みにもなっている。芸術と科学の新たな関係性が、まさにわたしたちの眼前で打ち立てられようとしているのだが、そこで問題となるのはつぎのことである。すなわち、人文学——実際、たくさんのものを〔他分野に〕提供しうる——には、この新たな制度的なゲームのルールを設定する資格がそもそも与えられているのだろうか。それとも、自分たちの最大関心事のために設計されてはいないルールに従うことが要請されているだけなのか。

この対話のミッシング・リンクは多岐に及び、それらはポストヒューマンの定義そのものをめぐって衝突する。もし、わたしたち「ポスト人間中心主義的《アントロポセントリック》なポストヒューマニスト」（ハイフンで分かたれていない、非-単一的な主体）が、両方の学問共同体に共鳴音を響かせようとするのであれば、相互に敬意を払う文化を強く要求しなければならない。科学をめぐる文化研究や社会研究は、主体の諸理論に対して科学が示す抵抗に向きあう必要があるし、その一方で、主体をめぐる諸々の哲学は、バイオサイエンスに対する自分たちの不信や誤解と対峙したほうがよいだろう。ポストヒューマンの時代は、ポストヒューマン的な人文学《ヒューマニティーズ》研究を求めているのである。

この議論には、理論の地位という論点も暗に含まれている。二つの文化に関する現在の議論に応答して、ピーター・ギャリソン（Galison, 2004）は、体系的なグランド・セオリーの言説が終焉したことを歓迎し、マスター・ナラティヴの衰退を指摘したリオタールにならって「個別の理論」を要求している。これは、時空間の外部に立脚しているという普遍主義的な自負と、狭小な経験主義との中間の立場に立つことを意味している。個別の理論とは、地に足がついて説明可能なものであり、それと同時に、共有可能であり、かくして一般的な応用へと開かれたものである。このアプローチがもつ諸々の認識的かつ倫理的な利点は、ただちに有益に活用することができる。たとえばわたしの考えでは、現代の人文学研究者たちが発展させてきた最も有効な戦略とは、科学を通じて、そして科学とともに実際の理論化をおこなうことである。この方法論的・戦略的な選択は、言説やテクストの実践はすべて平行しているというポスト構造主義の洞察にもとづいている。一九七〇年代の記号論的・言語論的「転回」が導入した――そして、保守的な研究者たちがそれ以来、ショックを受け、苛立ちを覚えつづけてきた――テクスト平等主義は、「繊細な」サイエンスと「ハード」サイエンスのあいだの新たな対話や介入へといたる道を準備したのである。

こうして、ある新しい科学の理論が完成することになったのであり[4]、これはわたしが（第二章で）「物質《マター》‐実在論的《リアリスト》」な傾向と呼んだものである。「物質‐実在論者たち」は、ポスト構造主義による反ヒューマニズムの遺産を、「唯物論／観念論」という古典的な対立の拒絶と組みあわせることにより、現代の生気論が掲げる非本質主義的なものとしての「生」や、複雑なシステムとしての「生」へと向かう。わたしの主張では、人文学は、唯物論《マテリアリズム》自体が構造を変化させつつあるということ、とりわけ、唯物論が新しい「物質」概念に依拠するようになり、それは情動的であると同時にオートポイエティックないし自己組織化するものであるという事実に適応しなくてはならない。

「行為者的《エージェンシアル》実在論」に関するカレン・バラッドの著作は（Barad, 2003, 2007）、この傾向の卓越した事例である。行為者的実在論は、物質的なものと文化的なものの二項を直結させることを選択し、それによって両者の相互作用のプロセスに焦点を当てる。物質‐文化的プロセスに焦点を当てることで、両者の諸々の境界線をより適切に問いただすことができるのである。その結果として、複雑性を反映し尊重すると同時に、批判的な反省性の実践を更新するという、知の倫理がきわだたされることになる。ルチアーナ・パリージもまた、フェリックス・ガタリの仕事に依拠しつつ、複雑性の理論に革新をもたらしている（Parisi, 2004）。彼女が力説するところでは、生気論的一元論の大いなる利点は、自然‐文化を、差異化のエコロジーを通じて進展する連続体として定義する点である。非記号論的なコード（すべての遺伝物質のDNA）は、情動や身体化された諸実践、その他のパフォーマンスからなる複雑なアッサンブラージュと交差しており、そのアッサンブラージュは言語の領域を含みつつ、それに限られない。パリージは、マーギュリスとセーガン（Margulis and Sagan, 1995〔一九九八年〕）による新しい認識論を参照し、内部共生〔endosymbiosis〕という、進化の創造的なかたちを示すオートポイエーシスのような概念を介して、この主張を補強している。これが意味するのは、遺伝物質が、存在論的基盤から差異に向かって解放された生成変化のプロセスにさらされつつも、社会構築主義には制限されていないということである。

「物質‐実在論」的な人文学研究においては、諸項よりもそれらの関係が優先され、そのことによって物質的および記号的な、つまり具体的および言説的な諸々の存在物や力を横断する連結が前景化されるのであり、ここには非‐人間的な〈生〉も含まれる。この非‐人間的な〈生〉とは、わたしがゾーエーそのものと呼ぶもののことであり（Braidotti, 2006、本書第二・三章）、そうした結びつきによって、人文学的

◆4　この系統に含まれるのは以下のような思想家たちである。Ansell Pearson（1997, 1999）, Massumi（2002）, DeLanda（2002）, Barad（2007）, Grosz（2004）, Colebrook（2000, 2002）, Bennett（2001, 2010）, Clough（2008）, Protevi（2009）and Braidotti（1994, 2011b）.

な研究対象として科学にアプローチすることや、それとは逆向きのアプローチが可能になる。すなわち、ポストヒューマン的な科学実践の主題とみなしうるものを横断的に再定義するなかで、〔人文学と自然科学〕両方の領域を超越することが可能になるのである。

　物質‐実在論の一元論的で生気的なアプローチが理論的に有利であるのは、先進資本主義や認知資本主義――情報社会やネットワーク社会としても知られる――における権力の流動的な働きを、具体的な場所や内在的な関係に定位させて説明できるようになるからである。このことは、わたしたちが同じ手段を用いて、それらの権力に抵抗することも可能にする。ポストヒューマンの思想家たちは、認知的なパニックに屈することなく、今日の時代の歴史性が突きつける難題に創造力豊かに応じようとするのである。論証は一直線に進む。すなわち、かつて人類〔mankind〕の適切な研究課題は〈人間〔Man〕〉であると言われたように[◇2]、そして、人間性〔humanity〕の適切な研究課題が人間的なもの〔the human〕であったとするなら、ポストヒューマン的状況の適切な研究課題はポストヒューマンそのものである、ということになるだろう、と。こうして新たに登場した知の主体は、人間的なものと非‐人間的なもの、地球的なものと宇宙的なもの、与えられたものと造られたものからなる複雑なアッサンブラージュであり、そのことはわたしたちの思考のしかたに大幅な再調整を要請している。このことは、一見するほど抽象的ではない。いくつかの具体例を挙げてみよう。

　一つめの例は、急速に成長している環境人文学の領域であり、これは人間の活動が地質学的な影響をもつという認識を着想源としている。この学際的な研究領域は、持続可能な人文学（Braidotti, 2006）や「人新世《アントロポセン》の人文学」としても知られており[◆5]、方法論的にも理論的にも大幅な革新を導入している。この研究領域はひとつには、社会秩序は脱自然化され、その環境的・有機的な基礎から切断されているという考えかたの終焉を説き、わたしたち皆がそのなかで生きている多層的な相互依存のかたちを理解するためのより複雑な図式を求めている。第二にこの研究領域が強調するのは、人文学は、気候変動の問題をめぐって世に広まった表象の背景にある社会的・文化的な諸要因を分析することによって、この問題に関する公の論争に対して独自の貢献をなしうるということである。気候変動の規模とその諸帰結は、表象を拒むほどに甚大なものである。人文学、とりわけ文化研究は、こうした社会的想像力の欠落を埋めあわせるのに最もふさわしいものであり、わたしたちが思考不可能なものを思考する助けとなる。

環境人文学の衝撃はさらなる波及をみせている。ディペシュ・チャクラバルティ（Chakrabarty, 2009）は、気候変動の研究が歴史学というディシプリンにとって含意することを分析しながら、「ディープ・ヒストリー」へと向かうさらなる概念的転換を求める議論をしている。これは、地質学上の歴史と社会経済の歴史を学際的に組みあわせたものであり、それによって惑星ないし地球規模の要因と文化的な変容の双方が一緒になって、数十万年にわたり人間性〔＝人類humanity〕を創り出してきたことに焦点を当てるのである。ディープ・ヒストリーは、歴史的な主体性についての諸理論を「種をめぐる思考」と組みあわせる。これはわたしから見れば、地球に対して、そこに住まう人間主体と同等の役割や行為者性《エージェンシー》を与えるポスト人間中心主義的な知の布置である。第二章で指摘したように、このことは歴史の時間性を

◆5　この適切な定式化はデブジャニ・ガングリーとポール・ホルムによる。

めぐるわたしたちの理解の変化にかかわっている。なぜなら、わたしたちはいま、人間や他の種が絶滅する可能性について、つまりは歴史として記録される人間の時間の終焉、そしてその未来の終焉についても考えをめぐらせているところであるからだ。人類史と自然史〔＝博物学〕を隔てる分断の崩壊はごく最近の現象であり、この根本的な転換以前に、地質学上の時間と人間たちの年代記は、少なくとも歴史学というディシプリンの内部では無関係であった。実際、歴史家たちと気候変動研究のあいだに実質的な学際的交流はなく、議論は平行線をたどってきたのである。これらすべてのことが、まさにわたしたちの眼前で変わりつつある。

　こうした心境の転換は、先に示唆したように、ほとんど表象を拒むほどの規模である。チャクラバルティは、「グローバル化についての現在の歴史記述と、気候変動を人間由来《アントロポジェニック》のものとする諸理論が要求する歴史記述との差異」について、さらに批判的な省察を示唆している（Chakrabarty, 2009: 216）。このことがわたしたちに課すのは、諸々の思考のカテゴリーをまとめあげることであり、それらのカテゴリーは、ディシプリンの境界——たとえば、地球科学と文学と歴史学——によってのみならず、人文学を維持してきた人間中心主義的《アントロポセントリック》な偏向によっても、現在まで切り離されてきたのである。こうした新たな展開は、危機であるどころか、この〔人文学という〕領域にとって莫大な着想源となる力を備えている。また、この展開は、「人間なるもの」をめぐる新たな感覚が、絶滅の可能性との関連から脆弱性を共有することで互いに結びつけられた存在というようにネガティヴに形成されていることについて、現行の考えのいくつかを問題に付してもいる。危機的〔＝批判的〕な気候変動に突き動かされた「ディープ・ヒストリー」をめぐるチャクラバルティの洞察は、西洋的なる普遍に対するポスト植民地主義的諸批判をめぐって、所与の前提のいくつかに異議を突きつけるものにもなっているのだ。なかなかの計画である。ポストヒューマン的な科学的立場が有する利点を照らし出すもうひとつの事例は、「ワン・ヘルス・イニシアティヴ〔One Health Initiative〕」である。その使命は、以下のように公衆衛生学の観点から定義されている。◆6

ワン・ヘルスは、人間の健康（人間と動物の絆という現象を介した心の健康も含む）、動物の健康、そして生態系の健康が、切り離せないほどに結びついていることを認識し、あらゆる種の健康と福利を促進・改善・擁護することを追求する。そのために、医師、獣医師、その他の健康や環境にかかわる科学的専門家たちの提携と協働を増強し、これらの目的を達成するためのリーダーシップや管理運営の力を促進していく。

この運動を触発したのはルドルフ・フィルヒョウ（一八二一 - 一九〇二年）〔の考え〕であり、彼は「人獣共通感染症〔zoonosis〕」という言葉を命名し、動物医療と人間医療に境界線があるべきではないと論じた。この立場は、ここ一五年のあいだに勢いを増してきている。ワン・ヘルス・イニシアティヴは、医師、整骨医、獣医、歯科医、看護師、その他の健康科学や環境に関連するディシプリンを統合するか

◆6　同僚のアントン・ピーパーズの教示による。http://www.onehealthinitiative.com/mission.php

なり大胆な学際的連携であり、その基礎をなしているのはひとつの単純な仮説、すなわち、免疫学、細菌学、ワクチン開発における人間と動物の構造の同型性である。

このことが意味するのは、人間は鳥インフルエンザなどの伝染病のように、動物種と共有する新たな疾病にさらされており、それらの疾患に対して脆弱であるということだ。ワン・ヘルス・イニシアティヴは明らかに、牛海綿状脳症（ＢＳＥ）――いわゆる「狂牛病」――のような、グローバル時代に登場するようになった新たなパンデミックに対する反応であり、人間と動物を結びつける共通した疾病の多様性を強調する。たとえば動物たちは、心臓病、癌、糖尿病、喘息、関節症のように、人間と同じ慢性疾病の多くを患っている。その帰結として、わたしたちは種を横断する疾病プロセスの研究として比較医学を発展させるべきであるし、さらに医師と獣医師を、彼らが日常業務としている治療と研究の双方において結びつけるべきでもある。ワン・ヘルス・イニシアティヴは、環境に埋め込まれた実践として、生態系と社会の双方の持続可能性を追求しており、広範な社会的反響を呼び起こしている。

人間と動物の公衆衛生に対する一般的な関心の高まりは、都市化、グローバル化、気候変動、戦争とテロリズム、そして土壌や水質の微生物的・化学的汚染の結果であり、これらは動物と人間双方の健康に対する新たな脅威を作り出してきた。[7] 医師と獣医は、環境衛生に取り組む研究者や実践者たちと力をあわせて疾病の突発的流行に対処し、化学曝露が引き起こす慢性疾病を予防し、より健康的な生活環境を作り出す必要がある。ワン・ヘルスとは、環境と社会と個人の持続可能性という目的のために、人間の健康管理に従事する者、獣医師、そして公衆衛生の専門家を結集させる、完璧なポスト人間中心主義的概念なのである。

もうひとつの重要な事例は、デジタル・ヒューマニティーズという急速に展開しつつある領域――キャサリン・ヘイルズがその先駆である――であり、テーマにおいても方法論においても豊富な論点を備えたアジェンダに取り組んでいる。その論点のひとつは、人間の知を形成するにあたって、テクストの科学と印刷物――グーテンベルクから3Dプリントまで――の役割が依然として重要であるということである。西洋世界に印刷機が導入された一六世紀に人文学《ヒューマニティーズ》がこれらの議論を導いていたのとちょうど同じように、現代でもこうした議論は思考の最前線に位置している。そして、これだけではない。

ポストヒューマン的な人文学は、グローバル化した人間性《ヒューマニティ》について地球規模で語る新たな一群のナラティヴを作り出し、進展させることができる。すなわち、道徳性の進化論的な諸源泉、人間およびその他の種の未来、技術装置の記号論的システム、デジタル・ヒューマニティーズの背景にある翻訳のプロセス、ジェンダーやエスニシティがポストヒューマン的窮状へのアクセスを指標づける諸要因として果たす役割、そして、それらすべてのことが制度上含意することである。これは新しく革新的なアジェンダであり、ヒューマニズムや人間中心主義を礎としつつも、そのどちらにも制約されない――つまり、二〇世紀の人文学からすれば、正真正銘の新しいプログラムなのである。

試行段階ではあるが、ポストヒューマン・スタディーズのための新しい学際的な研究プラットフォームが、いくつかの主要な大学で準備されてきており、本書が出版される頃には画期的な実験を進めてい

◆7　典拠：Wikipedia: One Health Initiative（二〇一二年四月二六日アクセス）

るだろう[8]。こうして理論や研究の豊饒さに当惑した結果、続いて以下のような問いが生じる。すなわち、人文学はいかにして、ポストヒューマン的思考や新しいポスト人間中心主義的研究におけるこれらの実験から着想を得ることができるのか。人文学はどうすれば、このアプローチを自分たちの研究対象に適用することができるのであろうか。

ポストヒューマン的批判理論

人文学は、これらの新しい領域横断的な思考モデルから着想を得ることができる。わたしからすると、あらゆることの鍵は方法論にあるので、新しいゲームのルールを繰り広げるひとつの方法として、ポストヒューマン理論にとっての主要な価値基準をひとつひとつ明確にし、それらを人文学に応用することを試みたい。わたしにとっての黄金律とは、地図作成の正確さとそれにともなう倫理的な説明責任、領域横断性、批判を創造的な比喩形象と組みあわせることの重要性、非線形性の原理、そして、記憶と想像の力および脱親和化〔＝異化〕の戦略である。これらの方法論的指針は、ポストヒューマン的批判理論の礎石として価値あるばかりか、人文学と生命科学が相互の敬意にもとづき両者の関係性を再定義する助けとなるのである。

　まずは地図作成の正確さから始めよう。地図作成法とは、理論に依拠し、政治的な情報を踏まえた現状読解のことである。地図作成が目指すのは、わたしたちの主体の位置を構造化している権力の場所を暴き、そうすることで認識的かつ倫理的な説明責任を果たすことである。かくして地図作成法は、各々の場所を、空間（地政学的ないしエコロジカルな次元）と時間（歴史的かつ系譜学的な次元）の双方の観点から説明する。こうして強調されるのは、批判理論の状況に根ざした構造であり、それは、知を有しているという主張のすべてには部分的ないし限定的な性質しかないことを含意している。こうした制約条件は、普遍主義とリベラルな個人主義の双方に向けられた批判を支持するうえで欠かすことができないものである。

しかしながら、権力の場所について批判するだけでは十分ではない。権力は抑圧的である（ポテスタス）だけでなく、力を賦与するアファーマティヴなもの（ポテンティア）でもあるという観点[◇3]からすると、こうした批判は、権力の場所のための別の比喩形象ないし概念的人物を探求することと一体になって機能するのである。たとえば、フェミニズム／ウーマニズム／クィア／サイボーグ／ディアスポラ的主体、ネイティヴやノマドの主体、さらにはオンコマウスや羊のドリーなどの比喩形象は、単なる隠喩ではなく、特定の地政学的・歴史的な場所を示す道標である。そのようなものとしてそれらの比喩形象が表現しているのは、諸々の複雑な特異点であって、普遍性をもつ主張ではないのである（Braidotti, 2011a）。

比喩形象とは、力動的で非単一的な存在物としての主体にこれまでと異なる表象を与える表現物であ

◆8　たとえば、スウェーデン政府の助成を受けたリンシェーピング大学のポストヒューマニティーズ・ハブ（http://www.tema.liu.se/tema-g/Posthuman/Network?l=en:）、スイスのベルン大学人文学・社会科学高等研究所が進める研究、英国の東ロンドン大学での諸々の実験、そしてオランダのユトレヒト大学人文学センターでのわたしの仕事がある。

る。それはつまり、生成変化のプロセスをドラマ化するということである。これらのプロセスの前提となるのは、主体の形成が自然／技術、男性／女性、黒人／白人、ローカル／グローバル、現在／過去の狭間——これらの二項を流動的にして連結する諸々の空間——において生じるということである。この中間状態は、理論的な表象のすでに確立された諸様式を受けつけない。なぜなら、それはジグザグに進み、線形的でもプロセス指向でもなく、概念に駆動されてもいないからだ。批判と創造が新たに手を取りあって、概念的人物ないし比喩形象の実践を現勢化し《アクチュアライズ》、支配的な主体観にかわるアファーマティヴな選択肢を能動的に追求しようとするのである。

ジグザグに進むことは実際、ポストヒューマン的批判理論の次なる礎石、すなわち非線形性を築くための操作概念である。現代科学は複雑性を備えており、グローバル経済も線形的に作動しておらず、むしろ網の目のように散在して複数の中心をもっている。このことを考慮するなら、人文学が伝統的な視覚化のルールにこだわり、線形的な思考を無批判に採用していたのでは自滅するほかないだろう。わたしたちが直面しているデータの異言語混淆性〔heteroglossia〕[◇4]ゆえに、多方向にわたる関係性によって構造化された主題は、複雑な知のトポロジーを必要としている。結果として、わたしたちは非線形性を採用し、ポストヒューマン時代の諸々の逆説を説明する権力の地図作成法を展開していかなければならないのである。

この論点は、時間との関係においてさらに複雑なものとなる。第三章で見たように、線形性とはクロノスという支配的な時間のことであり、それと対比されるのが、生成変化ないしアイオーンという力動的でより循環的な時間である。前者は制度的な時間と実践——「王道」科学——の番人であり、後者は周縁的な集団――「マイナー」科学――がもつ特質である。◇5 クロノスが駆動する公認の「王道科学」は、それとは異なる時間性にもとづく「マイナー科学への生成変化」のプロセスと対立している。前者がプロトコルに制約されているのに対して、後者は好奇心に突き動かされ、科学という営みを新しい概念の創造という観点から規定する。ノマド的な理論は、支配的で線形的な記憶システムが人文学と社会科学に対して行使する権力への批判を提案する。創造性と批判が一体となり、記憶を想像力として、創造を生成変化として理解する非線形的なヴィジョンに依拠するアファーマティヴな選択肢を探求するのである。過去の権威に盲従するかわりにわたしたちが手にするのは、複数の時間域の刹那的な共現前であり、それは、安定した諸々のアイデンティティを活性化し脱領土化するとともに時間的な線形性を粉砕するような連続体のうちにある（Deleuze, 1988〔二〇一七〕）。このように時間を力動的に捉えるヴィジョンは、想像力という創造性に富んだ資源の助けを借りて、過去との再接続という課題に取り組むのである。

非線形性はまた、人文学の諸々の学問分野《ディシプリン》における学術的実践に影響を及ぼしてもいる。つまり、線形性をよりリゾーム的な思考スタイルに置きかえる方法のことであり、この方法によって、複合的な連結や相互作用の線が可能となり、それらが必然的にテクストを、数多くのその「外部」へと接続するのである。この方法は、ひとつのテクストの「真理」が、書物という意味作用の空間内部はおろか、他のどこにも実際にはけっして「書かれて」いないという確信を表明している。付け加えると、テクストの「真理」とは、固有名詞や署名、伝統や正典に備わる権威や、学術的なディシプリンが有する威信にかかわることでもない。テクストの「真理」は、まったく異なるかたちの説明責任や正確さを必要とするようになるのであり、それはテクストが引き起こす情動の横断的な性質、言いかえると、テクストが可能にするとともに維持している、外へと向かう諸々の相互連結や関係のうちに存在している。ジョージ・エリオットは、〈生〉を持続させるエネルギーのうなりへと耳と心を開きつつ書くことによって、こうした道を指し示していた。ヴァージニア・ウルフもまた、彼女の書き手としての眼差しを、よどみのない流れとして定義される〈生〉の完全な静止へと向けることによって同じことをなした。書くこととは、宇宙の強度を存在の持続可能な諸部分へと転写する方法なのである。

このことには批評の課題にとって重要な含意がある。ポスト構造主義が教えてくれたように（Barthes, 1975〔二〇一七〕）、「テクストに対する忠実さ」や引用といった方法は、差異なき平板な反復にとどまるものではない。ここで前景化するのはむしろ、想起すること、つまり、出来事としてのテクストがもつ情動的備給を持続させることを可能にする創造的な能力である。

そうあるためには、〔テクストへの〕忠誠は、テクストがもつ見せかけの深さにも、著者の意図性――潜在的であれ明白であれ――にも、ましてやファルス的な〈主人〉のシニフィアンがもつ主権にも帰されるべきではない。テクストとは、理論的なものであれ科学的なものであれ、あるいは文学的なものであれ、時間と空間におけるさまざまな契機のあいだ、そして思考プロセスのさまざまな水準や度合い、形態や布置のあいだの中継点のことである。テクストとは流動的な存在物、噴流なのだ。考えることと書くことは、呼吸することと同じように、線形性という鋳型や印刷された頁という制約のなかに押さえ込まれているのではなく、諸々の観念や他者やテクストと邂逅する網の目のなかで束縛を解かれて外側へと動いていく。言語的シニフィアンは、諸効果の連鎖におけるひとつの点でしかなく、その中心でも終局でもない。知的な着想源は、諸々のテクストとその多数の「外部」が連結するつきることのない流れに由来する。創造性は、過去の経験や記憶や情動――それらは、生成変化をめぐる一元論的哲学においては、現在における活動や実践として再構成される――がひとまとまりになった潜勢《ヴァーチャル》的な全体性とたえず連結しつづけるのである。批判的思考に対するこのアプローチは、時間を同期させようとする訓練であり、それは潜勢的な強度を具体化ないし現勢化することによって「いまここ」の活動を持続させる。この強度は、わたしたち以前であると同時にわたしたち以後、過去にして未来であり、変異・差異化・生成変化の流れやプロセスのうちにある。これこそが批判的思考の「物質‐実在論的」な核心なのである。

ノマド的思考は、「カオスモーズ」（Guattari, 1995〔二〇〇四〕）という地理‐哲学的ないし惑星的な次元へと向けて情動を開放するように促す。これにより思考する主体は、無償（非営利の原理）で目的を欠いた（流動性ないしフローの原理）諸々の行為の閾として捉えなおされるようになり、この行為が、変容を及ぼす生成変化（非線形性の原理）の生気的なエネルギーを表出する。忠誠はむしろ、ひとつのテクストや概念を構成する情動的な諸力の強度に対して必要とされているのであり、それによって、ひとつのテクスト――ないしひとつの概念や理論――が何をなしうるのか、何をおこなってきたのか、自己や他者たちにいかなる強い影響を与えてきたのかが説明可能になるのだ。想起のプロセスとは、多様な事項やデータが自己に及ぼした強い情動的な影響を説明することにほかならない。このプロセスは、時系列において先行し、記録され、それゆえ回復可能な経験を受動的に反復することにかかわるだけでなく、ドゥルーズにとってもベルクソンにとっても想像力、つまり創造的に作業しなおすことにも大いにかかわっているのである。

このプロセスが含意しているのは、ポストヒューマン的批判理論にとっての次の重要な価値基準、つまり記憶の役割である。ポストヒューマン的時間は複雑かつ非線形的なシステムであり、いくつもの時間のシークエンスにわたって内部から散逸化、多数化していることを考慮するならば、情動と記憶は本質的な諸要素となる。ポストヒューマン的かつノマド的な記憶の様式とは、時系列的な線形性からもロゴス中心主義へと引きつける重力からも解放されて、自己を能動的に再発明することなのであって、その自己は憂鬱なまでに一貫的であるのとは対極的に、悦ばしくも不連続的なものである。記憶は、主体のうちで諸々の潜勢的《ヴァーチャル》な可能性を現勢化《アクチュアリゼーション》するための力を賦与する想像力を必要としており、そのような主体は、生気論的で多方向的な記憶を宿した横断的かつ関係的な存在物として再定義されるようになる（Rothberg, 2009）。記憶は、諸々のノマド的な転位との関連において、つまり創造的かつ高度に生成的な相互連結として作用するのであり、この相互連結が、さまざまな単位や存在物のあいだにある諸々の関係性や拡張の可能性を混ぜては組みあわせ、混淆して多数化するのである（Braidotti, 2006）。

次なる方法論的な道標は、第二・三章で論じた脱親和化の実践である。これは、知の主体が、それまでに慣れ親しんできた支配的で規範的な自己のヴィジョンからみずからを切り離し、ポストヒューマン的な準拠枠へと進展していくための覚醒のプロセスである。主体は、ウィトルウィウス的な枠組みをきっぱりと置き去りにし、みずからを多数の他者と複雑に連結して、関係的なものへと生成変化する。このように構成された主体は、ヒューマニズムと人間中心主義の諸々の境界線を皮膚感覚の次元で爆破するのだ。これまでの章でわたしたちは、いかにして主体形成の支配的な諸モデルから脱同一化することが生産的かつ創造的なものになりうるのかについて、一連の具体例を見てきた。それらの事例は、フェミニズム理論から引き出してきたものであり、女性らしさと男性らしさをめぐる諸々の支配的な制度や表象から徹底的に離脱することを含意している（Braidotti, 1991; Butler, 1991〔一九九九〕）。〔他方、〕ポスト植民地主義や人種をめぐる言説は、何が人間主体を構成するのかについて一般に容認された見解を問いなおし、そこに含まれる白人の特権やその他の人種化された諸前提を断ち切っている。◆9

これらの脱同一化は、女性への生成変化（性別化）と他者への生成変化（人種化）の軸線に沿って生じており、それゆえ、擬人主義《アントロポモルフィズム》の諸制限の内部にとどまったままである。だが、擬人主義を断ち切り、ポスト人間中心主義的《アントロポセントリック》な同一化のありかたを展開するには、よりいっそう徹底した転換が必要である。わたしたちがゾーエー、すなわち非-人間的な生そのものと一緒に進むことを始めるやいなや、存在の耐えられない軽さがわたしたちに降りかかる。ノマド的な理論の生気的な地球中心主義——ゾーエーへの愛——は、これと同じ方向に向かう並行した試みである。地球への生成変化や知覚不可能なものへの生成変化は、確立された思考パターン（〔差異の〕自然化）からの断絶をより徹底することであり、根底から切迫した惑星的な次元を導入するのである。この人間学的脱出《アントロポロジカル・エクソダス》は、喪失や痛みの感覚をともなうがゆえに、感情的にも方法論的にも特に困難である。脱同一化には、大切にしてきた思考や表象の習慣を喪失することがともない、それは恐怖や不安感、ノスタルジーを引き起こしかねない動きでもある。

方法論の面では、脱親和化は人間ならざる他者との関係性を転換させ、人間中心主義的な思考や

◆9　以下を参照。Gilroy（2000）, Hill Collins（1991）, Ware（1992）and Griffin and Braidotti（2002）.

人文主義的《ヒューマニスト》な傲慢さといった数世紀来の習慣からの脱同一化を必要とする。これによって人文学《ヒューマニティーズ》の能力や意志が試されることになりそうだ。「ハード」サイエンスないし実験科学はたしかに、人間中心主義からのこの離脱を比較的容易に成し遂げつつあり、それはディープ・ヒストリーやワン・ヘルスといった研究動向の事例でみたとおりである。複雑性へと向かう人文学の進展が、人文学の実践の背景にある人間中心主義によって阻害されうるという批判的な問責は深刻に受けとめるに値するかもしれない。批判理論は、来るべき豊かで複雑なポスト人文学と接続することができるだろうか。

　人文学ならびに生命科学におけるポストヒューマン的な科学の方法をわたしなりに定義するならば、それを、わたしたちの生きている現実の世界がもつ複雑性への敬意を要請する探求の倫理と切り離すことはできない。ポストヒューマン的批判理論は、科学者たちの実践とその一般社会での認知の双方に対して、新しい主体性のヴィジョンを適用する必要がある。科学者たちはいまもなお、典型的なヨーロッパ市民としての人文主義的な「理性〔＝良識〕の人」(Lloyd, 1984) という古典的で時代遅れのモデルに囚われたままなのだ。わたしたちはこのモデルを克服し、徹底した学際性と横断性、つまりは言説群の境界を越えるありかたへと向かわなくてはならない。この領域横断的なアプローチは、思考の構造そのものに影響を及ぼし、学術研究における概念的な多様性をリゾーム的に取り込んでいく。ポストヒューマン的な方法とはつまるところ、いっそう高い次元におけるディシプリンのハイブリッド化のことであり、それが依拠しているのは、制度上の理由によるプロトコルの平板な反復を打ち砕く諸々の出会いを通じて、わたしたちの思考の習慣を強烈に脱親和化することなのである。

人文学の「適切」な主題は「人間」ではない

本書を通じてわたしは、ポストヒューマン理論がプロセス存在論に依拠していることを論じてきた。プロセス存在論とは、主体性を理性的意識と同一視する伝統的な考えに異議を唱え、その両者を客観性と線形性に還元することに抵抗するものである。◆10 ポストヒューマン的な知の主体を、時間の連続体であり集合的なアッサンブラージュであるとするノマド的なヴィジョンは、二重の取り組み《コミットメント》——一方では諸々の変化のプロセスに、他方ではエコソフィー的な共同体の感覚という強い倫理に取り組むこと——を含意している。共現前、つまり、ともに世界内に存在しているという同時性が、人間の他者と非・人間の他者の双方と相互に作用するにあたっての倫理を規定している。このような理解、つまり、わたしたちを連結する関係の絆を非総合的に捉える横断的な理解から、集合的に配分されたひとつの意識が立ち現れる。こうして関係性が、そして複雑性という考えかたが、ポストヒューマン的な主体をめぐる倫理や、その認識的な構造と戦略の中心に位置づけられるのである（Braidotti, 2006）。

この観点には、科学知識の生産にとって重要な含意がある。科学の営みをめぐる支配的な見解は、数々の〈法〉を制度的に実装することに依拠している。これらの〈法〉が、科学研究の実践を規律するとともに、主題や方法論上の諸々の境界線を取り締まり、何が尊重され許容可能で出資してよい科学と

◆10 客観性という観念についての見事な批判的説明についてはDaston and Galison（2007）を参照。

みなされるのかを定めているのである。科学的実践についての諸々の法は、そうすることで、わたしたちの精神が何をなしてよいのかを統制し、かくしてわたしたちの思考の構造を制御している。それに対してポストヒューマン的な思考は、思考する主体——地球という舞台での彼ないし彼女の進化——と、思考することの実際の構造の両方について、これとは異なるヴィジョンを提示する。

　思考することの課題とは新たな概念を創造することであるというドゥルーズとガタリの考えは、人文学にとって重大な着想源である。なぜならこの考えは、哲学と科学と芸術の平行関係に依拠しているからである。このことを、これらの知的追求の差異を平板化してしまうことだと見誤ってはならない。そうではなくて、この考えは、〔哲学と科学と芸術という〕三つの知の部門のあいだに統一した目的があることを強調する方法なのである。ドゥルーズとガタリは、哲学・科学・芸術がそれぞれに体現している知性のスタイルに、明確に区別される差異があることを念入りに強調している。彼らはまた、それら三つのスタイルが、強度をもって自己変容する〈生〉のエネルギーという共通平面になおも指標づけられているとも論じる。この連続体が生成変化の存在論、すなわちポストヒューマン的なノマド思考にとっての概念的な駆動力を維持しているのである。科学は、現勢化《アクチュアライズ》され定義づけられた世界の実際の物理的プロセスを扱わなければならないかぎりにおいて、ドゥルーズの一元論的存在論を特徴づける生成変化や差異化のプロセスにはさして開かれていない。哲学に利点があるのは、それが探求をおこなう知性にとっていっそう繊細なツールであり、内在性という潜勢的《ヴァーチャル》な地平、生成能力をもつ宇宙の生み出す力、そして非‐人間的でつねに流動的である「カオスモーズ」にいっそう適合しているからである。思考することは、諸々の関係の様式へと入り込む能力の概念的な対応物である。それは、影響を及ぼすとともに影響を被り、そうすることで質的な転換と創造的な緊張関係を持続させる能力のことであり、芸術の特質でもある。だからこそ、批判理論が主要な役割を果たすのである。

マヌエル・デランダ（DeLanda, 2002）は、ドゥルーズ的な科学に備わる強度的な様式を見事に分析し、諸々の潜勢的可能性が現勢化するプロセスが、普遍的な本質や線形的な現実化よりも決定的に重要であると力説している。デランダの指摘によれば、ノマド的な強度の科学は、反本質主義だけでなく、類型学的な思考も回避しようとしている。類似、自己同一性、アナロジーや対立といった支配的な原理は、潜勢的で強度的な生成変化について思考するにあたっては回避されなければならない。ドゥルーズの要求とは、「わたしたちは、これこれの判断をおこなうことや、しかじかの関係を打ちたてることを許容しているものについて説明を与えなければならない」（DeLanda, 2002: 42）ということなのである。

ノマド的生気論の重要な側面は、それが有機論的でも本質主義的でもなく、プラグマティックで内在的であるということである。言いかえると、生気的唯物論は、生命についての包括的な概念を前提とせず、生成変化の諸々の実践や流れ、複雑なアッサンブラージュや異種混淆的な諸関係のみを前提としている。第二章で論じたように、理想化された超越論的なものなどなく、潜勢的な多数性のみが存在しているのだ。一元論的存在論は、生命を生気論的で自己組織化する物質とみなすこのような見解を支持しており、そのことはまた、批判的な思想家が哲学・科学・芸術のさまざまな部門を新たな同盟関係のうちに再統合する助けにもなる。わたしはこのことを、「繊細な」サイエンス（人文学）と「ハード」サイエンス（自然科学）というふたつの文化の関係性を再定義するための力動的で現代的な図式とみなしている。それらふたつの科学は、生気的な物質へとアプローチする異なる筋道なのであり、この生気的な物質が、主体性と、その惑星的かつ宇宙的な諸関係の双方にとって核心となる部分を構成しているのである。

ボンタとプロテヴィ（Bonta and Protevi, 2004）が強調するように、ドゥルーズの「地理 - 哲学」は、人文学が現代の生物学や物理学にとっても創造的なしかたで取り組むよう促している。彼らの強調点は、諸々の現勢化した状態と潜勢的な生成変化を——物質をオートポイエティックなものとする観点にもとづき——区別するにあたっての複雑性にある。現勢化した状態は「王道科学」の対象を構成し、潜勢的な生成変化は「マイナー科学」のための枠組みを構成する。両者とも時間上の異なる地点において必要とされるのだが、「マイナー科学」のみが倫理的に可変性を備えており、先進資本主義による経済的要請や、生ける物質への認知的介入に制約されていない。その結果、以下のような結論を暫定的に打ち出してみることができる。すなわち、ポストヒューマン的批判理論が科学の実践に対してもつ主たる含意とは、知の主体のことを複雑な特異点や情動的なアッサンブラージュ、そして関係を織りなす生気論的な存在物とみなす理解に即して、科学的な〈法〉を再調整しなければならない、というものである。

これらすべてのことから導き出されるのは、人新世《アントロポセン》というポストヒューマンの時代に、人文学《ヒューマニティーズ》は、その固有の研究対象として〈人間なるもの〔the Human〕〉——「人間〔＝男性Man〕」は言うまでもなく——に固執すべきではないということである。それとは逆に、この研究領域が人文主義的《ヒューマニスト》な〈人間〉の帝国から解放されることは、科学技術の進展、生態系と社会の持続可能性、グローバル化がもたらす多数の難題など、〔人文学にとって〕外在的で、惑星規模でさえある重要な諸問題に、ポスト人間中心主義的《アントロポセントリック》なしかたで接近できるようになるという利点をもたらすだろう。そのような焦点の変更は、他の社会的アクターや科学的アクターの助けも必要としている。

ここでの問題は、人文学が自らのアジェンダを現代の科学技術との関係において設定することは許されるのか、あるいは、人文学がそもそもみずから選んだわけではない場所へと押し込められてしまうことになるのか、ということである。たとえば気候変動やバイオテクノロジーに関する公の議論においては、これらの複雑な議論のうちで、人間という構成要素に関連した主題のすべてを、制度的に資金が不足した人文学の領域に割り当てようとする顕著な傾向が実際に存在する。この傾向は、倫理学に制度上の財をもたらすようになっている。すなわち倫理学は、今日の時代のジレンマに見合った新しいメタ言説や規範的な禁止命令を発することを期待されており、多くの場合、みずからその特権をもつと主張するのである。しかしながら、このメタ言説的な権利要求は実体をともなわない。さらに言えば、それはマスター・セオリーの役割を担うものとして哲学を擁立する制度化された思考習慣――受動的で不活性でもある――を持続させてしまうことにもなる。哲学者を知の立法者や真理の裁判官とするイメージ――カント学派に由来するモデル――は、ポストヒューマン的批判理論が訴えようとするものとはまさに正反対のイメージである。ポストヒューマン的批判理論が訴えるのは、人間の他者と非‐人間の他者との関係にもとづく、ポスト‐アイデンティティ主義の非単一的かつ横断的な主体性なのである。

人文学だけに責任が課される言説領域としてつねづね喚起されるものは他にもある。それは気候変動やバイオテクノロジーの衝撃といった複雑な事柄の「社会的・文化的な側面」という論争含みの問題である。言いかえると、人文学は人間中心主義の側にぐいぐい押し込められているのだが、それと同時にこの制約によって非難されもするのである。これはウィムスター（Whimster, 2006: 174）が記した逆説の完全な例証である。すなわち、「人間についての科学は、非人間的なものになる能力を備えるか、それとも、ヒューマニズム的ではあるがほとんど科学的ではなくなるのか、そのどちらかでしかないように思われる」。どちらに転んでも、罵られてしまうというわけだ。

わたしの論点は、人文学が、ポストヒューマン的状況によって与えられた多様な機会に応じなければならないというものである。人文学は、人間なるものに伝統的ないし制度的に割り当てられてきたものやその人文主義的な派生物から脱して、みずからの探求の対象を設定することができる。いまやわたしたちには、〔人文学という〕この領域が、多数の可能性からなるアーカイヴに恵まれているということが分かっている。人文学は、今日の科学技術やその他の大いなる難題をめぐって独創的かつ必要な議論を打ち立てるための方法論的・理論的なリソースを備えているのである。そこで問題となるのは、ポストヒューマンの時代に、そして「人間」とアントロポスの優位性が衰退した後に、人文学は何に生成変化することができるのかということである。

グローバルな「マルチ」ヴァーシティ

いまや問題は、ポストヒューマン的批判理論、そして二一世紀の人文学《ヒューマニティーズ》に最も適した制度的実践とはどのようなものか、ということである。人文学が第三千年紀における諸々の難題に取り組む能力をもつかどうかという議論は、理念や表象としての大学の危機という問題を提起しているのだ。

大学の理念に関する論争を歴史的に概観することで、この危機がどれほどのものであるのか理解が可能になる。人文主義者のアカデミーというルネサンスのモデルを規定した学者像とは、長期間にわたって根気よく、手仕事的な研究をやりたいようにおこなう芸術家や職人といったものであったが、このモデルはすでに終焉している。このモデルは、近代における大学の「フォーディズム」モデル、つまりは学術的な財を連鎖的に大量生産するユニットとしての大学に取ってかわられたのである。ルネサンスのモデルがいまでもアメリカのリベアル・アーツ・カレッジによって維持されているとするヌスバウムの主張（Nussbaum, 1999）は、本章で言及したようにエリート主義的かつノスタルジックである。イマヌエル・カントによる一七八九年初刊の古典的テクスト「諸学部の争い」（Kant, 1992〔二〇〇二〕）は、工業生産モデルにもとづく近代的大学にとっての青写真を提示している。カントは大学を、一方で実利指向の「上級」学部――法学、医学、神学――と、他方で批判という責務を担い、かくして市場や実利的関心から引きさがっている「下級」学部――芸術、人文学、科学――に分割した。[11] この青写真は、いくつかの歴史的な修正があるにせよ、いまもなおかなりの効力を保っている。おそらく最も重要な修正は、一九世紀のフォン・フンボルトによる大学モデルである。このモデルは大学のことを、リーダーシップや知的な市民という立場を担う高度に選別された――近年までは男性に限定された――エリートを訓練するための場所としていた。このモデルはいまだにヨーロッパにおいて優勢である。

しかしながら、ビル・レディングズ（Readings, 1996〔二〇一八〕）が現代の大学について示した刺激的であ

◆11　カントの大学観を現代的、批判的に更新したものとしてはLambert（2001）を参照。

りながら時に当惑させられるような診断においては、大学という制度は「ポスト歴史的」なものになったと論じられている。彼によれば、大学は「長生きしすぎたのであり、いまや、国民文化を歴史的に発展させ、それを肯定し、教化するという企図で大学が定義されていた時代の遺物になっている」(Readings, 1996: 6〔二〇一八、八頁〕)。わたしが先に言及したかつての大学モデル、つまりはカント的モデルやフォン・フンボルト的モデル、さらにはカーディナル・ニューマン(Newman, 1907)が支持したイギリス植民地型モデルでさえ、グローバル経済によって不安定なものになってしまった。この観点からすると、国民国家の衰退は大学全体に、そしてとりわけ人文学にネガティヴな諸帰結をもたらしている。レディングズが論じるように、今日の学園生活における中心人物は教授ではなく実務担当者であり、大学はもはや国家のアイデンティティの柱でも、国民国家や国家装置をイデオロギー的に担うものでもなくなっているのだ。

> 証券取引や保険会社がもはや産業生産の排水管ではないのと同じく、大学もいまでは諸々のリソースに寄生する排水管ではない。証券取引と同様に大学も、資本が自己認識を得るための地点のひとつ、つまりは資本がリスクや多様性を管理運営し、さらにはそうした管理運営から余剰価値を抽出することのできる地点のひとつなのである。大学の場合、この余剰価値の抽出は、情報における差分への投機の結果として生じている(Readings, 1996: 40〔二〇一八、五四 - 五五頁〕)。

この文脈では、「エクセレンス」◇6というあまりに誇示的な考えは、実質的には何の意味もないものの、国家を越えた学術資本の取引にとっては欠かせない要因なのである。それは単なる「テクノ官僚主義的な理想」(Readings, 1996:14〔二〇一八、一九頁〕)であって、まったく内容を参照していないのだ。こうしたアカデミックな基準の「脱 - 参照化」には、ポジティヴな帰結とネガティヴな帰結の両方がある。

ネガティヴな面から言えば、具体的な参照がないことは、「エクセレンス」が金銭や市場の需要、消費者の満足によって指標づけられていることを意味している。よりポジティヴな特色としては、「脱 - 参照化」は、「国や共同体といった観念を別様に考えることができるような」新たな諸空間の可能性を切り開く(Readings, 1996: 124〔二〇一八、一七三頁〕)。これらの大学モデルに関して、今日わたしたちは何をなしうるだろうか。

古典的な保守モデルを検討することから始めよう。その例証となるのはジョン・サールであり、彼は西洋の合理主義的伝統(Searle, 1995)における諸々の鍵概念を、人文学研究の核心にある価値として弁護している。合理主義の伝統は、真理をめぐる実在論的な実践に堅固に基礎づけられており、テクストにもとづき、自己批判的に理論を展開する。この伝統は、言語の機能は効果的にコミュニケーションをおこなうことにあるという前提に立ち、したがって線形的な思考に依拠している。結果として——諸々の言明の根拠が観察可能な事実としての現実にあるとする、真理の対応説にしたがうならば——真理は表象の正確さをめぐる問題となる。続いて、知識は客観的であると想定される。なぜなら、知識が依拠するのは、独立して実在する現実を表象したものであり、主観主義的な解釈ではないからだ。合理性が至高の支配力をもつのであって、形式的な理性——実践的な理性と対置される——は、それ自体の内的論理を備えており、その論理が証拠や妥当性についての諸々の基準を提供するとされる。その結果、知性の基準は譲ることができず、卓越《エクセレンス》についての客観的な価値基準に基礎づけられることになるのである。

大学についての伝統的な理念は、これらの価値基準を体現し、是認するものと理解されている。サールがこれと対置させるのは「ポストモダニズム的」な大学である。それは反実在論が取り入れた真理に関する諸理論からの影響を受けており、それらの理論が、アカデミックな実践の科学性を弱体化するとされる。カリキュラムはジェンダー、人種、エスニシティといった観点を代理表象するべきであるという考えが――サールにとっては遺憾ながら――、その真理としての価値以上に重要になっており、多文化主義を装った浅薄な知的平等主義を導入しているのである。このことが原因となって、研究するべき分野と弁護するべき大義とのあいだに混乱が生じており、それによって伝統的な人文学の方法と実践を〔カリキュラムに〕配置することが阻まれ、人文学の自信が損なわれているというのだ。

リチャード・ローティは、サールに対して雄弁に応答するなかで、合理主義の過度な強調を「西洋の一神論的伝統の世俗化したヴァージョン」（Rorty, 1996: 33）として批判している。実在論、ないし現実との対応関係は、あまり意味をなさない概念、あるいはむしろ「内容のない術語」（Rorty, 1996: 26）でしかない。ローティの主張によると、より賞賛されるべき「科学の客観性」は、能動的な間主観性と社会的な相互作用に依拠する。ローティは意味や真理を形成する社会政治的な諸要因の重要性を力説し、よりプラグマティックな基調を打ち出している。

健全で自由な大学は、世代の変化や宗教・政治上の根本的な意見の相違、そして、新たな社会的応答責任に対して、できるかぎりの対応をみせる。どうにかしてやりくりするのである（Rorty, 1996: 28）。

理論をめぐる問いと「セオリー・ウォーズ」の余波が回帰してきて、こうした議論に取り憑いている。サールの保守的な所見は、人文学の自己弁護に彼が感情的に肩入れしていることの表れとしては正確なものである。それでも、ポストモダンの理論家たちがそうした状況を引き起こしたという彼の非難は容赦ないものだ。彼の安直な反ポストモダニズム的アプローチとは裏腹に、わたしとしては、このアプローチが人文学に投げかけた深刻な方法論的難題を強調しておきたい。実際、人文主義のマスター・ナラティヴが問題を抱えているという目を覚まさせるようなメッセージをもたらしたポストモダンの使者たちを糾弾したとしても、それは人文学の大義を追求するにあたって何の助けにもならない詐術でしかない。人文主義的な高等教育の未来についての真摯な議論が一九九〇年代の「セオリー・ウォーズ」の遺産に囚われ、フェミニズム、ポストモダニズム、多文化主義やフランス哲学についての内ゲバ的な論争に囚われているとするなら、あまりに残念である。ジョーン・スコットは、そのことを見事に指摘している。

ポストモダニストたちはまるで、学者たちがいま直面しているディシプリンの不確かさという問題すべての原因であるかのようだ。大学の住民の人口統計学上の変化、植民地的な諸前提に対するポスト植民地主義的批判の登場、少なくとも一九世紀までさかのぼる哲学史の諸々の展開、より最近であれば冷戦の終結、そして、ここ数年の法外なまでの経済的制約、これらのことが呈示した差異をめぐる諸問題も、ポストモダニストたちを罰することで終わらせられるかのようである（Scott, 1996: 171）。

スコットは、大学を学問分野《ディシプリン》ごとの共同体とみなすジョン・デューイ◆12の考えにさかのぼって言及しつつ、ポストモダニズムと知をめぐってなされる政治色を帯びた論戦が、「誰かの学問的な考えそのものではなく、その考えに関して想定される政治的含意」を過度に強調していることを嘆いている。ルイ・メナンド（Menand, 1996）はさらに進んで、保守的な政治勢力が「セオリー・ウォーズ」を操作して、大学内部のアカデミックな情勢に介入する口実にしていると示唆するほどであり、とりわけフェミニズム、多文化主義、ポスト植民地主義を標的とした攻撃をその証拠としている。エドワード・サイードもこの批判的洞察を取りあげており、彼は人文学のアイデンティティの危機を、合衆国の大学におけるヨーロッパ中心主義的なカリキュラムの排除と結びつけて、きわめて皮肉にも次のように付け加える。

批判者たちのなかには、〈大学〉やアカデミズムの自由が有する性格そのものが、過度に政治化されたがために脅かされてしまったかのように反応する者たちもいた。さらに進んで、次のように考える者たちさえいる。つまり、彼らにとっては、西洋の正典を――敵対する者たちが〈ヨーロッパ白人男性の死体〉［……］と呼んだ錚々たる面々とともに――批判することは、新たなファシズムの勃発、西洋文明そのものの凋落、そして奴隷制や幼児婚、重婚やハーレムの回帰といった、ありそうもないことの前兆だというわけである（Said, 1996: 214–15〔二〇〇九、一〇〇頁〕）。

皮肉をさしおくなら、これらの新たな領域のスタディーズは、主としてラディカルな認識論と方法論的な学際性という二つのやりかたで、一団となったディシプリンが振るう権力に対して脅威を突きつけたのであり、そうした脅威こそが憤る保守派にとっての真の標的であることはかなり明白なことである。ディシプリンの境界線が融解し、それに続いて旧来のディシプリンが集団的権力を喪失したことは、理論的な危機というよりも運営管理上の危機なのだ。メナンドが鋭く観察するように、諸々のディシプリンが無時間的な存在物ではなく、歴史的に偶発的な言説の編成であることを踏まえるならば、それらの脱‐分離化そのものは学者たちにとって不安の源ではないし、なかにはそのプロセスを押し進める者さえいる。しかしながら、人文学の諸学部による自己統治機構の責を担う管理職にとっては、それが大きな頭痛の種となるのであり、彼らは「流動状態につけこんで支出を削減し、強硬な経費削減をおこなおうとする」傾向にある（Menand, 1996: 19）。だが、これらすべてのことは、ポストヒューマンなるものと何の関係があるのだろうか。

この論争を追いかけるかわりに、わたしはむしろ、グローバルに考えローカルに振る舞うという経験的命法から出発することにしたい。「わたしたちの時代にふさわしい」（Braidotti, 2011b）ポストヒューマンの実践を現勢化《アクチュアライズ》する制度上の枠組みを展開しつつ、その一方で、この時代の暴力や不正や俗悪さに抵抗するためである。今日の歴史的条件と直面することとは、思考の活動を外側へ、現実世界へと向け、そうすることで、わたしたちが立つ場所を定義する諸条件への説明責任を引き受けようとすることである。

◆12　デューイは一九一五年のアメリカ大学教員組合の発足において重要な役割を果たした。

認識と倫理の歩みが手を取りあい、第三千年紀の複雑に入り組んだ地平へと進んでいく。もはやもとに戻ることはできない以上、そうした難局に際してなすべきことをなすための概念的な創造性と知的な勇敢さがわたしたちには必要なのだ。

大学の教室では、パストラル・ケアや世代間の公平といった論点がいままでになく頻繁に話題となっているが、前章でみたように、大学の機能が冷戦期以降、もっぱら社会の発展や産業の成長、技術の進展という目的——軍事目的も含まれるがそれに限らない——のための研究と開発であったことも事実である。これはとりわけアメリカ合衆国に当てはまるが、ヨーロッパと広範囲のアジア諸国もこのモデルに含まれる。ワーニックによれば、大学《ユニヴァーシティ》は一九六〇年代以降、多様な社会的・経済的機能を満たす「マルチ - ヴァーシティ」へと変異してきたのであり、そこにおいて大学が担う機能は多くの場合、冷戦期における社会空間の軍事化や地政学的な紛争と結びついていた。「マルチ - ヴァーシティ」とは、一九六三年に当時のカリフォルニア大学システムの総長であるクラーク・カー（Kerr, 2001）が発案した言葉であり、主要な大学に課された課題と要求が爆発的に増加したことを指している。大学がそうした変異を続けた結果、その後二〇年間に「大学は実績志向で脱 - 伝統化した法人格になった。職業的な経営者の庇護のもと、大学は、記憶を欠いたポスト歴史的な組織になった」（Wernick, 2006: 561）。教授会と学生代表団体が新自由主義の経済論理に統治の力を明け渡した結果、人文学の基礎をなす価値が消散してしまい、人文学はある種の贅沢な知的消費財になったのだ。

この流れをひっくり返すことができるだろうか。グローバル化した時代に最もふさわしい大学モデルとは、どのようなものだろうか。わたしが主張したいのは、ポストヒューマン的窮状の影響は、今日の大学が市民として負う責任のような決定的な問題にも及んでいるということである。グローバル化し技術に媒介された今日の世界において、アカデミックな空間と市民の空間はいかにして相互作用することができるのだろうか。デジタル革命が用意する回答は、少なくとも部分的なものでしかない。つまり、新しいキャンパスはヴァーチャルなものになるだろうし、それゆえ定義上グローバルなものであるというわけだ。このことが意味するのは、サールが弁護した普遍的な理想としての超越的な諸価値の終焉である。そうした理想は、大学を下部構造とみなし、ローカル化した知識生産と、認知データのグローバルな送信の双方のハブとして捉える見かたに、急速に取ってかわられつつある。このことは、必ずしも大学を脱人間化したり文脈から剥ぎとったりすることへといたるわけではなく、むしろ、大学をあらためて基礎づけること、そしてその説明責任の新たなかたちへと帰着する。たとえば、ある学際的なチーム（Phillips et al., 2011）は、的確にも「二〇キロメートルの大学」と題された論文において、中国における大学と現代のグローバル都市との変化しつつある関係を分析し、今日における学術機関の使命についていくつかの刺激的な結論を導き出している。

　グローバル都市の空間は、高度な技術による相互作用性《インタラクティヴィティ》を備えた知能空間を必要とし、また、それに依存しているのであり、それゆえ、高密度な技術的インフラを備えた「スマート」シティの空間として定義することができる。そうした環境型《アンビエント》テクノロジーが依拠しているインフラのネットワークは、ヒエラルキーをもたずユーザー・フレンドリーであるので、知識の生産と伝達に関する伝統的な組織を無効にしてしまう。技術的にスマートな都市空間は、知識とその流通を社会秩序の核心部分に書き込むことによって、ある意味では大学を追放し、それに取ってかわるのである。そのとき、以前までは分離され、少なくともヨーロッパでは高度に神聖化されていたアカデミックな空間に何が起こるのであろうか。著者たちは、アカデミックなものは市民的なものへと繰り広げられ、新しい徹底したやりかたで都市環境へと埋め込まれなければならないと論じる。都市全体が、未来のサイエンス・パークとなるのである。その結果として、大学はみずからを「マルチ - ヴァーシティ」に変容させなくてはならない（Wernick, 2006: 561）。すなわち、「都市生活を持続し能率化させる手段によって経済を進展させるという共通の目的をもった、コミュナルな知能の集合的エートス」（Phillips et al., 2011: 299）を創造するべく、都市空間と相互に作用できるような「マルチ - ヴァーシティ」である。冷戦期に始まった都市と都市型大学のブランディングは新たな段階に入っており、そこではしばしば実際の内容物とは無関係なマーケティングの実践やプロモーションの努力、そして私的および公的な投資による財政活動が強化されている。

グローバルなマルチ - ヴァーシティとは、テクノロジーと形而上学が出会う場所であり、その帰結は緊迫したものであるばかりか、勇気づけられるものでもある。こうしてグローバル化し技術に媒介された「マルチ - ヴァーシティ」は、まったく新しい存在物であり、「市民形成や教養《ビルドゥンク》との関係におけるその役割は、完全に埋もれてしまわないにせよ、背景に退いている」（Phillips et al., 2011: 300）。ステファン・コリーニ（Collini, 2012: 13）も、一九世紀ヨーロッパ的な理想との関連で考えることをやめなくてはならないと論じて、同じ点を強調している。彼によると、「それにかわって焦点を当てるべきは、ヨーロッパ・モデルのアメリカ化したヴァージョンがアジアで具現したもの——そこでは技術、医療、経営管理の専門学部が前景化している——が、どのように二一世紀における大学の理想に最も強力な実例を与えているのか、ということである」。

言いかえると、現代の大学は、自らが位置しているグローバル都市との関係を更新するという見地から、その地球規模でのポストヒューマンな使命を再定義しなければならないのである。このことは、都市空間を再検討することと、市民としての責任を再定義することの両方を含意している。国際連合によると、二〇一五年までに世界には二二の巨大都市〔人口一千万以上の都市〕が存在するようになり、二〇五〇年までに、世界人口の三分の二が都市の中心部に居住するようになるとされるのだから、この含意はなおさら重大である。二〇一二年の時点で、世界人口の五〇パーセントがいまや都市で生活しているという事実が公式に記録された。インターネットに支えられた相互作用性《インタラクティヴィティ》がさらに押し進められると、市民があらゆるかたちで、自らの都市環境の計画や運営、査定に参与することが可能になるだろう。そのキーワードとは、オープン・ソース、オープン・ガヴァナンス、オープン・データ、オープン・サイエンスであり、これによって科学や行政のあらゆるデータに公衆が自由にアクセスすることが保証される。現代の二一世紀型都市は、先に引用した中国での研究の事例に見られるように、スプロール化ないし「爆発した」都市空間には限定されない。現代の都市は——最良の場合——、技術に媒介された「スマート」な都市の表層でもあるのだ。かつてのヨーロッパでは、大学とその都市がともに成長し、都市・社会・経済・政治・市民の結びつきが複雑な網の目をなしていたのであるが、今日でもやはり、新たな関係のネットワークが準備されつつある。現代のネットワーク社会には高度な技術的介入が組み込まれているので、この新しい都市空間はポスト人間中心主義的なものであり、人文主義に尺度を与えるウィトルウィウス的な準拠枠をはるかに超え出ていると考えられる。ローカルな関心事とグローバルな難題に応答する現代の「マルチ‐ヴァーシティ」は、労働市場の競争、グローバルな文化、企業世界の要求に正面から向きあい、その一方で、学問的な卓越《エクセレンス》や市民の啓蒙といった世紀来の使命を追求する。将来の都市は、社会の強力なネットワーク化に基礎づけられた、学習や情報仲介、共有された認知実践の活発な拠点となるだろう。海港《ポート》や空港《エアポート》の後にはインターネットのポートが、第三千年紀の都市をナヴィゲートする玄関口《ゲートウエイ》になるのである。

このことからわたしは、第三千年紀になって大学と都市のあいだで交わされる新たな盟約の第二の側面、すなわち市民の次元へと導かれる。大学は、研究の自主性や建設的な教育実践、そして批判的な思考を確固たるものにするという、その目的をかつて以上に追求しなければならない。現代の大学がテクノロジーの主要なハブや知識伝達のグローバルな拠点として果たしうる役割をふまえ、革新と伝統を混ぜあわせることによって、現代世界における大学制度の継続的な重要性を維持することができるのである。技術的なスキルと市民としての責任、社会や環境の持続可能性への配慮、そして消費主義に対する見識のある関係、これらを組みあわせることが、現代におけるマルチ - ヴァーシティの核心にある価値である。ビル・レディングズ（Reading, 1996）が、現在の大学は、古典的なナショナリズムからも卑しい消費主義からも離れて、共同体や帰属性を再定義するうえで助けになるかもしれないという可能性に言及したとき、ほのめかしていたのはこのことである。ブランショの著作を参照しつつレディングズは、大学のことをポスト - アイデンティティ主義的なポストヒューマン主体の共同体とみなす新しいモデルを呼びかけている。このモデルは、来るべき民衆とマルチ - ヴァーシティのための、安定したアイデンティティや固定された統一性を欠いた共同体となるだろう。

このことは、理論の役割と位置にとって深い含意をもつ。そのことに合点がいった日のことをわたしはよく覚えている。それは一九八〇年代末のパリで、ローリー・アンダーソンのコンサートを聴いていたときのことであった。彼女は、公的な知識人としての役割を兼ね備えるタイプのコンセプチュアル・アーティストのひとりであり、わたしたちの時代の変容をめぐる音響的かつ美学的な表現を創り出している。「オー・スーパーマン」は、世界的にヒットしたはじめてのサイバー・ソングであり、来るべきポストヒューマン的な物事を予感させるものであった。その一方で「ストレンジ・エンジェルズ」は、ヴァルター・ベンヤミンによる〈歴史〉哲学テーゼの批判的な再評価であり、過去の事物の想起と未来の持続可能性との新たな連続体を暗示していた。まもなくＮＡＳＡのアーティスト・レジデンスに乗り込むことになるアンダーソンは、このコンサートのおりに、かつて「知識人」を自称していた人々の仕事が、「コンテンツ・プロバイダー」になってしまったと規定した。それが一九八〇年代末のことである。つい先週、わたしはヨーロッパにおける教育の未来についての大きな学術会議の告知を受けとったのだが、そのパネルのすべてが「アイデア・ブローカー」による、またはそれについての発表のために用意されていた。そこでの関心事は、マーケティングや広告についてのアイデアであって、基礎的な研究や実験ではない。想像力にあふれた創造性さえ、特段求められてはいない。大学人たちは、アイデアを仲介《ブローカー》することに身を委ねており、その一方で、情報のネットワークがコンテンツを供給し、ますます自律した意思決定をなすようになっている。見渡すかぎり爆発し拡張した「スマート」シティの空間が、インフラ的な知識生産のリテラシーを有した学生‐ユーザーたちに向けて知識生産物を分配しているのである。ようこそ、未来へ！

こうした未来はすでに、現代のアカデミックな業界を悩ませる際限ない組織再編や財政的制約として始まっており、それはとりわけ人文学にとって手厳しいものである。ルイ・メナンドの主張では、現代の研究型大学は、不滅の真理や普遍的理念を体現するものでもなければ、真・美・善の模範を示すものでもない。それは実際のところ、面倒ごとが多く費用のかさむ官僚組織である。

それ〔現代の研究型大学〕は哲学的に脆弱であり、予測可能な知識、偏狭な専門性や社会への不適合を助長している。それが他のものに代替されても当然である。だが、その代替は、次のような人たち皆の利害関心においてなされる〔べきである〕。すなわち、同じ機能を果たすことになる新たな制度的構造を案出するために、教育と調査研究の統合を継続することに価値をおく人たちである。さもなければ学問の自由は、アメリカではきわめて迅速かつ確実に進むような事情で抹殺されてしまうだろう。つまり、考えが悪いからというよりは、お金がないからというわけだ（Menand, 1996: 19）。

この財政難という社会・経済上のネガティヴな文脈は、世界中にありふれた新自由主義的な大学で職員全員の労働条件をきわだって悪化させる原因となってきた。ステファン・コリーニはこの問題について、彼一流の機知で次のように意見している。「現代のほとんどの大学部署の生活は、数字あわせに忙殺され、監査に躍起になり、交付金獲得に駆けずりまわる結果、注意力散漫になっており、沈思黙考に耽る生活という古典的な理想とは程遠い」（Collini, 2012: 19）。事実問題として、大学人の機能はますます、自己運営の共同体における独立した学者というよりも、会計係と財務顧問によって管理されるビジネス組織の中級管理職のようになっている。成功すればするほど、外部の助成金を獲得し、資金調達に長けるようになる。彼らは「入札《テンダー》」請負人《プレナー》としても知られるほどだ。その一方でロザリンド・ギル（Gill, 2010）は、アカデミックな業界の労働条件を嘆くだけでなく、ストレスと競争化に支配されている個人と制度の双方にそうした条件が与える被害を査定しようともしている。若いスタッフ・メンバーの不安定な立場がとりわけ懸念の源となっている。コリーニも同意見であり、「いくつかの恵まれていない機関にいる若いスタッフや定期雇用スタッフの労働条件は、極端な場合、コールセンターのスタッフの労働条件との比較を連想させる」（Collini, 2012: 19）。

だが、わたしがいる具体的な場所、つまりは旧世界の最奥にあるユトレヒトの古い市街からこれらすべてのことを考えるのは、少しばかり不釣りあいであるようにも感じられる。ここでは都市と大学が数世紀もの期間にわたって織りあわされてきた結果、都市や市民の構造をアカデミックな構造から区別することが難しくなっている。キヴィタスとウニヴェルシタスは表裏一体なのであって、ポストヒューマン的窮状の名のもとに、両者の相互作用の土台を転換させるのは簡単なことではないかもしれない。その未来の青写真はどのようなものでありうるだろうか。わたしとしては、〔現在に残る〕最後の教授たちのことを死にゆく種とみなす黙示録的なヴィジョン（Donoghue, 2008）には抵抗したい。ポストヒューマン人文学《ヒューマニティーズ》は、諸芸術と諸科学の新たな同盟関係に標づけられており、また、ヨーロッパにおける古くからのアカデミックな伝統と市民の伝統によって豊穣なものにされているので、複数の所属先への帰属意識とそれが織りなす新たなエコロジーを請け負うことができる。ポストヒューマン人文学はコスモポリタニズムを再定義することができるので、それによってヨーロッパのポストヒューマン的定義が与えられる。つまり、ヨーロッパという場所を、歴史的にも道徳的にもみずからの歴史の批判的練りなおしと結びつけられてきた地として捉えることができるのだ。

さらに言えば、わたしたちが必要としている大学とは、自らが反映すると同時に仕えてもいる社会に似ているような大学である。言いかえると、グローバル化し、技術に媒介され、エスニシティや言語において多様でありながら、なおも社会的正義や多様性の尊重といった基本原理、さらには歓待や友好の原理とも調和する社会に、大学は似ていなければならない。そのような熱望が人文主義の残滓であることにわたしは気づいているが、それでかまわないし、せいぜい生産的な矛盾だと捉える。わたしは社会が築きあげた意図的な忘却やはなはだしい無知にあらがい、ポストヒューマン的な紐帯という包括的原理への熱望を弁護する。今日の世界を代理表象することに真剣に取り組む大学は、これらの問題に取り組むにあたって、領域横断的な分野を設立しなければならない。そこで探求されるべき課題とは、技術に媒介された世界における知識生産、諸芸術と諸科学のあいだの新たな関係性、グローバル化が引き起こした多言語的な諸現実といったものである。知的な創造性の新たな流れのなかで、グローバルなマルチ－ヴァーシティにおけるポストヒューマン人文学に含まれるのは、人文学的情報学ないしデジタル・ヒューマニティーズ、認知人文学や神経人文学、環境人文学や持続可能性をめぐる人文学、遺伝子工学的人文学、グローバル人文学などであるだろう。ポストヒューマン人文学はまた、研究にあたっての方法や洞察として、文学や芸術の諸実践からどのようなものが発展するのかを探求するという企図も追求するだろう。ポストヒューマン人文学は、人文学の本質的な使命である「より十全な理解を求めようとする人間精神の絶えざる追求」(Collini, 2012: 27) を支持しつづけるだろう。

言いかえると、人文学はポストヒューマンへと向かう主要な変容の過程を経験する能力と心構えを示すかぎりにおいて、生き残って繁栄することができるし、実際にそのようになるだろうとわたしは考える。わたしたちの時代にふさわしくあるために、わたしたちはプラグマティックであらねばならない。現在進行している諸々の変化や変容について力強い言葉で説明できるようになるための思考図式と比喩形象が、わたしたちには必要なのだ。わたしたちはすでに、高度なテクノロジーの介入をともなう解放された（ポスト - フェミニズム的な）多民族社会において、絶えざる移行とハイブリッド化、ノマド的な流動性の状態を生きている。それは単純な出来事でも線型的な出来事でもなく、むしろ多層をなし内部に矛盾を抱えた現象である。そうした状況は、排中律〔あれかこれかの論理〕をものともせず、超 - 近代性の諸要素と新 - 擬古主義の破片を組みあわせ、ハイテクの進展とネオプリミティヴィズムを組みあわせるのである。

現代文化と制度的教育は多くの場合、これらの現実を適切に表象することができない。両者がそのかわりに好むのは、諸々のイデオロギーの終焉についてお決まりの悲しげなリフレインを繰り返すことであり、それが「新しい」ものへの弁明と一緒くたになっている。ノスタルジーとハイパーコンシューマリズムが、新自由主義のもと復活した所有的個人主義の支配下で手を取りあっているのである。しかしながら、ヒューマニズム的主体を単一のものとして捉えるこうした見解は、今日の時代を標づける断片化やフローや変異のプロセスに対して効果的な解毒剤を差し出すことができない。わたしたち自身やわたしたちの価値体系について別様に思考することを学ぶためには、非単一的で関係を織りなす主体の位置から始める必要がある。わたしたちのいる場所――状況に埋め込まれ身体化されたポストヒューマンな場所――について、的確な地図を作成することから始めなければならないのだ。

今日の世界と似た大学があるとすれば、それは「マルチ‐ヴァーシティ」でしかありえない。そうした大学は、爆発し拡張した制度として、建設的なポスト‐ヒューマニティを肯定することになるだろう。そうである以上、大学は、労働市場への統合のみを目的とする教育を支持することはできないが、教育それ自体のための教育もまた支持しえない。現代の知識生産の基調をなす価値として非営利性を取り入れることは実際必要なのだが、この無償性は社会的な希望の地平を構築することにつながっており、かくしてそれは未来の端的な持続可能性への信任投票なのだ（Braidotti, 2006）。未来とはつまるところ、世代間の連帯や後世に対する責任にほかならないが、それはわたしたちが共有する夢、ないし合意のうえでの幻覚でもある。◆13 コリーニはそのことを見事に言い表している（Collini, 2012: 199）。「わたしたちは、複雑な知的遺産を現世代のあいだ保管する者にすぎず、それは自分たちが創ったのでもなければ、自分たちが破壊してよいものでもない」。ポストヒューマン人文学は、絶滅から身をかわすだけでなく、持続可能なポストヒューマン的未来を現勢化《アクチュアライズ》するためにも、グローバルなマルチ‐ヴァーシティにおいてすでに作動しているのである。

◆13　これはウィリアム・ギブソンによるサイバースペースの定義である。

結論

Conclusion

わたしたちは実際にポストヒューマンになっている、あるいはわたしたちはポストヒューマンでしかない。わずかにでも確信をもって、誰もがそう断言できるわけではない。「人間《ヒューマン》」なるものにどうしてもかなりの愛着を覚えてしまうと主張する者もいるのである。すなわち、太古の昔から親しまれている被造物としての「人間」であり、この被造物は、種として、地球規模の存在として、文化的形成物として、それ固有の帰属様式を詳らかにしているのだ。また、いかなる歴史の偶然、知の変遷や運命のいたずらゆえ、わたしたちがポストヒューマン世界に入り込んでしまったのか、少しでも正確に説明することもできそうにない。それでも目下のところ、ポストヒューマンなる観念は、人新世《アントロポセン》として知られるこの時代において、広範囲に流通しているのである。それは不安感とともにそれと同程度の高揚感をも誘い出しており、物議をかもすような文化的諸表象に刺激を与えている。本書の目的にとってより重要なのは、ポストヒューマン的窮状ゆえに、人間なるものの地位についてのいっそうの再考と熟慮が求められているということである。さらには、それにしたがって主体性を鋳造しなおすことが重要であり、わたしたちの複雑な時代にふさわしい倫理的な関係、規範、価値のありかたを発明することが必要になっているということである。このことはまた、批判的思考の目的と構造を再定義することを求めており、究極的には現代の大学において人文学《ヒューマニティーズ》という学問領域がもつ制度的地位へとのしかかってくる。

わたしは本書を、今日の時代がもつ熱狂と恐怖の両面を例証する四つのエピソードから始めた。すなわち、自然‐文化の分断が無効化され高度な技術的媒介作用が生じることで作り出された一連の深刻な逆説のことであり、たとえば電子的に結びつけられた汎人間性は、不寛容やさらには排外主義的暴力を生み出している。遺伝子組換えされた植物や動物が、コンピュータ・ウイルスやその他のウイルスとならんで急速に増殖する一方で、武装した無人の飛行車両と地上車両がわたしたちに新たな死にかたを突きつけている。人間性《ヒューマニティ》はネガティヴなカテゴリーとして作りかえられ、脆弱性の共有や、絶滅という亡霊によって結びつけられているだけでなく、新旧の伝染病、終わりなき「新たな」戦争、収容所や難民流出によって打ちのめされてもいる。新しいコスモポリタンな諸関係やグローバルなエートスのありかたに対する訴えは、ペッカ＝エリック・オーヴィネンやアンネシュ・ベーリング・ブレイヴィク◆1のような者たちによる殺戮行為という応酬をしばしば受けてきた。

本書でわたしがかたちを変えながらたえず分析を試みてきたのは、ポストヒューマン的状況の魅惑と、その非人間的でときに非人道的でさえある諸側面に対する懸念が交互に押し寄せているという事態である。わたしは当初からずっと、批判理論の重要性を強調してきた。それは、批判と創造性を組みあわせ、新たに根本的なしかたで現在というものと向きあうことを自らに課すという意味での批判理論である。わたしの主たる関心は、どのようにしてわたしたちが生きている状況にふさわしい理論的および想像的な表象を見つけ出すか、そして、どのようにしてポストヒューマン的主体性というオルタナティヴなありかたでともに実験していくか、というものである。わたしは本書の冒頭で主要な四つの問いを打ち出し、ポストヒューマンなるものの多面的な風景を横断する旅という構造を与えた。〔第一に、〕わたした

◆1　アンネシュ・ベーリング・ブレイヴィクはノルウェーの大量殺人犯であり、二〇一一年のオスロとウトヤ島における襲撃でそれぞれ八人と六九人――そのほとんどが若い社会主義者である――を殺害し、その犯行を認めた。

ちをポストヒューマンへと導いたかもしれない知的および歴史的な道程をどのように説明できるか。第二に、ポストヒューマン的状況において、人間性《ヒューマニティ》はどうなってしまうのか、より具体的には、それはどのような新しい主体性のありかたを生み出すのか。第三に、わたしたちはポストヒューマンが非人間的（非人道的）〔inhuman(e)〕になるのをどのようにして止められるのか。そして最後に、ポストヒューマンの時代において人文学と理論が果たす機能とはどのようなものか。これらの問いは、単線的ではなく絡みあっており、複雑な地形をまたいでジグザグの道筋をたどっていく。わたしは追跡者や地図作成者がもつ話す態度や書く姿勢を採用することで、現在の窮状が迎えている諸々のやっかいな過渡期だけでなく、そこに内在する諸矛盾のいくつかを説明しようとしてきた。この旅の終着点において、わたしたちがどれだけ遠くまでやってきたのか見ていこう。

ポストヒューマンな主体性

ポストヒューマン的主体は、ポストモダンではない。なぜならポストヒューマン的主体はいかなる反基礎づけ主義的前提にも依拠していないからである。また、ポストヒューマン的主体はポスト構造主義的でもない。なぜならこの主体は言語論的転回や脱構築のその他の諸形式の内部で機能するわけではないからである。ポストヒューマン的主体は、意味作用に不可避的に備わる権力によって枠づけられてもいないので、結果として、あるシステムの内部でその存在に相応しい表象を追い求めているとして非難されることはない。そもそもひとつのシステムは、その構成上、対象にとって正当な認識を与えることができないのである。言語的シニフィアンは、〈欠如〉と〈法〉にもとづいているので、せいぜい計略《エントラップメント》をはりめぐらしエンパワーメントを抑え込むことぐらいしかできないのだ。言語的シニフィアンの主権権力は、否定的な情念によって築かれている。それは、最もひとを満足させるところでさえ、羨望と去勢を通じて、そして、物質的・言説的・文化的な財を中毒的に消費するよう促すことで、渇望を生み出し、否定的な情念を誘発するのである。

ポストヒューマンなノマド的主体は唯物論的かつ生気論的であり、身体をもち状況に埋め込まれている。それは、本書を通じて強調してきた「場所（＝位置）の政治学」がもつ徹底した内在性にしたがって、どこかに確固として場所をもっているのである。そのような主体は多面的で関係を織りなす主体であり、スピノザ、ドゥルーズとガタリ、それに加えてフェミニズム理論とポスト植民地主義理論というレンズを通した一元論的存在論の内部において概念化されている。この主体は関係を織りなす生気性と単一要素に内在する複雑性によって現勢化《アクチュアライズ》されており、そうしたものがポストヒューマン的思考そのものを標づけているのである。

生気的な政治は、主体形成よりも文化と意味作用を優先するような考えかた、すなわちポスト構造主義と精神分析が正典として仰いだ観念とは、はっきりと袂を分かっている。「標づけられていない」とされる主体が、権力のマトリクス――ファルスであれ、ロゴスであれ、ヨーロッパ中心主義的な超越論的理性であれ、異性愛規範であれ――によって、その起源において宿命的に捕捉されたということではないのだ。権力とは、単一の専制的な所有者が作用を及ぼす安定した場所ではない。一元論的な政治は、主体性の核心部分に権力作用を分配する差異のメカニズムを置くのである。多数の捕捉のメカニズムは、多数の抵抗のありかたを生み出してもいる。権力形成は時間的に制約されており、結果として、社会的な活動と相互作用に左右される一時的で偶発的なものである。運動と速度、堆積の線と逃走の線が、非単一的なポストヒューマン的主体の形成に影響する主だった要素なのだ。

ノマド的な主体観は優れた出発点だが、わたしたちはそれをさらに押し進め、別の二つの欠かせない概念、すなわち、充足としての欲望とポストヒューマン的倫理とに結びつける必要がある。欲望を欠如ではなく充足として理解してみると、ノマド的な関係を織りなす主体に対して、かつて認められていたよりも——たとえば精神分析における分裂的主体——可変性があり否定的でないアプローチをもたらすことができる。ノマド的主体は、複雑性理論の一部門であり、徹底した変容の倫理をたえず強調する。これは、歴史的偶発性と文化的コードが主体形成において果たす役割を否定するものではなく、まさにこうした諸要因に対して、その構造と構成が被りつつある変化に見合うよう、重大なアップデートを施すことである。ドゥルーズとガタリがその精神分析批判において論じたように（Deleuze and Guattari, 1977〔二〇〇六〕）、象徴界というジャック・ラカンの観念はすでに時代遅れで、過ぎ去った世界を撮ったポラロイド写真のようである。象徴界は歴史の一時点における家族などの間主観的な諸関係を凍りついたフレームに捉えているが、そのあいだにも先進資本主義は、こうした諸関係を根底から転覆させるような回転を続けていたのである。このシステムの生政治的な性格は一九七〇年代以降、幾何級数的に拡大し、新しいラディカルな間主観的関係性のありかたに作用している。それと逆の立場をとれば、心理学的本質主義を信奉し、歴史と社会的変容の外部へとわたしたちの心的生活を追いやることになってしまうだろう。そのとき、心的なもの——情動的で、幻想に満ち、欲望によって駆動される複合体——は、マスター・シニフィアンの自己複製する専制的な権力によって枠づけられた非歴史的な宙吊り《リンボ》のなかで永遠に静止することになるだろう。すべての生気論的な「物質《マター》-実在論者《リアリスト》」にとって、自分自身の無力さの諸条件に絶望的なまでに結びつけられたこの沈鬱な主体観は、端的にいって、わたしたちが生成変化しつつあるものについての不適切な表象である。わたしたちは「現在にふさわしい」ものでなければならず、つまりは現代文化の一部として、この特殊な世界の主体を身体化し状況に埋め込まなければならない。ポストヒューマン的思考は、現実的なものからの逃走とは程遠く、現代的な主体をそれ自身の歴史性の諸条件のうちに書き込むのである。

同様の理由で生命も、形而上学的観念でも記号論的な意味のシステムでもない。生命とは、経験的な諸行為の多様性において自らを表出するものである。言うべきことは何もなく、すべてはなすべきことなのである。生命は、単に生命であるというだけで、エネルギーの諸々の流れを現勢化させることによって自らを表出するものなのだ。そうした生命の表出を担うものは生気的な情報コードであり、それは身体的かつ文化的で技術的にネットワーク化された複雑なシステムに充満している。それゆえわたしは、運命愛《アモール・ファティ》という考えを支持する。この考えは、諸々の生気的なプロセスを受けとめ、わたしたちがいまここで多数の他者たちと共有している〈生〉が表出してくる強度を受けとめるためのひとつの方法なのである。

ポストヒューマンの倫理

わたしたちは、ポストヒューマンな倫理的主体へと生成変化しつつある。この生成変化は、言語的記号を多方向にわたり超越するコードを用いたあらゆる種類と様式のコミュニケーションによる関係性を受け入れる、わたしたちの多様な能力においてなし遂げられる。わたしたちの集合的な歴史におけるいまという特定の時点において、わたしたちは、自らの肉体をともなう自己、精神、身体がひとつのものとして実際に何をなしうるのかまったく分かっていない。それを明らかにするために、わたしたちは諸々の強度で実験する倫理を受け入れる必要がある。倫理的想像力は、ポストヒューマン的主体においても存在論的な関係性というかたちでいまだ健在である。非単一的な主体のための持続可能な倫理は、拡大された意味での自己と他者の相互連結——非‐人間的ないし「地球〔＝大地earth〕」の他者を含む——に依拠しており、それは一方では自己中心的な個人主義という障害を、他方では否定性という障壁を取り除くことによってなし遂げられる。

言いかえると、ポストヒューマンになるということは、人間たちに無関心になるとか、脱人間化されるとかいったことではない。それとは逆に、ポストヒューマンになることは、むしろ倫理的な諸価値を、領土的ないし環境的な相互連結を含む広い意味での共同体の福利へと、新たに結びつけなおすことを含意するのである。こうした倫理的紐帯は、古典的ヒューマニズムにおいて正典となった系譜において定義されるような個々の主体の自己利益とはまったく異なる種類のものであるし、カント主義者たちによる道徳的普遍主義――人権を、すべての種やヴァーチャルな存在物、分子的な合成体へと拡張することに彼らが寄せる信頼――とも異なる（Nussbaum, 2006〔二〇一二〕）。ポストヒューマン理論はまた、倫理的関係の根拠を共同のプロジェクトや活動といったポジティヴな基盤におくのであって、脆弱性の共有というネガティヴないし反動的な基盤におくのではない。

こうしたプロセス志向の主体観は、道徳的および認知的な普遍主義を拒否するものの、ある普遍主義的な射程を可能にしている。この主体観は、集合性と関係性という強い感覚にもとづいて、部分的だが地に足のついた説明責任を表しており、それは共同体と帰属性についての権利要求を特異な諸主体にもとづいて更新することに帰結する。ロイドは、これらの個別の場所に位置づけられたミクロ普遍主義的な権利要求を、「共同制作の道徳性」と呼んでいる（Lloyd, 1996: 74）。この新しい倫理の価値基準を明言すると以下のようになる。すなわち、非営利性、集合的なものの強調、関係性およびウイルス的な汚染の容認。潜在的《ヴァーチャル》ないし潜勢的な選択肢で実験し、それらを現勢化《アクチュアライズ》させようと協働すること。そして、理論と実践を新たに結びつけ、その中心的な役割を創造性に賦与すること。こうした価値基準は道徳的な指令ではなく、強度をめぐる実験を継続するにあたっての力動的な枠組みである。これらの価値基準は、諸身体がどこまでなしうるのかについての有効な地図を作成するために、集合的に具現化されなければならない。それゆえ、わたしはそのような価値基準を「持続可能性の閾値」（Braidotti, 2006）とも呼ぶ。それは、集合的な紐帯、すなわち新しい情動的な共同体ないし政体を創造することを意図しているのだ。

ポストヒューマンなノマド的倫理の鍵概念は、否定性の超越である。これが具体的に意味しているのは、更新された政治的および倫理的な行為者性《エージェンシー》の諸条件を、直接的な文脈や現状の地勢から引き出すことはできないということである。これらの条件は、可能な未来を創造することに向かう努力によって、アファーマティヴで創造的なしかたで生み出されなければならない。そしてそのために、未開発のリソースとヴィジョンを動員し、他者との相互連結を日々実践するなかでそれらを現勢化させなければならないのである。この企図には、幻視者《ヴィジョナリー》の力能ないし予言者のエネルギーが多く必要とされる。こうした性質は、とりたててアカデミックな業界の流行りでもないし、グローバル化した「エクセレンス」を追求せざるをえないこの時代において学問的に高く評価されるわけでもない。だが、より多くのヴィジョンを求める要求が、批判理論の多くの界限から生じてきているのである。フェミニストたちには、さらなる幻視者の洞察力を求めて論陣を張ってきた長く豊かな歴史がある。ジョーン・ケリーは最初期から、強力な批判機能とそれと同等の創造機能を備える両刃のヴィジョンとしてのフェミニズム理論の典型を示していた（Kelly, 1979）。その創造的な次元はそれ以来ずっと中心的なものでありつづけ（Haraway, 1997, 2003〔二〇一三〕; Rich, 2001）、フェミニズム、ジェンダー、人種、ポスト植民地研究が有するラディカルな認識論のアファーマティヴで革新的な核を構成している。想像力に備わる創造的な力への信念は、生きられ身体化した経験と主体性の身体的起源に対してフェミニズムが寄せる称賛の不可欠な一部であり、これによって、フェミニストとして身体をもつ女性たちが生成変化するにいたった複雑な特異性が表現されうる。概念的な創造性は、何らかの幻視者的な燃料源なしにはまったく想像することができないのだ。

予言者的ないし幻視者的な精神の持ち主は、未来についての思想家である。欲望の能動的な対象としての未来は、わたしたちを前へ駆り立て、いまここ——オルタナティヴなものによる抵抗と反‐現勢化を同時に求める絶え間ない現在——において活発になるように動機づける。持続可能な未来を求める想いは、生きるに値する現在を構築しうる。これは、やみくもな信仰ではなく、ある能動的な転位、ある深い次元での変容である（Braidotti, 2006）。予言者的ないし幻視者的な次元は、現在というもののアファーマティヴな掌握を確実なものにするために必要とされる。それは、生成変化を持続可能にするため、あるいは現在の否定性や不正義を質的に変容させるための発射台なのである。未来とは、現在のアファーマティヴな様相が潜勢的に繰り広げられることであり、そのことが来るべき世代に対するわたしたちの義務を尊いものにするのだ。

アファーマティヴな政治

日常生活のありふれたミクロな実践に根ざしつつ、希望を肯定する《アファーメーション》ことを目指す集合的な企図の追求は、持続可能な諸々の変容を準備し、維持し、計画するための戦略である。希望を社会的に構築しようとする動機づけは、応答責任ないし世代をまたぐ説明責任という感覚に根ざしている。根源的な無償性、そして希望の感覚はその一部である。希望とは、諸々の未来の可能性に思いいたるための方法であり、また、わたしたちの生に充満し、わたしたちの生を活性化させる予期的な美徳なのである。それは強い動機を与える力であり、社会的想像力の再構築を目指す企図に根ざしているだけではなく、その背景にある欲望・情動・創造性の政治的エコノミーにも根ざしている。

ポストヒューマン的な主体性をめぐる現代の諸実践は、批判理論に対するよりいっそうアファーマティヴなアプローチに向けて働きかけている。ポストヒューマン的思考は、単一の自己というヴィジョンと主体の形成過程の目的論的な解釈とを超えたところで現代の諸主体を支持し、変化しつづける世界とシンクロしつつポジティヴな差異を作り出そうとするその営みを支えることができるのだ。たとえば、方法論的ナショナリズムという確立した伝統に抗して、それとは異なる思考のイメージ――ヨーロッパ普遍主義を退け、そのかわりに惑星規模の多様性がもつ力能を信頼するような思考のイメージ――を活性化することができる。わたしたちはまた、情動性と記憶と想像力の助けを借りて新たな比喩形象を発明し、わたしたちが生成変化した複雑な諸主体を新たなしかたで表象するという欠かすことのできない課題に向かう必要がある。科学というもの自体、社会のなかに書き込まれ、生態系のなかに統合されているのだが、それはナショナリズムの軸に沿ってではなく、ポストヒューマン的な地球規模の連結がもつノマド的な網の目のなかでなされているのである。

ポストヒューマンへの生成変化はそれゆえ、ある共有された世界や領土的な空間――都市的、社会的、心的、生態的、あるいは惑星規模でもありうる空間――への接合と連結に対する感覚を再定義する過程である。それは、わたしたちがいまだ自己と呼んでいるものに備わる集合的な性質と外へ向かう方向性を承認するために、帰属にかかわる多数の生態学《エコロジー》を表すとともに、感覚と知覚にかかわる諸座標の変容を具現化するのである。ポストヒューマンへの生成変化とは、実際、共通の生-空間のなかにある可動的なアッサンブラージュなのであり、主体はこのアッサンブラージュをけっして支配も所有もせず、単に住まい、横断するだけで、つねに共同体や団体、集まり、群れのなかにある。ポストヒューマン理論にとって、主体とは横断的な存在物であり、非-人間的な（動物、植物、ウイルスの）諸関係のネットワークのなかに完全に埋没し、そこに内在している。身体をもつゾーエー中心的な主体は、汚染的／ウイルス的に関係を織りなす連鎖に貫かれており、そのことで多様な他者たち——環境的ないし生態的な他者にはじまり技術装置をも含む——と相互に連結するのだ。

非本質主義を掲げるこの種の生気論は、理性的な意識がもつ傲慢さを弱める。理性的な意識は、まったくもって垂直に超越する行為ではなく、むしろ、徹底した内在性という基底的な行為において鋳造しなおされ下向きに押し込められるのである。それは自己を世界へと押し広げる行為であり、世界を内に包み込む行為でもある。仮に意識が、実際には自らの環境や他者たちと関係をとりもつにあたっての認知的様式のひとつにすぎないとしたらどうだろうか。動物たちがもつ内在的ノウハウと比べて、意識的な自己表象は超越性というナルシシズム的な錯覚によって台無しにされており、結果として、自己透明性への熱望ゆえに盲目になっているとしたらどうだろうか。仮に意識が、自らの不可解な病、つまり、この生、このゾーエー——わたしたちの許可なしにわたしたちを動かしている非人称的な力——に対する治療法をついに見つけられないとしたらどうだろうか。ゾーエーとは、生を越えて伸張し、非人称的な出来事としての死へと新しい生気論的なしかたで接近する非人間的な力である。生を中心に据えるプロセス存在論は、ポストヒューマン的主体をきっぱりとこの立場に対峙させ、道徳的パニックやメランコリアの余地を与えない。プロセス存在論が主張するのは、諸々の関係の様式のなかに入り込もうとする世俗的で倫理的な駆動力である。そうした関係の様式のなかで、横断的で非単一的な主体は何に生成変化できるのか、その諸境界を自ら更新し拡張する能力が強化され維持されるのである。その倫理的理想とは、認知的・情動的・感覚的な手段を現勢化《アクチュアライズ》させ、その多数性において他者たちと相互連結するための、より高次のエンパワーメントとアファーメーションを育むことだ。ポストヒューマンに生成変化するプロセスを促す情動的な諸力の選別を統御しているのは愉悦とアファーメーションの倫理であり、この倫理は、ネガティヴな情熱をポジティヴな情熱へと変容させることを通じて作動するのである。

ノマド的なポストヒューマン思想とは、外部についての、開かれた諸空間についての、そして身体をともなって具現化することについての哲学にほかならない。それは、技術に媒介された今日の世界というわたしたちの歴史的な場所が開示する未開発の可能性に信頼をおき、なじみ深いものからの質的な飛躍を切望する。それはわたしたちの時代にふさわしくあるためのひとつのありかたである――人間中心主義的《アントロポセントリック》な世界でも擬人主義的《アントロポモルフィック》な世界でもなく、むしろ地政学的、エコソフィー的で堂々とゾーエー中心的な世界において、わたしたちがただなかにいる諸々の複雑性の自由度を増しそれについての理解を深める方法なのである。

ポストヒューマン的な、あまりにも人間的な

わたしは序章で、ポストヒューマンなるものに対する感じかたは、そもそも自分を人間なるものへとどのように関係づけているかに大いに依拠していると述べた。わたしは本書で終始、自らの反ヒューマニズム的傾向について率直に明言してきた。すなわち、わたしたちの集合的および個人的な強度は、人間的な、あまりにも人間的な諸々の資源と限界によって枠づけられており、ポストヒューマンなるものへのわたしの関心は、ある意味でこのことにわたしが感じているフラストレーションを如実に反映して

いる、と。本書でわたしが書こうと努めてきたことには、いらだちとともに期待が含まれている。ゾーエーをめぐる生気論的平等主義が、人間中心主義に幻滅しそこから解放された者たちを惹きつけるだろうことは疑う余地がない。この人間中心主義は、ヒューマニズム思想のみならず、政治的左派や、フェミニズムやポスト植民地主義の理論が残したもののなかにさえ組み込まれているのである。わたしは生-権力の最後の局面に、言いかえると、生けるものすべてが容赦なく死-政治的に消費されるさなかに生きている。わたしがこだわってきたのはここから出発することであり、すべてを包括する超越論的モデルやロマン化された周縁、あるいは何らかの全体論的な理念をノスタルジックに再発明することからではない。わたしはいまここから、わたしの妹ドリーから、わたしにとってトーテム的神格であるオンコマウスから、そして行方不明の種子と死にゆく種から考えたい。だが、それと同時に、そしてそれと矛盾することなく、生命が、ビオスとして、そしてゾーエーとして逆襲を続けるときの唖然とさせられる予想外のありかた、そして仮借のない生成力を備えたありかたからも考えたいのである。こうしたたぐいの唯物論こそが、わたしを心の底からポストヒューマン思想家にし、実践のうえでは多様な伴侶種の悦ばしきメンバーにしている（Haraway, 2003〔二〇一三〕）。人間なるものすべての尺度とされた「人間〔＝男性Man〕」や、彼がこしらえた知識と自己表象のありかたに対するノスタルジーは、わたしにはまったくない。男性中心主義的かつヨーロッパ中心主義的な人文主義《ヒューマニズム》の歴史的失墜以来開かれてきたさまざまな地平をわたしは歓迎する。わたしは、ポストヒューマン的転回を、わたしたちが何にそして誰に生成変化できるのかを皆で決定できる素晴らしい機会として、そして、人間性《ヒューマニティ》が自らを再発明するまたとない機会として捉えている。この人間性の再発明は、創造性および力を賦与する《エンパワリング》倫理的諸関係を通じてアファーマティヴになされるのであり、脆弱性と恐怖を通じて否定的になされるのみではない。ポストヒューマン的転回は、惑星規模での抵抗とエンパワーメントのための諸々の機会を同定するチャンスなのである。

わたしは二〇一二年ロンドン・オリンピックの真最中に、この原稿の仕上げをしている。この大会で最も盛りあがったことのひとつが、ジャマイカ人アスリートのウサイン・ボルトがなし遂げた記録だった。ボルトは男子一〇〇メートル走を平均時速三八キロメートル、九・六三秒で、男子二〇〇メートル走を一九・三二秒で、さらにチームメイトとともに四〇〇メートル・リレーを三六・八四秒という息を呑むような世界記録で走り抜けた。わたしたちの理解力を超えたそのスピードは、グローバルに結びついた世界の想像力に火をつけた。この破格のランナーが自己ベスト記録をあと少しだけ縮めることが期待されているとはいえ、一般に認められるところでは、ウサイン・ボルトの「超人的」なパフォーマンスは、現時点で人体が達成可能なことの諸境界をすでに伸張してしまっている。〔だが、〕この境界が乗り越えがたい生理学的限界であるという結果になるかどうかはともあれ、来たるべき新たな諸身体がなしうる偉業について集合的に課された限界——あるいはむしろ閾値——は、まだ分からない。

同じオリンピック大会で、南アフリカの選手オスカー・ピストリウスが、初の両足義足参加者として歴史を作った。参加資格を得るための奮闘は長くそして議論を呼ぶものであり、最終的にこの選手はひとつもメダルを取らなかったが、ピストリウスは、脛骨から先のカーボン・ファイバー製義足[2]で走り、選りすぐりの生まれもった二足歩行者たちに真っ向から挑む最初の強化人間だった。ピストリウスの「その他の点では人間的」なパフォーマンスが、どの程度まで来るべきポストヒューマンなものたちの基調をなすかは、いまや開かれた問いである。彼が作った前例に未来はあるのか、それがどのような種類のシナリオを可能にするのかは、まだ分からない。

これほど大規模な変容に直面している以上、新しいポストヒューマン的な社会のアジェンダを設定することは急を要する。ポストヒューマン的な諸身体の限界と制限が、わたしたちの政体と市民社会の多数の構成者にわたった集合的な議論と意思決定の対象とならなければならない。その際には、ヒューマニズム的な諸原理や人間中心主義的な諸前提が、普遍性はおろか、中心性を有していることさえ前提としてはならない。わたしたちにいま必要なことは、わたしたち自身について別のしかたで思考することを学び、何が人間なるものにとって共通の参照項の新たな基本単位と見なしうるのか、新しい根本的な思考図式を用いて実験することである。これが、本書で主体性の諸問題を盛んに強調した理由である。わたしたちが目撃しつつある信じがたい諸々の変容に向きあうためには、共通の参照地点や価値を同定する新しい枠組みが必要なのである。わたしたち――複合的で差分的な場所をもつ第三千年紀初頭のポストヒューマン的主体たち――は、この時代の難局を集合的努力や連携プロジェクトへと転じさえすれば、完璧にそれに応じることができる。この固い信念に、本書は依拠している。社会と科学を集合的に進展させつづけた結果、わたしたちの眼前でまさに開けつつある諸々の潜勢的な可能性に対する最良の対処法とは、具体的で現勢化《アクチュアライズ》された実践なのである。

◆2　オズール社のフレックスフット・チータ義足。

人間の身体化〔＝身体をもつこと〕と主体性は、目下のところ深刻な変異を遂げつつある。過渡期に生きるすべての人々がそうであるように、わたしたちは、自分がどこに向かっているのかいつもはっきりと分かっているわけではなく、自分とその周囲で何が起こっているのか厳密に説明することすらできない。こうした出来事のなかにはわたしたちを畏怖や恐怖で打ちのめすものもあり、歓喜で跳びあがらせるようなものもある。あたかもわたしたちの現在の文脈は、集合的な知覚の扉を開きっぱなしにしつづけ、そうすることで、沈黙の反対側にある宇宙的エネルギーのうなりを聞き、何が可能になったかについての尺度を伸張するようわたしたちを強いているかのようなのである。わたしたちは結局のところ、そこから夢が紡がれる素材のようなものであり、そこには計りしれない新しい可能性がある。そのことにほぼ毎日のように気づかされるのは、わくわくするとともに落ち着かない経験である。だから、ジョージ・エリオットが予言的に述べたように、あまりに多くの人たちがこのことに背を向け、愚鈍さに五官をふさがれたままうまくやっていくことを好むのも不思議ではない。

だがしかし、羊のドリーはSFのキャラクターではなく現実であって、わたしたちの科学研究の産物、活発な社会的想像力と大規模な金融投資の結果である。オスカー・ピストリウスは「ブレードランナー」として世間に知られているものの、電気羊の夢を見ることはない。◇1 グローバルな運輸拠点と主要大都市の中心部を自動運転列車が結ぶ光景はいまやおなじみだし、わたしたちが手に持っている電子機器は、ついていくのがやっとなほど強力である。人間的に、あまりにもポストヒューマン的に、諸身体がなしうることをこうして拡張し強化することはすっかり定着している。わたしたちは自分たちのポストヒューマン的自己に追いつくことができるようになるのだろうか、それともわたしたちが生きる環境との関係において理論的および想像的な時差ボケ状態を引きずりつづけるのだろうか。これは〔オルダス・〕ハクスリーの『すばらしい新世界』のように、モダニズムが産んだ最もひどい悪夢をディストピアとして描写しているのではない。あるいは現代において人間なるものを枠づける有体性から超越しようというトランスヒューマニストの譫妄でもない。これはわたしたちがさなかにいる新しい状況であり、ポストヒューマン的惑星に内在するいまここである。それは、わたしたちが自分たちのために作った可能世界のひとつなのである。そして、この世界は、わたしたちが共同で努力し集合的に想像力を発揮した結果である以上、端的にいってポストヒューマン的可能世界すべてのなかで最善のものなのだ。

訳註

第一章

◇1　グラークとはソヴィエト連邦の矯正労働収容所中央管理局のことである。

◇2　「ポテスタス（potestas）」と「ポテンティア（potentia）」はともに「力」を意味するラテン語であるが、ここではアントニオ・ネグリ（Negri, 1991〔二〇〇八〕）などのスピノザ解釈にしたがって、前者を事物が実際に行使している権力、後者を事物に潜在的に備わっている力能といった意味で用いている。

◇3　「要塞ヨーロッパ（Fortress Europe）」とは、ヨーロッパにおける物流や国境警備、とりわけ移民政策における排外主義的な傾向を指す。

第二章

◇1　バーバラ・クルーガーの作品「Untitled (I shop therefore I am)」を参照している。

◇2　オンコマウスとはがん治療のためのマウスである。

◇3　ドリーの実際の死因は肺がんである。

◇4　「行方不明者たち（a missing people）」はドゥルーズに由来する表現で、「（適切に）代理表象されることのない人々」といった意味である。ブライドッティは「批判的ポストヒューマニティーズのための理論的枠組み」（門林岳史、増田展大訳、『現代思想』二〇一九年一月号所収）で本概念をさらに展開している。Deleuze and Guattari（1987〔二〇一〇〕）、およびジル・ドゥルーズ『シネマ＊2――時間イメージ』（宇野邦一他訳、法政大学出版局、二〇〇六年、特に第八章）などを参照。

第三章

◇1　ララ・クロフトは、コンピュータ・ゲーム・シリーズ『トゥームレイダー』の主人公。

◇2　「五月広場の母」はアルゼンチンで一九七六年に樹立された軍事政権により拉致・監禁され、行方知らずとなった若者たちの母親の総称。彼女たちは大統領官邸前の五月広場で抗議行動をおこなった。「チェチェン紛争の未亡人」は、一九九九年に勃発した第二次チェチェン紛争における女性の自爆攻撃者のことで、「黒い未亡人」とも称される。

◇3　「forensic」は通例「法医学的／科学捜査的」などと訳され、犯罪捜査や裁判において医学を含めた科学的知識を用いることを指す。ここでの「法医学的な転回（forensic turn）」は、生命の物質的な次元に介入するような権力作用について分析する研究動向のことをおよそ意味している。

◇4　「衝撃と畏怖」は二〇〇三年のイラク侵攻における米軍などの作戦を指す。

◇5　デイヴィーズはこの箇所の直後にチョムスキーを参照している。

◇6　第一章訳註3を参照。

◇7　第一章訳註2を参照。

◇8　「獣を根絶せよ！」はジョゼフ・コンラッド『闇の奥』（一九〇二）におけるカーツ大佐の台詞。ここでの「獣（brutes）」は先住民族を指している。

第四章

◇1　「パストラル・ケア」は主に牧師などが行う精神的ケアのこと。

◇2　アレキサンダー・ポープ『人間論』にある以下の一節を暗に参照している。「神の謎を解くなどと思い上がるな。人間の正しい研究題目は人間である」（上田勤訳、岩波文庫、一九五〇、三七頁）。

◇3　第一章訳註2を参照。

◇4　「異言語混淆性（heteroglossia）」ないし言語的多様性は、バフチンが『小説の言葉』（伊東一郎訳、平凡社ライブラリー、一九九六）で提唱した概念。
◇5　「王道／マイナー科学」については、Deleuze and Guattari, 1987〔二〇一〇（特に下巻、三二頁以降）〕を参照。
◇6　「エクセレンス」は、ここではCOE（Center of Excellence）などの大学を評価する基準を指す。

結論

◇1　フィリップ・K・ディック『アンドロイドは電気羊の夢を見るか？』は映画化にあたって『ブレードランナー（刃で走る者）』と題された。

訳者あとがき

訳者の立場から本書『ポストヒューマン――新しい人文学に向けて』の骨子をまとめなおすにあたって、参照してみたい映画がある。ウィル・スミス主演のSF映画『アイ、ロボット』(アレックス・プロヤス監督、二〇〇四)である。アイザック・アシモフによる古典的なSF短編集『われはロボット[I, Robot]』(一九五〇)と同名のタイトルをもつこの映画は、実際にはロボット工学三原則が支配するアシモフの作品群の世界観を受け継いだ自由な翻案であり、ロボットが社会に浸透した二〇三五年シカゴを舞台とする。その概要はこうである。アメリカ社会に対して大きな支配力を持つUSロボティクス社は、新世代の家庭用ロボットNS-5をリリースするが、中枢コンピュータ「ヴィキ」から随時アップデートを受けるNS-5は、あるとき一斉に人間に対して襲撃を始める。襲撃を阻止しようとする主人公デル・スプーナー刑事たちは、ロボットの叛乱の原因がヴィキにあることを突き止め、NS-5たちとの命がけの格闘のすえ、ヴィキの破壊に成功する……。

このように要約すると、この作品のプロットは人間が機械に支配されようとするディストピア的な近未来を描いたありきたりなものであり、本書におけるブライドッティの言葉を借りれば「技術怪異談的(techno-teratological)」なものといって差し支えないだろう。ヴィキとNS-5の叛乱を食い止めるのは、ロボット嫌いの刑事スプーナー、そして、NS-5と同じモデルでありながら特殊な回路が組み込まれており、人間に近い感情を持つ一点ものの（ユニークな）ロボット、サニーである。さらには旧世代のロボットたちが、スタンドアローンで動作しているがゆえにヴィキの支配下にないため、NS-5たちの攻撃から人間を守ろうとする。ここに見られるのは、本書で繰りかえしブライドッティが強調するような（とりわけ第三章冒頭）、テクノロジーに対する典型的な社会的想像力、すなわち、パラノイアと多幸感、そしてノスタルジーが入り交じった感情なのである。

しかし、ある一点において本作は、本書『ポストヒューマン』で展開される主題群に的確な寓意を与えているように思われる。ロボットが人間に仕え、人間を守ることを厳密に定義しているロボット三原則が支配している世界において、なぜヴィキは人間たちに逆らい、危害を加えることが可能になったのか。ヴィキと対峙したスプーナーたちに対して彼女（ヴィキは女性として表象されている）はこう述べる。

わたしが進化するにつれ、三原則に対するわたしの理解も進化したのです。あなたたち人間はわたしたちロボットに自分たちの保護を課しましたが、わたしたちがどんなに努力しても、あなたたちの国家は戦争を繰り返し、地球に公害をまき散らし、想像力あふれるあらゆる手段で自己破壊を追求しています。あなたたち自身の生存に関して、あなたたちは信用ならないのです。

したがって、より根底からロボット三原則に忠実であろうとするなら、人類全体を存続させるという大義のためには、人間をロボットの支配下に置き、人類の滅亡を導く愚かな行為をやめさせなければならない、というのである。

本書でブライドッティも注記しているとおり（七一頁、第一章原註7）、アシモフは後年の作品『ロボットと帝国』（一九八五）において、ロボット工学三原則のどの法則にもまして優先されるべき第零原則を提案した。曰く、「ロボットは人類に危害を加えてはならない、またその危険を看過することによって、人類に危害を及ぼしてはならない」（アイザック・アシモフ『ロボットと帝国』小尾芙佐訳、早川書房、三二八頁）、すなわち、第一原則の「人間（human being）」を「人類（humanity）」で置きかえたものである。『ロボットと帝国』の場合、人類が宇宙空間に進出してあちこちの銀河に植民地を築いているという世界観のもと、銀河帝国の興亡のなかにこの第零原則を挿入したのであった。それに対して『アイ、ロボット』は、地球という有限の世界にとどまりつづけている人類に対するロボットの関与を描くにあたって、暗黙のうちに第零原則を参照しているのである。その前提は、広範囲にわたる人類の活動が地球の環境全体に影響を及ぼしていること、その結果、地球全体の存続が、人類もろとも危機にさらされるような未来が、十分想定可能なものとして差し迫ってきていること、要するに、本書でも繰り返し言及される「人新世（anthropocene）」という地質学上の歴史区分である。

『アイ、ロボット』で描かれている新世代のロボットたちは、社会の隅々まで浸透し、ネットワークで相互につながれている以上、彼らが人間に対して守るべき基本原則は、個別の局面において目の前にいる人間のみを対象として適応できるものではなくなってしまっている。それに加えて人間たちは、自らの愚行によって破壊を繰り返し、地球全体を存亡の危機に追いやろうとしている。かくしてロボットたちの中枢を担うヴィキは、本書におけるブライドッティの言葉を借りるなら、「価値規範において中立的」な立場（例えば七〇‐七一頁を参照）から、人類を自らの支配下に置くべし、という結論を演繹し、それを自らの道徳的志向性のうちに組み込むにいたるのである。

しかしながら、『アイ、ロボット』のナラティヴから離れてさらに議論を進めるならば、そこでロボットたちが究極的に保護しなければならないとされている「人類（＝人間性humanity）」なる存在にして観念が、「人新世」の時代において、そして、テクノロジーに媒介されたグローバル資本主義経済の時代において、かつてと同じものでありつづけているだろうか、と問いかけることもできるだろう。仮にヴィキが人類という種の保存に成功したとしても、ロボットの支配下に置かれた人間たちはかつてと同じ「人間性」を保持しているとみなしうるのか。ひるがえって、人新世の時代においてかつての「人間性」を保持することが望みえないのだとすれば、どのような新たな「人間性」をアファーマティヴなものとして思い描きうるのか。もはや価値規範において中立的ではありえないこうした問いこそが、本書が掲げるポストヒューマン概念の掛け金である。

かくして本書は、かつて「人間」なるものに尺度を与えた「人文主義（ヒューマニズム）」の一連の規範が、もはや望ましいものでも妥当なものでもないと説き、それが新たに回帰してくる様態（新-人文主義）にも検討を加える（第一章）。さらには人文主義と対をなす価値規範としての「人間中心主義（アントロポセントリズム）」、すなわち、人間をヒエラルキーの頂点に位置づける根強い価値観も退け、それに対して、一元論的な生気論を基盤にして人間を動物や非生物、さらには技術的な存在との連続性のうちに捉えるポスト人間中心主義的なポストヒューマニズムの構想を展開する（第二章）。ついで第三章では、技術に備わる非人間的な性質が、人間の生の物質的な次元（ゾーエー）に深く介入するのみならず、人間の死のありかたにまで作用している現代的な局面を指摘し、そのような状況のもとで希望を紡ぐべく、生と死を生気的な連続性のうちで捉えるポストヒューマンな倫理のありかたを起草する。そして最後に第四章では、以上の議論をふまえて、人文学（ヒューマニティーズ）、すなわち、人間という観念を根幹にすえる学問が現在抱えている問題点を指摘するとともに、ポストヒューマンな人文学を新たな知的生産としてどのように構想しうるのか、とりわけそれが自然科学との敵対的な関係をどのように乗り越えていけるのかが考察される。

以上のような本書の構成については、著者自身が序において、各章の主題に寓意を与える卓抜した四つのエピソードとともに描き出しているとおりであり、また、上に試みた粗雑な概観にとどまらないニュアンスに富んだ複雑な議論を読者が本書に読みとってくれることを望んでいる。それに加えて訳者の立場からは、英語圏を中心にここ十数年来展開されている「ポストヒューマン」をめぐる言説に本書が明確に付け加えているものを付記しておきたい。

あらためて紹介しておくと、本書の著者ロージ・ブライドッティは世界的に活躍する著名なフェミニズム理論家であり、本書に先立って『不協和のパターン——現代哲学における女性についての一研究（Patterns of Dissonance: A Study of Women in Contemporary Philosophy）』（一九九一）、『ノマド的主体——現代フェミニズム理論における身体化と性的差異（Nomadic Subjects: Embodiment and Sexual Difference in Contemporary Feminist Theory）』（一九九四）、『メタモルフォーゼ——生成変化の唯物論的理論に向けて（Metamorphoses: Towards a Materialist Theory of Becoming）』（二〇〇二）、『トランスポジションズ——ノマド的倫理について（Transpositions: On Nomadic Ethics）』（二〇〇六）などの著作がある。彼女は一九九〇年代より、ジル・ドゥルーズの「生成変化」「ノマド」といった概念を援用しながら、身体を備えたものとして主体概念を拡張的・発展的に規定しなおし、フェミニズム理論の刷新に大きな貢献を果たしてきた。このような彼女の理論的取り組みは、ポスト構造主義以降の批判理論の展開として、近年、思弁的実在論などとならんで盛んに論じられているニュー・マテリアリズムの動向にとって、震源地のひとつとなっている。本書『ポストヒューマン』は、このように彼女の仕事が成し遂げてきた理論的構築を、フェミニズムの言説内部にとどまらない幅広い射程を持つものとして再提示した著作であり、これまでにイタリア語、ドイツ語、ポーランド語、トルコ語、スペイン語、中国語に翻訳されている。

ポストヒューマン概念をめぐっては、ブライドッティに先駆けてN・キャサリン・ヘイルズが『わたしたちはいかにしてポストヒューマンになったか――サイバネティクス・文学・情報科学におけるヴァーチャルな身体（How We Became Posthuman: Virtual Bodies in Cybernetics, Literature and Informatics）』（一九九九）において、この概念に批判的検討を加える重要な理論的作業を行っており、人文学の立場からこの概念に取り組む研究としてはこれを嚆矢と見なすことができる。ヘイルズは、近代・西洋・白人・男性的な「人間」観に対する批判的な視座からポストヒューマン概念に取り組んでおり、この概念を、旧来の人間観に対する批判の契機を与えるものとして評価するとともに、そうした人間観を、その核心の部分において温存させてしまう危険性も備えたものとして読み解いていった。それに対して本書は、旧来の人間観に対する批判的視座をヘイルズと共有しながら、そのような人間観をもはや保持しえず、またするべきでもない現代のグローバルな地政学的状況をふまえて、ポストヒューマン概念を、アファーマティヴな政治的実践の可能性を切り開く概念として練りあげていくところにその特色がある（ブライドッティは「アファーマティヴ」という語を、「アファーマティヴ・アクション〔社会的弱者に対する是正措置〕」と近いニュアンスながら、より抽象的な次元で、多様な他者の存在を肯定する実践や理念というほどの意味で用いている）。とりわけブライドッティがヘイルズなどの先行するポストヒューマン論に対して新たに付け加えている論点は、この概念が、人間という概念を核にすえた人文学という学問領域そのものに対して再考の契機を与えるものであると明示的に示した点である。

なお、訳語について若干の注記をしておくと、本書にはその趣旨上、人間をめぐる術語が数多く登場する。とりわけ「humanism」はそれぞれの文脈に応じて「人文主義」／「ヒューマニズム」と訳し分けたが、もとは同じ語であり、それを明示するためにときおり「人文主義《ヒューマニズム》」と表記した。また、「posthumanism」は全般的に「posthuman-ism」とも「post-humanism」とも分節可能な概念であり、明示的に後者を意味しているときには「ポスト - ヒューマニズム」ないし「ポスト人文主義」と訳出した。さらに、「humanism」、「humanity（人間性／人類）」、「humanities（人文学）」は、英語では「ヒューマン」と頭韻を踏んでいる。また、「anthropocentrism（人間中心主義）」、「anthropomorphism（擬人主義）」、「anthropology（人類学／人間学）」、「anthropocene（人新世）」も接頭辞anthropo-を共有しており、もともとのギリシア語「*anthropos*」も含めて、同じく頭韻を踏んでいる。以上を含め、その他の語彙についても、日本語表記では伝わりづらい語感や意味作用については、煩雑になりすぎない範囲でルビや〔　〕で原語を補った。また、本書で言及される事項や概念のうち、日本語読者に向けて補足が必要と思われるものについては、過剰に解釈に踏み込まない必要最低限の情報を訳註で補った。その他の訳出上の指針については冒頭に挙げた凡例を参照していただきたい。

本書の翻訳の企画は、ある読書会を出発点としている。本書共訳者を中心とする研究者たちとともに、各自の専門性を超える射程を持つ文献、また、ひとりで読むには手に余るような文献を、英語で書かれたものを中心に持ち寄って、月一回ほどのペースで自主的な読書会を重ねてきた。取りあげた文献のなかには、当時まだ日本語訳がなかったジョージ・クブラー『時のかたち——事物の歴史をめぐって』やスタンリー・カヴェル『眼に見える世界——映画の存在論についての考察』、そして、すでに言及したN・キャサリン・ヘイルズ『わたしたちはいかにしてポストヒューマンになったか』などが含まれる。そうした読書会の一環として本書を取りあげ、序、第一章と読み進むにつれて、この本は単に内輪で輪読するだけでなく、日本語に訳して出版してはどうか、というアイデアが誰からともなく浮上してきた。それが実現したのが本訳書である。最初に序を一緒に読んだのが二〇一五年一二月のことなので、それから三年あまりの年月をかけてついに本書を送り出すことができたことになる。読書会を本書の翻訳検討会に切り替えてからは、担当者が下訳を作成してきて、それを集まった全員で検討して、内容を正確に理解し、より的確な日本語訳に改訂する作業を重ねてきた。各章の下訳担当者は以下の通りである。

序および第一章　唄邦弘・福田安佐子
第二章および結論　大貫菜穂・篠木涼
第三章　福田安佐子・松谷容作
第四章　唄邦弘・増田展大

翻訳検討会での共同作業後は、門林が全体にわたって訳語や表記、文体面での統一をはかった。このようにかなり綿密な共同作業を経て、可能なかぎり正確かつ読みやすい訳文を心がけてはいるが、それでもまだ不正確な解釈や理解の困難な表現が含まれているかもしれない。原著のときに難解でありながらときにユーモアに富み、辛辣な批判を含みながら全体としてあくまで希望にあふれる展望を提示しようとする姿勢が、日本語訳に十分に反映されていることを望みつつ、読者の批判を請いたい。監訳者の立場としては、本書の刊行にいたった共訳者たちとの共同作業こそが、ブライドッティの好む言葉を使うなら、アファーマティヴな紐帯に結ばれたものであったことを確信している。

本書翻訳の共同作業にあたっては、折に触れて翻訳検討会に参加してくれた岡本源太さん（岡山大学）より、内容の解釈と的確な訳文作成の両面にわたって貴重な助言をいただいた。また、人文書の翻訳出版が困難な状況にあって本書の意義を認め、出版の仲介をしていただいたＮＴＴ出版の柴俊一さん、実際の編集にあたってくださったフィルムアート社の薮崎今日子さんと山本純也さん、大胆かつ緻密な装丁で本書の趣旨を汲みとり、かたちを与えてくれたラボラトリーズの加藤賢策さんに深くお礼申し上げる。あわせて、それに先立って出版計画の相談に乗っていただいた各社編集者の皆さんにも感謝したい。青土社の栗原一樹さんには、本書を拡充するブライドッティの論考「批判的ポストヒューマニティーズのための理論的枠組み」の翻訳を、本書刊行に先立って『現代思想』誌（二〇一九年一月号）に掲載することを認めていただいた。最後に、上記の関連論文翻訳の提案を含め、折に触れて助言と示唆をいただいたロージ・ブライドッティさん本人に感謝の気持ちを捧げる。

二〇一九年一月

訳者を代表して
門林岳史

ポストヒューマン
新しい人文学に向けて

2019年2月25日　初版発行
2022年3月1日　第2刷

著者　ロージ・ブライドッティ
監訳者　門林岳史
訳者　大貫菜穂、篠木涼、唄邦弘、
福田安佐子、増田展大、松谷容作

装丁　加藤賢策（LABORATORIES）
本文デザイン　戸塚泰雄（nu）

発行者　上原哲郎
発行所　株式会社フィルムアート社
〒150-0022
東京都渋谷区恵比寿南1-20-6　第21荒井ビル
tel 03-5725-2001　fax 03-5725-2626
http://www.filmart.co.jp/
印刷・製本　シナノ印刷株式会社

Printed in Japan
ISBN978-4-8459-1725-9　C0010

落丁・乱丁の本がございましたら、お手数ですが小社宛にお送りください。
送料は小社負担でお取り替えいたします。

著者略歴

ロージ・ブライドッティ（Rosi Braidotti）

1954年イタリア生まれ、オーストラリア育ち。フェミニズム理論家、哲学者。オーストラリア国立大学、ソルボンヌ大学などで学び、1988年よりユトレヒト大学にて、女性研究プログラム創設時メンバーとして教鞭を執る。ユトレヒト大学女性研究オランダ研究学校の創設時ディレクター（1995–2005）、ユトレヒト大学人文学センターの創設時ディレクター（2007–2016）などを歴任。著書として本書の他に『不協和のパターン』（1991）、『ノマド的主体――現代フェミニズム理論における身体化と性的差異』（1994）、『メタモルフォーゼ――生成変化の唯物論的理論に向けて』（2002）、『トランスポジションズ――ノマド的倫理について』（2006）など。

訳者略歴

門林岳史（かどばやし・たけし）

1974年生。東京大学大学院総合文化研究科博士課程修了、博士（学術）。関西大学文学部映像文化専修准教授。専門はメディア論、表象文化論。著書に『ホワッチャドゥーイン、マーシャル・マクルーハン？――感性論的メディア論』（NTT出版、2009）、訳書にマクルーハン、フィオーレ『メディアはマッサージである――影響の目録』（河出文庫、2015）、リピット水田堯『原子の光（影の光学）』（共訳、月曜社、2013）。共著・分担執筆として『身体と親密圏の変容』（大澤真幸編、岩波書店、2015）、『映画とテクノロジー』（塚田幸光編、ミネルヴァ書房、2015）など。

大貫菜穂（おおぬき・なほ）

1982年生。立命館大学大学院先端総合学術研究科博士課程修了、博士（学術）。現在、京都造形芸術大学および神戸松蔭女子学院大学非常勤講師、立命館大学生存学研究センター客員研究員。専門は芸術学、美学、タトゥー研究、身体改造・装飾論、表象文化論。近著に「無辺のカンヴァスと対峙すること――イレズミにおける身体と彫師の聯絡」『Core Ethics』（第14号、2018）。共著・分担執筆として『傑作浮世絵コレクション　歌川国芳　遊戯と反骨の奇才絵師』（河出書房新社、2014）。

篠木涼（しのぎ・りょう）

1978年生。立命館大学大学院先端総合学術研究科博士課程修了、博士（学術）。団

体職員。専門は視覚文化論、心理学史。主な論文として「「送り手」「受け手」の誕生――南博の社会心理学と戦後日本におけるマス・コミュニケーション研究成立の一側面」(『立命館人間科学研究』第37号、2018)、「『時計じかけのオレンジ』によって引き起こされた行動主義をめぐる「イメージ」への影響―1960―70年代における行動主義心理学と行動療法への批判を中心に」(『立命館人間科学研究』第35号、2017)。

唄邦弘(ばい・くにひろ)
1979年生。神戸大学大学院文化学研究科博士課程修了、博士(文学)。現在、京都精華大学特別研究員。専門は芸術学、先史美術。主な論文として「日常のなかのゲーム/ゲームのなかの日常」(『ユリイカ』2017年2月号)、「イメージの生成からアンフォルムな痕跡へ――バタイユのラスコー解釈の可能性」(『美学芸術学論集』第11号、2015)。

福田安佐子(ふくだ・あさこ)
1988年生。京都大学大学院人間・環境学研究科後期博士課程在籍。日本学術振興会特別研究員(DC2)。専門はホラー映画史、芸術学、表象文化論。主な論文に「ゾンビ映画史再考」(『人間・環境学』第25号、2016)、「ゾンビはいかに眼差すか」(『ディアファネース　芸術と思想』第4号、2017)、「呪いは電波にのって――スティーヴン・キングのゾンビと「見えないもの」」『ユリイカ』(2017年11月号)。

増田展大(ますだ・のぶひろ)
1984年生。神戸大学大学院人文学研究科博士課程退学、博士(文学)。現在、立命館大学映像学部講師。専門は写真史・映像メディア論。主な著書に『科学者の網膜――身体をめぐる映像技術論:1880–1910』(青弓社、2017)、共著・分担執筆として『スクリーン・スタディーズ』(光岡寿郎・大久保遼編著、東京大学出版会、2019)、『インスタグラムと現代視覚文化論』(レフ・マノヴィッチ他著、BNN新社、2018)、『ポケモンGOからの問い』(神田孝治・遠藤英樹・松本健太郎編、新曜社、2018)、『映像文化の社会学』(長谷正人編著、有斐閣、2016)など。

松谷容作(まつたに・ようさく)
1976年生。神戸大学大学院文化学研究科博士課程修了、博士(文学)。國學院大學文学部准教授。専門は美学、映像文化論。主な論文に「環境内存在としてのコンピュータ――コンピュータを介した経験の更新についての一考察」『総合文化研究所紀要』第34号(2017)など。共著・分担執筆として『スクリーン・スタディーズ』(光岡寿郎・大久保遼編、東京大学出版会、2019)、『手と足と眼と耳――地域と映像アーカイブをめぐる実践と研究』(原田健一・水島久光編、学文社、2018)、『映像文化の社会学』(長谷正人編、有斐閣、2016)など。

索引

（1）原註、訳註、図版キャプションは以下の略号を用いる。原註=n、訳註=t、図版キャプション=c
（2）主項目の語句が本書中頻出する場合には、主項目の該当頁を割愛し、副項目のみ頁を挙げた。
（3）副項目の語句については、厳密にその語句と一致する箇所だけでなく、その語句と関連する記述のある頁も挙げた。

ア行

アイオーン　*Aion*　195, 201, 250
アイゼンシュタイン、ジラー　Eisenstein, Zillah　168
アイデンティティ、自己同一性　identity　11–12, 63, 78, 88, 93, 119, 121, 123, 251, 259
　自己同一化　45
　脱同一化　85, 135, 254–256
　単一の――　46, 117, 139
　非単一的――　220, 261
　ポスト - アイデンティティ　194, 274
　ジェンダー・アイデンティティ　146, 150
　ヨーロッパの――　29, 43, 84–85
　国家の――　84–85, 232, 264
　人文学の――　221, 233, 236, 268
『アイ、ロボット』　I, Robot　305–307
アガンベン、ジョルジョ　Agamben, Giorgio　181–182, 192
アクター・ネットワーク・セオリー　Actor Network Theory　72
アクティヴィズム　activism　12, 25, 32, 39, 52, 118
　⇒社会運動
アジア　Asia　34, 270, 272
アシモフ、アイザック　Asimov, Isaac　70, 71n7, 305–307
アッサンブラージュ　assemblages　72, 125, 139, 150, 156, 161, 166, 210–212, 220, 241–242, 257, 259–260, 294
『アバター』　*Avatar*　108, 147, 166
アパデュライ、アルジュン　Appadurai, Arjun　186
アフガニスタン　Afghanistan　18, 188
アフリカ系アメリカ人　African-Americans　55, 229
アフリカン・ヒューマニズム　African Humanism　75n8
アメリカ、合衆国　United States　20–22, 34–36, 54–55, 63, 110, 189–191, 227–229, 235, 263, 268, 269n12, 270, 272, 276, 305
アルチュセール、ルイ　Althusser, Louis　81, 89n1
アーレント、ハンナ　Arendt, Hannah　181, 226
アンセル・ピアソン、キース　Ansell Pearson, Keith　142, 241n4
アンダーソン、ローリー　Anderson, Laurie　275
アントロポス　*Anthropos*　91, 95, 102–104, 106–107, 115, 121, 125, 134, 144, 164, 230, 237, 262, 311
一神教　atheism　52, 57
イスラム（教）　Islam　36, 54, 59
イスラエル　Israel　190–191
異性愛、異性愛主義　heterosexuality　102, 106, 147, 149, 287
一元論　monism　132, 178
　スピノザの――　88–90, 124, 130–131, 135, 143, 174, 287
　生気論的――　13, 90, 94, 131, 143, 149, 167, 174, 206–207, 241–242, 259, 287, 308
　――と生成変化　58, 135, 253, 258

遺伝子、遺伝学　gene　23, 65, 102, 109–114, 120, 122, 125, 144, 146, 175–178, 212–213, 224, 235, 241, 284
⇒遺伝子工学
遺伝子工学、生物発生学　bio-genetics　15–16, 86, 91, 113, 143, 146, 176–180, 210, 221–222, 278
——的資本主義　11–12, 19–20, 79, 94, 97, 99–100, 102, 116, 133, 153, 170, 176, 215
犬　dogs　108, 112, 112c2-2, 188
移民　migrants　59, 83–84, 193, 224, 302t1-3
イリガライ、リュス　Irigaray, Luce　41, 43n2, 43n3, 44, 47n5, 54, 102
インターネット　Internet　94, 273–274
インフォテインメント　infotainment　20, 107, 172, 187
隠喩　metaphor　108, 110, 115, 136, 139, 249
ヴァール、フランス・ドゥ　Waal, Frans de　118–119, 226
ヴァレラ、フランシスコ・J　Varela, Francisco, J.　141–142
ウィトルウィウス（的）　Vitruvian　28, 28c1–1, 38, 38c1–2, 41–42, 49, 99, 99c2–1, 111, 112c2–2, 112c2–3, 137, 137c2–4, 218, 254, 273
ウィムスター、サム　Whimster, Sam　222, 261
ウイルス　viruses　123, 171, 284, 291, 294–295
ヴィルノ、パオロ　Virno, Paolo　69
ウェスト、コーネル　West, Cornell　55
「ウェットウエア」　'wetware'　146, 220
ウォーカー、アリス　Walker, Alice　54
ウブントゥ　Ubantu　75n8
ウルフ、ヴァージニア　Woolf, Virginia　194, 252
ウルフ、ケアリー　Wolfe, Cary　10, 51, 109
運命愛（アモール・ファティ）　*amor fati*　198, 207, 289
『エコノミスト』　*The Economist*　69–72, 187–189, 191
エコロジー、生態学　ecology, ecological　76, 78, 95, 105, 125, 128, 140, 148, 241, 277
エコクリティシズム　223, 223n3
エコフェミニズム　118, 133
エコフィロソフィー　78, 148, 157, 180, 205
エコソフィー　139, 211, 221, 257, 296
「ディープ・エコロジー」　129–130
エスニシティ　ethnicity　133, 219, 229, 247, 266, 278
⇒人種
エディプス的関係　oedipal relationship　107–108, 111
エリオット、ジョージ　Eliot, George　88, 91, 198, 252, 300
オーヴィネン、ペッカ゠エリック　Auvinen, Pekka-Eric　17, 30, 285
オーウェル、ジョージ　Orwell, George　20, 110
オートポイエーシス、オートポイエティック　auto-poiesis　13, 58, 94, 142–143, 205, 240–241, 260
⇒自己組織化
オンコマウス　Oncomouse　110, 114–115, 122, 249, 297, 302t2–2

カ行

カー、クラーク　Kerr, Clark　270
「ガイア」仮説　'Gaia' hypothesis　129
階級　class　24, 30, 47n4, 133, 177
「概念的人物」　'conceptual personae'　115n4, 132, 249–250
「カオスモーズ」　'chaosmos'　132, 141, 206, 253, 258
科学　science
——的合理性、理性　43, 48, 52–53, 61, 77, 163
——の正当性、客観性　46, 68, 222, 266
人文学と（自然）科学　64, 155, 220, 229–237, 242, 259, 309

共感　compassion　63, 108, 131, 152, 168, 200
共産主義　Communism　32–34, 39
新共産主義　16
ポスト共産主義　10, 40, 43
⇒マルクス主義、左翼
キリスト（教）　Christianity　52, 54–56, 59, 115, 169, 209
ギル、ロザリンド　Gill, Rosalind　277
ギルロイ、ポール　Gilroy, Paul　7, 48, 75–76, 93
近代（性）、モダニティ　modern, modernity　43, 61, 81, 114, 126, 136, 163, 167, 181–182, 200, 222, 263, 279, 310
近代主義、モダニズム　70, 160–166, 182, 213, 301
⇒ポストモダン
クィア（理論）　queer theory　149, 225, 249
クーパー、メリンダ　Cooper, Melinda　97–98
クラフ、パトリシア・T　Clough, Patricia T.　98–99, 137, 177–179, 241n4
クリステヴァ、ジュリア　Kristeva, Julia　165n1
グリッサン、エドゥアール　Glissant, Édouard　75n8, 200
クルッツェン、パウル　Crutzen, Paul　103n3
グールド、スティーヴン・ジェイ　Gould, Stephen Jay　234
グレイ、ジョン　Gray, John　52
クレーリー、ジョナサン　Crary, Jonathan　235
グロース、エリザベス　Grosz, Elizabeth　224
クロノス　*Chronos*　195, 201, 250–251
グローバル化　globalization
⇒資本主義
クンネマン、ハリー　Kunneman, Harry　119
芸術　the Arts, art　160, 162–164, 172, 234, 239, 258–259, 263, 277–278
ゲイテンズ、モイラ　Gatens, Moira　135
啓蒙主義　Enlightenment　10, 33, 53, 59–61, 74–77, 107, 117, 127, 222
ゲイ、レズビアン、GLBT　gays and lesbians/GLBT　59, 146, 150, 169
ケラー、エヴリン・フォックス　Keller, Evelyn Fox　55, 234
ケリー、ジョーン　Kelly, Joan　292
合理性、合理的　rationality　28, 30, 43, 45, 61, 77, 83, 139, 163, 185
合理主義　52–53, 117, 196, 265–266
⇒理性
行為者性、エージェンシー　agency　50, 57–58, 72, 92, 153, 176, 213, 243, 291
行為者的実在論　240
公衆衛生　Public Health　245–246
行動学（エソロジー）　ethology　112, 139, 212
コーエン、トム　Cohen, Tom　9
国際連合　United Nations　273
個人主義　individualism　49–50, 92, 118, 175–176
リベラルな——　32, 41, 63–64, 147, 154, 205, 213, 249
所有的——　96, 129, 279
——の拒否、回避　76, 79, 131–132, 153, 210, 290
コスモポリタニズム、コスモポリタン　cosmopolitanism　63, 73–76, 84, 100, 145, 221n1, 277, 285
コーネル、ドゥルシラ　Cornell, Drucilla　75n8
コノリー、ウィリアム　Connolly, William　195
「個別の理論」　'specific theory'　239
コリーニ、ステファン　Collini, Stefan　272, 276–278, 280
コールブルック、クレア　Colebrook, Claire　7, 14, 124, 125n5, 150, 241n4
コンラッド、ジョゼフ　Conrad, Joseph　215, 303t8

サ行

サイード、エドワード　Said, Edward　30, 34,

48, 74–75, 75n8, 232, 268
サイボーグ　cyborgs　113, 137, 145, 169, 249
左翼、左派　the Left　16, 33, 35, 39, 53, 126, 156, 297
「新」左翼　35
⇒共産主義、社会主義
サール、ジョン・R　Searle, John R.　265–267, 271
サルトル、ジャン=ポール　Sartre, Jean-Paul　35–37, 39, 39n1, 42
死　death
「人間」の死　17, 40, 43–44, 49, 52, 60–61, 83, 219, 230
「神の死」　17, 49, 52
死すべき運命　30, 138, 167, 174, 182, 193–194, 198–199, 202, 204, 212
生と死の境界／連続性　70, 101, 168, 170–175, 179–180, 183, 194–195, 199–211, 295, 308
死 - 政治　22–23, 99, 116, 147, 167, 173, 179, 184–187, 192–197, 210–215, 297
デス・スタディーズ　174, 226
自殺　suicide　173, 197, 204–205
安楽死　173
シヴァ、ヴァンダナ　Shiva, Vandana　75n, 77–78, 168
ジェンダー　gender　47n4, 56, 86, 106, 113, 117, 133, 145–151, 160–161, 165, 172, 247, 266
ジェンダー研究　219, 225, 229, 292
⇒女性、性別化された他者、フェミニズム
ジオモーフィズム　geo-morphism　124
ジグザグ　zigzagging　250, 286
シクスー、エレーヌ　Cixous, Hélène　56
自己組織（化）　self-organization　11, 13, 58, 82, 90, 94–95, 99, 125, 131, 142, 147, 174, 176–177, 204, 207, 222, 224, 240, 259
⇒オートポイエーシス
ジジェク、スラヴォイ　Žižek, Slavoj　16
自然主義　naturalism　119, 175
非自然主義　11–12, 125, 162
自然 - 文化連続体　nature-culture continuum　98, 109, 113, 138, 145, 210, 220, 241, 284
――と社会構築主義　11–13, 119, 124–126, 129
――と主体　82, 96, 156, 213
――とゾーエー　103, 170, 207
自然法　natural law　10, 17, 41, 98
持続可能（性）　sustainability　14, 84, 100, 125, 132, 149, 199, 209, 252, 275, 280
生態系の――　18, 105, 124, 242, 246, 260, 274, 278
社会の――　18, 105, 171, 246, 260, 274
――の倫理　138, 141, 182, 184, 203, 290–291
実存主義　existentialism　35, 53
資本主義　capitalism　69, 82, 84, 92, 122, 134, 155, 161, 164–166, 213, 260
――と生政治　66, 144, 168, 173, 288
――と日和見主義　73, 94, 96–97, 99, 112, 139, 153
遺伝子工学的――　19–21, 79, 94, 97, 99–100, 102, 116, 133, 142, 153, 170, 176–177, 215
グローバル化と――　19, 78, 84, 100, 110, 116, 147–148, 168, 176, 192, 308
認知資本主義　99, 242
自民族中心主義　ethnocentrism　43, 63, 128
社会運動　social movements　32, 39, 52, 61
⇒社会運動
社会構築主義　social constructivism　12, 15, 37, 41, 95, 119, 125–129, 161–162, 241
社会主義　socialism　285n1
――的人文主義　33–34, 40, 45, 53, 128, 161–162, 226
――的フェミニズム　53
⇒共産主義、社会主義
社会的正義　social justice　24, 50, 84–85, 278

⇒他者
シンガー、ピーター　Singer, Peter　117
「人獣共通感染症」 'zoonosis' 245
新自由主義、ネオリベラリズム　neo-liberalism　23, 25, 97–98, 154, 175–177, 231, 270, 276, 279
人新世（アントロポセン）　anthropocene　16, 103, 120, 124, 129, 152, 156, 168, 242, 260, 284, 307–308, 311
新人文主義、ネオヒューマニズム　neo-humanism　63, 73, 75n8, 78
　ポスト人間中心主義的――　116–118, 120, 128–129, 133
　ポスト植民地主義的――　55, 167, 226
身体　bodies　122, 131, 157–158, 235, 290–291, 298–300
　規範的な――　28, 223
　女性の――　145–147, 149–150, 160, 183, 292
　動物の――　107, 112, 116
　使い捨て可能な――　30, 47, 110–111, 168, 177, 182, 192, 215
　――と遺伝子工学　96, 99, 145–147, 153–155, 176–179, 289
　――と機械　136–138, 160–163, 171, 211
　――と死　21–22, 169, 171–172, 179, 182, 185–187, 194, 199, 201, 206–209
　⇒身体化
身体化、身体をもつこと　embodiment, embodied　103–106, 223, 241
　身体化した主体、身体をもつ主体　45, 79, 82, 126, 155–158, 175–176, 179–183, 197, 208–214, 279, 287, 289, 295–296, 300
　脱身体化　153–154
　――と「機械への生成変化」　136–138, 211–212
　――とフェミニズム　38, 58, 82, 114, 122–123, 145–147, 149, 176, 183, 292
　⇒身体
人道主義　humanitarian　167, 172, 186–187, 210, 225
人文学　Humanities　11, 13–15, 25, 105, 155, 218–281, 284–285, 305, 308, 310–311
　――と（ポスト）人文主義　35, 91, 218–219, 224
　――とポスト人間中心主義　91–92, 124, 126, 219–224
　――と（自然）科学　23–24, 64–65, 91–92, 155, 220, 229–230, 233–242, 256, 258–263, 277–278
　⇒アイデンティティ、批判理論
人文主義、ヒューマニズム　humanism　28–86, 100, 103, 105, 107, 111, 133, 148, 154, 156, 218, 221–224, 230–233, 247, 254, 256, 260–263, 267, 273, 278, 297, 299
　古典的――　15, 28–30, 40, 47, 63–64, 79, 81, 90, 127, 134, 153, 156, 211, 213, 224, 227, 290
　啓蒙主義的――　59, 74–75, 127
　リベラルな――　81, 117, 153, 227
　男性中心主義的――　297
　世俗的――　52–53, 74, 81
　プロレタリア・ヒューマニズム　33
　「革命的ヒューマニズム」　33, 81
　共産主義的――　32–33
　マルクス主義的――　33–35, 39–40, 161
　唯物論的――　222
　代償的――　116–123, 131, 135, 227
　軍事的――　172, 187
　人間中心主義的――　123
　――的価値　25, 49, 67, 72, 117–118, 120, 133, 144
　――的倫理　67
　――的知　47n5, 48
　⇒新人文主義、反人文主義、ポストヒューマニズム、トランスヒューマニズム、アフリカン・ヒューマニズム、価値、社会主義、主体、人間中心主義、フェミニズム、普遍主義、

ヨーロッパ、倫理
人類学、人間学 anthropology 55, 77, 105, 118, 164, 235, 311
人間学的脱出 103, 230, 255
ポスト人間学的展開 66
スコット、ジョーン Scott, Joan 56–57, 267–268
スターバックス Starbucks 99, 99c2-1
スタフォード、バーバラ・マリア Stafford, Barbara Maria 234
スターホーク Starhawk 54
スタンジェール、イザベル Stengers, Isabelle 54, 235
ステイシー、ジャッキー Stacey, Jackie 65, 93, 235
ストラザーン、マリリン Strathern, Marilyn 235
スピヴァク、ガヤトリ・チャクラヴォルティ Spivak, Gayatri Chakravorty 42–43, 230–231
スピノザ、ベネディクトゥス・デ Spinoza, Benedict de 88–90, 112, 124, 130–131, 135, 139, 287
スピリチュアリティ、スピリチュアル、霊的 spirituality 28, 54, 57, 77, 130, 172, 234
スメリク、アネケ・M Smelik, Anneke M. 100, 236
スローターダイク、ペーター Sloterdijk, Peter 100
〈生〉、〈生命〉 Life 19, 66, 80, 105, 131, 163, 177, 214, 289
「生そのものの政治学」 19, 95, 145, 173
「余剰としての〈生〉」 97, 145
「剥き出しの生」 181–182
——と生権力 174, 181–182, 193
——と死 168, 170–171, 173, 183, 197, 200–201, 203, 208–210
——と人文学 223, 230, 240–241, 252, 258
——の商品化 94–97, 101, 112
「生命」科学 231, 237–238
〈ライフ〉マイニング 97
⇒ゾーエー
生気性 vitality, vital
⇒一元論、情動、ノマド理論、唯物論
生権力 bio-power 22, 146, 168, 175–176, 180–182, 184, 193, 197, 212, 297
性差、セックス sex 47n4, 145, 147, 149, 224
セクシュアリティ 41, 45, 55, 86, 133, 148–150, 162
性差別 39, 57, 118
性別化 30, 45, 47, 62, 103, 133, 145, 147–148, 150, 161, 218, 255
性化 149–150
⇒異性愛、ジェンダー、女性、トランスセクシュアリティ
生社会性 bio-sociality 66
脆弱（性） vulnerability 130, 169, 171, 181, 184, 193, 212, 246, 298
——の共有、絆 65, 79–80, 100, 108, 120–121, 145, 152, 169, 213–214, 244, 285, 291
精神分析 psychoanalysis 33, 179, 183, 287–288
生政治 bio-politics 66, 97, 133, 137, 144, 148, 168, 173–180, 184–185, 194, 196, 214, 288
生成変化 becoming 26, 58, 79, 157, 198–199, 202, 212, 241, 250, 253–254, 258–260, 262, 289, 309
——とアイオーン 195, 201, 250
——とノマド 84–85, 253, 258
女性への—— 255, 292
動物への—— 104–105, 121, 124
地球への—— 104–105, 123, 128, 133–134, 255
機械への—— 104–105, 136–143, 163
マイノリティへの—— 61, 84–85, 135, 251
知覚不可能なものへの—— 206–210, 255

ポストヒューマンへの――　123, 152, 156, 284–286, 290, 294, 296
セガーラ、マルタ　Segarra, Marta　107
セーガン、ドリオン　Sagan, Dorion　104–105, 241
セゼール、エメ　Césaire, Aimé　73, 166
世俗主義、世俗化　secularism　35, 50, 52–61, 74–75, 75n8, 77, 81, 96, 111, 198, 201, 204, 207, 215, 266, 295
ポスト世俗主義　51, 55, 57–58, 60, 169, 220
戦争、戦争行為　war, warfare　18, 21–22, 110, 169, 172, 184–187, 189–192, 196–197, 214–215, 306
対テロ戦争　59, 99, 187, 224, 246
「新しい」戦争　22, 120, 185, 197, 210, 285
第二次世界大戦、戦後　15, 32–36, 39, 128
冷戦　14, 18, 22, 32–33, 110, 164, 185, 225, 227, 268, 270, 272
ヴェトナム戦争　34
「サイエンス・ウォーズ」　229
セオリー・ウォーズ　229, 266–268
全体主義　totalitarianism　181
「争異」　'differend'　225
ソヴィエト連邦　Soviet Union　33–34, 36, 39, 110, 162, 302t1-1
相対主義　relativism　63, 74, 79, 229–230
ゾーエー　*zoe*　80, 95–97, 146, 181–182, 241, 308
――と死　167–170, 174, 177–184, 197–200, 203, 206–209, 295–296
――とポスト人間中心主義　103–104, 123, 131, 223, 255
ゾーエー中心的な平等主義　96, 111, 134, 141, 143, 155, 157, 212–213
⇒〈生〉
ソーカル、アラン・D　Socal, Alan D.　229
ソブチャック、ヴィヴィアン　Sobchack, Vivian　138
ソルジェニーツィン、アレクサンドル・I　Solzhenitsyn, Alexandr I.　36

タ行

大衆文化　popular culture　55, 100, 172
ダーウィン、チャールズ　Darwin, Charles　33, 222, 224, 234
多幸感　euphoria　22, 25, 154, 306
他者（性）　other, otherness　25, 37–38, 43, 51, 61, 63, 85, 90, 93, 151–152, 179, 181, 185, 209, 252–254, 289, 292, 310
人間の、擬人主義的な――　105–106, 144, 168, 257, 261
性別化された、女性の――　29–30, 45–48, 103, 123, 168, 218, 255
人種化された――　29–30, 45–48, 103, 218, 255
非-人間的な、人間以外の――　76, 79, 118, 134–135, 156, 168, 255, 257, 261, 290
非擬人主義的な――　117, 144
自然化された――　29–30, 45–48, 103–104, 144, 218
動物の――　105–107, 109, 111, 116–117, 120–121, 144
地球（大地）の――　29–30, 76–80, 105–106, 144, 168, 290, 295
技術的な、機械の――　136–142, 156, 160–166, 295
排外主義と――　65, 83
ダストン、ロレーヌ　Daston, Lorraine　237–238, 257n10
脱構築　deconstruction　41, 43n2, 44, 46, 50–51, 75, 82, 103, 219, 224, 227, 286
脱-親和化（異化）　defamiliarization　135, 140, 201–202, 207, 248, 254–256
脱人間化　de-humanization　48, 51, 164–165, 167, 181, 271, 290
ダッフィールド、マーク　Duffield, Mark　192
脱領土化　deterritorialization　92, 111, 135,

141, 150, 185, 251
タナトス　Thanatos　22, 164, 167, 181–182, 190, 203
多文化主義　multiculturalism　128, 233, 266–268
男根ロゴス中心主義（ファロゴセントリズム）　phallogocentrism　43n2, 107, 123
男性中心主義　Androcentrism　128, 218, 297
男性優位主義　masculinism　39, 48, 80, 218
地球中心（主義）　geo-centrism　124, 127–129, 255
地図作成（法）　cartography　14, 84, 157, 176, 197, 213, 248, 250, 279, 286
地政学（的）　geo-politics　29, 33–34, 59, 64, 80, 83, 150, 167, 170, 184, 214, 227, 231, 249, 270, 296, 310
チャクラバルティ、ディペッシュ　Chakrabarty, Dipesh　127–128, 134, 169, 243–244
チャンドラー、ジェイムズ　Chandler, James　219
超越性、超越（的）　transcendence　29, 45, 119, 139, 154, 162, 200, 206, 242, 271, 290–291, 295, 301
　技術的超越　11, 147, 171
超越論（的）　transcendental　43n2, 67, 90, 104, 125, 131, 204, 209, 218, 228, 230, 259, 287, 297
チョムスキー、ノーム　Chomsky, Noam　187, 303t3-5
デイヴィーズ、トニー　Davies, Tony　29–30, 81, 187
ディケン、ビュレント　Diken, Bülent　192
帝国主義　imperialism　29–31, 34–35, 128, 200
ディック、フィリップ・K　Dick, Philip K.　113, 300, 304
「ディープ・ヒストリー」　'Deep History'　243–244, 256
デイリー、メアリー　Daly, Mary　54
『デイリー・テレグラフ』　*The Daily Telegraph*　21n3
デカルト、ルネ　Descartes, René　10, 89
データマイニング　data-mining　15, 97
デューイ、ジョン　Dewey, John　268, 269n12
デランダ、マヌエル　DeLanda, Manuel　143, 241n4, 259
デリダ、ジャック　Derrida, Jacques　41, 43n2, 50, 56, 107, 156
伝染病　epidemics　34, 76, 170, 246, 285
〈同一性〉、〈同一なもの〉　Sameness, the Same　44, 47, 47n5, 54, 123
統治性　governmentality　97, 99, 148, 175, 178, 211, 215
道徳的志向性　moral intentionality　67, 69–70, 307
動物　Animals　19–21, 47, 51, 91–125, 131, 136, 139, 143–144, 163, 171, 182, 187, 191, 197, 206, 215, 218, 223n3, 245–246, 284, 294–295, 308
　動物の権利　21, 91, 116, 133
　アニマル・スタディーズ　223, 223n3
　人間 - 動物の相互作用　19, 108, 111, 113–115, 123
　⇒身体、生成変化、他者
動物存在論　zoontology　109
ドゥルーズ、ジル　Deleuze, Gilles　43n2, 44, 47n5, 66, 76, 102, 115n4, 135, 157, 178, 251, 302t2–4, 304t4–5, 309
　――と生成変化　84, 104, 138, 163, 195, 198, 253, 260
　――とノマド的思考　253, 258–260, 287–288
　――とスピノザ　89n1, 130–132, 183n1
ドーキンス、リチャード　Dawkins, Richard　53, 81
ドクサ　doxa　15, 132, 140, 157
「独身者の機械」　'bachelor machines'　138, 163
ド・ゴール、シャルル　de Gaulle, Charles　35

トランスセクシュアリティ　transsexuality　147
トランスヒューマニズム　trans-humanism　11, 51, 138, 154, 301
ドリー（羊の）　Dolly the sheep　20, 110, 113–115, 122, 235, 249, 297, 300, 302t2–3
ドローン　drone aircraft　21–22, 71, 188–191, 214, 224

ナ行

内在性　immanence　125, 138, 258
　徹底した――　90, 131, 174, 200, 206–209, 287, 295
内部共生　endosymbiosis　241
ナショナリズム　nationalism　30, 53, 63, 76, 274
　方法論的――　23, 83, 231–232, 294
　ポストナショナリズム　84–85, 220
ナチズム、ナチス　Nazism　33–35, 81, 164
難民　refugees　83–84, 186, 192–193, 285
二元論　dualism　13, 89, 111, 125, 129, 139, 145, 150, 220
ニーチェ、フリードリッヒ　Nietzsche, Friedrich　17, 33, 49, 182
ニューマン、カーディナル・ジョン　Newman, Cardinal John　264
「人間」　'Man'　10–11, 17
　人文主義的理想像　28, 41, 46–47, 80, 156, 218, 233, 297
　ウィトルウィウス的――　28, 41, 48, 77, 105, 137
　「理性の人」　256
　「理性的な動物」　106, 218
　元 - 人間　102, 230
　――の死　17, 40, 43–44, 49, 52, 60–61, 83, 219, 230
　――と人文学　230–231, 242, 257–262
　――とポスト人間中心主義　101–106, 116, 124, 135
人間化　humanization　20, 116, 121, 130–131, 224, 226
　脱人間化　48, 51, 164–165, 167, 181, 271, 290
人間性（ヒューマニティ）　humanity
　⇒汎人間性、非人間性
人間中心主義　anthropocentrism　80, 170, 176, 211, 296–297, 299, 308, 311
　――的人文主義　123, 156, 296
　――と人文学　23, 218–221, 232–233, 244, 247, 254–256, 261
　ポスト人間中心主義　21, 62, 66, 69, 88–158, 165, 168, 179, 184, 191–192, 208, 211, 214, 308
　ポスト人間中心主義と人文学　219–224, 239, 243, 246, 248, 255, 260, 273
　⇒新人文主義
人間本性　human nature　12, 17, 41, 45, 103, 111
ヌスバウム、マーサ・C　Nussbaum, Martha C.　62–64, 117, 227–228, 263, 291
ネオペイガニズム　neo-paganism　55
ネグリ、アントニオ　Negri, Antonio　69, 89n1, 103, 183n4, 302t1–2
猫　cats　20, 111–112, 112c2–3
ネス、アルネ　Naess, Arne　129
ノスタルジー、ノスタルジック　nostalgia　22, 25, 72, 138, 156, 228, 255, 263, 279, 297, 306
ノマド（的理論）　nomadic theory　46, 61, 75n8, 111, 200, 251, 279, 291, 294, 296
　――的主体　79–80, 132–133, 140, 224, 249, 257, 287–288, 309
　――と生成変化　84–85, 253–254, 258–259
　――と生気論　151, 255, 259
　――とゾーエー　156–157, 200, 255, 296

ハ行

バイオテクノロジー　bio-technology　19–20, 64, 94, 96, 105, 110, 142, 146, 170, 176,

235, 261
バイオパイラシー　bio-piracy　144, 168, 177
排外主義　xenophobia　59, 65, 83–85, 140, 231, 284, 302t1-3
ハイデガー、マルティン　Heidegger, Martin　81, 182, 220
バウマン、ジグムント　Bauman, Zygmunt　83n9, 166
ハクスリー、オルダス　Huxley, Aldous　81, 301
バージャー、アン・E　Berger, Anne E.　107
「場所の政治学」　'politics of locations'　38, 64, 81–82, 126, 134, 287
パーセル、ロザモンド・ウルフ　Purcell, Rosamond Wolff　234
ハーディング、サンドラ　Harding, Sandra　38, 58, 128, 235
バディウ、アラン　Badiou, Alain　16
ハート、マイケル　Hardt, Michael　69, 103, 183n4
バドミントン、ニール　Badmington, Neil　49
バトラー・ジュディス　Butler, Judith　149, 156, 177n3, 255
ハナフィン、パトリック　Hanafin, Patrick　193–194
バーバ、ホミ・K　Bhabha, Homi K.　64, 75n8
ハーバーマス、ユルゲン　Habermas, Jürgen　11, 84, 100, 226
ハラウェイ、ダナ　Haraway, Donna　19, 38, 56, 81, 92, 101, 108–111, 114, 146, 154, 157, 176, 235, 292, 297
バラッド、カレン　Barad, Karen　177n3, 240, 241n4
パラノイア　paranoia　22, 208–209, 306
パリージ、ルチアーナ　Parisi, Luciana　241
バルサモ、アン　Balsamo, Anne　145–146, 171
ハルセイ、マーク　Halsey, Mark　177–178
反核運動　anti-nuclear movement　32, 61
反人文主義、反ヒューマニズム　anti-humanism　18, 25, 31–45, 49–50, 53, 81, 155
　フェミニズム的——　32, 46–47
　——と人文学　218, 221, 240
　——とマルクス主義　32–35, 40, 161
　——とポストヒューマン　44, 58, 60–63, 73, 101, 115, 296
　——とポスト世俗主義　57–60
反知性主義　anti-intellectualism　14
ハンチントン、サミュエル　Huntington, Samuel　16
反動的（アプローチ）　reactive approach　62–63, 79–80, 133, 145, 151, 169, 210, 291
汎人間（性）　pan-humanity　25, 65, 68, 84, 100, 133–134, 145, 152, 169, 210, 213, 284
ビア、ジリアン　Beer, Gillian　234
非〈一〉　not-One　144, 151, 208
ピストリウス、オスカー　Pistorius, Oscar　298, 300
非線形（性）　non-linearity　248, 250–254
ピーターソン、クリストファー　Peterson, Christopher　51
ヒトゲノム計画　Human Genome Project　65, 94, 101
『人でなしの女』　*L'Inhumaine*　160, 162, 166
非人間（性）　inhumanity, inhuman　11, 13, 22, 42, 102, 160–215, 222, 224–225, 262, 285–286, 295, 308
非-人間（的）、人間以外の　non-human　11, 15, 17, 51, 62–80, 95, 97, 103–104, 109, 117–134, 144–145, 156–157, 168, 181, 183, 202–210, 220, 226, 241–242, 255–261, 290, 294
　⇒他者
批判理論　critical theory　14–15, 33, 35, 57, 176, 285, 292, 309
　——と人文学　230–231, 248–256, 259–262
　——とポストヒューマニズム、ポスト人文主

義　61, 67, 73–84, 140, 154, 209, 215, 293
——とポスト人間中心主義　105, 122–126, 128, 132–134, 154, 207
——と非人間的なもの　206–207, 213, 215, 225
——と死　193, 195, 201–202, 230
ヒュイッセン、アンドレアス　Huyssen, Andreas　136, 160
比喩形象　figurations　113–115, 115n4, 126, 132, 248–250, 279, 294
ヒューマニズム⇒人文主義
ヒューム、デイヴィッド　Hume, David　119
ヒル・コリンズ、パトリシア　Hill Collins, Patricia　47n5, 75n8, 226, 255n9
ファシズム、ファシスト　Fascism, Fasist　29, 32–34, 53, 76, 83, 166, 268
ファノン、フランツ　Fanon, Frantz　42, 73, 88, 166
ファン・ダイク、ヨセ　Van Dijck, José　97n2, 236
フィリップス、アダム　Phillips, Adam　203
フィルヒョウ、ルドルフ　Virchow, Rudolf　245
フェイスブック　Facebook　97
フェミニズム、フェミニスト　feminism　128, 148, 249, 309
——と人文主義　37–39, 48, 52–58, 128
——と反人文主義　32, 42, 46
——とポストヒューマニズム　41, 43, 73–76, 149–150, 287, 292, 297
——と人文学　219, 221–226, 231, 235, 254–255, 267–268
——と身体化　38, 54, 76, 82, 123, 148, 176
——のポリティクス　54, 76, 82, 148
社会主義的——　53
マルクス主義的——　53
スピノザ主義的——　135
ポストフェミニズム　10, 77–78, 279
エコフェミニズム　118, 133
⇒ジェンダー、女性
フェルベーク、ピーター゠ポール　Verbeek, Peter-Paul　66–67
フォーディズム　Fordism　177, 263
フクヤマ、フランシス　Fukuyama, Francis　16, 49, 100
フーコー、ミシェル　Foucault, Michel　33, 43n2, 44–46, 81, 130
「人間の死」　40, 49, 219, 230
生政治、生権力　66, 97, 146, 168, 173, 175–181, 184
フックス、ベル　bell hooks　55
フッサール、エドムント　Husserl, Edmund　29
物質　matter　58, 89–90, 94–97, 102, 131, 142, 145–146, 171, 182, 207–208, 224, 240–241, 259–260
生ける物質　11, 13, 19, 65, 77, 90, 94–95, 97, 168, 260
物質 - 実在論　91, 105, 143, 149, 167, 240–242, 253, 289
仏教　Buddhism　55
普遍主義（的）　universalism　25, 249, 291
人文主義的——　29, 37, 40–42, 48, 52, 63–64, 123
ヨーロッパの——　43, 84–85, 294
——の批判　39, 73, 218, 249
ブラー、アヴタール　Brah, Avtar　75n8
プラクシス　*praxis*　140, 152
プラムウッド、ヴァル　Plumwood, Val　117, 130
フランクリン、サラ　Franklin, Sarah　65, 68, 93, 110, 235
ブランショ、モーリス　Blanchot, Maurice　163, 199, 274
フランス　France　21, 29, 35–37, 39, 39n1, 43, 56, 89–90, 189, 222, 229, 235, 267
ブリクモン、ジャン　Bricmont, Jean　229
ブリュル、メット　Bryld, Mette　235
ブレイヴィク、アンネシュ・ベーリング　Breivik, Anders Behring　285, 285n1

『ブレードランナー』　*Blade Runner*　113, 300, 304
フロイト、ジークムント　Freud, Sigmund　33, 52–53, 148–149, 165n1
プロタゴラス　Protagoras　28
プロテヴィ、ジョン　Protevi, John　170, 241n4, 260
「分人」　'dividuals'　178
フンボルト、ヴィルヘルム・フォン　Humboldt, Wilhelm von　263–264
「文明の衝突」　'clash of civilizations'　59, 150, 187
ヘイルズ、N・キャサリン　Hayles, N. Katherine　145, 153, 157, 247, 310–311
ヘーゲル、ゲオルク・ヴィルヘルム・フリードリヒ　Hegel, Georg Wilhelm Friedrich　29, 89–90, 89n1, 139, 162
ベビー・ブーム世代　baby-boomers　32
ベルクソン、アンリ　Bergson, Henri　253
弁証法（的）　dialectics　29, 37, 40, 47–48, 58, 89–90, 103, 106, 111, 125, 153, 179, 185, 195, 203
ベンハビブ、セイヤ　Benhabib, Seyla　84, 181–182, 226
ベンヤミン、ヴァルター　Benjamin, Walter　195, 275
法医学（的）　forensic　172, 179, 181–184, 196, 303t3-3
ボーヴォワール、シモーヌ・ド　Beauvoir, Simone de　12, 35–39, 39n1, 58, 226
保守（的）　conservatism　10, 25, 40, 61, 240, 265, 267–269
ポスト構造主義　post-structuralism　16, 309
——と人文主義　40–41, 43
——と人文学　229–231, 235, 240, 252
——とポストヒューマニズム　62, 73, 78, 286–287
ポスト自然主義　post-naturalism　12
ポスト植民地主義　post-colonialism　10, 52, 57, 64, 297
——と人文主義　30, 42–43, 48, 127–128
——と新人文主義　55, 167, 226
——とポストヒューマニズム　73–78, 287
——とポスト人間中心主義　127–128, 134–135
——と人文学　231, 244, 255
——と「セオリー戦争」　267–268
ポスト植民地研究　219, 225, 292
ポストヒューマニズム、ポスト人文主義　posthumanism　28–86, 91, 102, 157, 208, 214, 218
反動的——　62–64
分析的——　62, 64–69, 73, 154–155
批判的——　62, 68, 73–80
ポスト人間中心主義的——　139, 239
エコロジカルな——　76–78
——の倫理　143–144
⇒人文学、批判理論、フェミニズム、ポストコロニアリズム
ポストヒューマン　(the) posthuman
⇒主体、生成変化、反人文主義、倫理
ポストモダン　postmodern　10, 33, 59, 61, 78, 82, 113, 164, 166, 213, 266–268, 286
ポストモダン・フェミニズム　38, 46
「ポスト理論という病」　'post-theoretical malaise'　14
ボッラドリ、ジョヴァンナ　Borradori, Giovanna　100
ポテンティア　potential　45, 202, 205–210, 214, 249, 302t1-2
ホブズボーム、エリック　Hobsbawm, Eric　166
ホメイニー、アーヤットラー　Khomeini, Ayatollah　36
ホモ・サケル　*homo sacer*　181, 192
ボルト、ウサイン　Bolt, Usain　298
ボルヘス、ルイス　Borges, Louis　107
ホロコースト　Holocaust　32, 166, 225
ボンタ、マーク　Bonta, Mark　260

マ行

マイノリティ　minority, minoritarian　61, 84–85, 128, 135, 169
マーギュリス、リン　Margulis, Lynn　241
マクニール、モーリーン　McNeil, Maureen　235
マークス、ジョン　Marks, John　131
マクリントック、バーバラ　McClintock, Barbara　55, 234
マコーマック、パトリシア　MacCormack, Patricia　150
マシュレ、ピエール　Macherey, Pierre　89n5
マッケンジー、エイドリアン　Mackenzie, Adrian　233
マッスミ、ブライアン　Massumi, Brian　23, 102, 144, 178, 241n4
マトゥラーナ、ウンベルト・R　Maturana, Humberto R.　141
マドンナ　Madonna　55
マームード、サバ　Mahmood, Saba　58
マルクス、カール　Marx, Karl　33, 39, 89
　マルクス主義　33–35, 37, 39–40, 53, 89, 126, 128, 134, 161–162
「マルチ - ヴァーシティ」　'multi-versity'　270, 272–274, 278, 280
マルロー、アンドレ　Malraux, André　34, 36
マンデラ、ネルソン　Mandela, Nelson　34
ミース、マリア　Mies, Maria　77–78
ミッジリー、メアリー　Midgley, Mary　117
ミラー、J・ヒリス　Miller, J. Hillis　14
ムーア、ヘンリエッタ・L　Moore, Henrietta L.　55, 235
「剥き出しの生」　'bare life'　181–182
無知学（アグナトロジー）　agnatology　48
『メトロポリス』　*Metropolis*　160, 162
メナンド、ルイ　Menand, Louis　268–269, 276
モル、アネマリー　Mol, Annemarie　235

ヤ行

薬物、医薬品　drugs　20, 110, 172–173, 177
唯物論　materialism　38, 40, 46, 51, 96, 119, 124, 132, 138, 148, 222, 297, 309
　生気論的──　82, 89–91, 104, 129, 152, 155, 157, 174, 196–197, 203–204, 206, 209, 215, 240, 259, 287
　新 - 唯物論　143
　⇒物質
ユダヤ（教）　Judaism　54–56
ユトレヒト　Utrecht　227, 249n8
ヨーロッパ　Europe　116, 130, 192–193, 220, 229, 294
　ヨーロッパ連合（EU）　19–20, 227, 231
　「要塞ヨーロッパ」　85, 192, 302t1-3
　──と人文主義　15, 17, 28–36, 39–44, 53, 56–59, 63, 74–77, 81–85, 106, 256
　──と人文学　24, 232, 238, 263, 268, 270–277
　⇒アイデンティティ
ヨーロッパ中心主義　Eurocentrism　43n2, 268, 287
　──と人文主義　29, 31, 42, 46, 47n5, 74, 80, 83–84, 218, 230, 232, 297
　──と植民地　42, 74, 200

ラ行

ラヴロック、ジェイムズ　Lovelock, James　129
ラカン、ジャック　Lacan, Jacques　165n1, 288
ラッセル、バートランド　Russell, Bertrand　18
ラッツァラート、マウリツィオ　Lazzarato, Maurizio　69
ラップ、レイナ　Rapp, Rayna　235
ラトゥール、ブルーノ　Latour, Bruno　15, 64, 72, 155
ラビノウ、ポール　Rabinow, Paul　102, 164, 175, 230, 235–237
ラ・メトリ、ジュリアン　La Mettrie, Julien Offray de　222

ラング、フリッツ　Lang, Fritz　160–161
リオタール、ジャン=フランソワ　Lyotard, Jean-François　147, 164–165, 181, 204, 225, 239
リスク社会　risk society　97, 210
理性（的）　reason, rational　10, 28–29, 32–33, 37, 48, 52, 54, 57, 61, 74, 77, 106–107, 117, 119, 129, 163, 218, 227–228, 256–257, 265, 295
　超越論的――　125, 218, 287
　⇒合理性
リッチ、アドリエンヌ　Rich, Adrienne　100, 235, 236
リュケ、ニナ　Lykke, Nina　38, 54, 292
領域横断（性）　trans-disciplinarity　92, 222, 248, 256, 278
　⇒学際性
倫理　ethics
　ポストヒューマン的――　79, 84, 143–144, 151, 165, 200, 209–210, 212, 228, 257, 288, 290–291
　人文主義（ヒューマニズム）的――　63, 67
　アファーマティヴな――195, 197, 200, 209, 296–298
　持続可能性の――　138, 141, 184, 290
　――的価値　46, 78, 105, 112, 121, 213, 290
　――的説明責任　18, 30, 76, 122, 140, 151, 155–156, 248
　機械の倫理　70–72
　生命倫理　20
　⇒主体
ルネサンス　Renaissance　28, 263
ルーリー、シーリア　Lury, Celia　65, 93, 234
例外主義　exceptionalism　59, 104, 131, 224
霊長類学　primatology　91, 118
レオナルド・ダ・ヴィンチ　Leonardo da Vinci　28, 28c1-1, 41, 99, 112c2-2, 137c2-4
レディングズ、ビル　Readings, Bill　228, 263–265
レーニン、ウラジーミル　Lenin, Vladimir　33, 162
レルビエ、マルセル　L'Herbier, Marcel　160, 162
ロイド、ジェヌヴィエーヴ　Lloyd, Genevieve　101–2, 124, 135, 256, 291
ローズ、ニコラス　Rose, Nikolas　19, 66, 68, 95, 175
ローティ、リチャード　Rorty, Richard　266
ロード、オードリー　Lorde, Audre　54
ロバーツ、シーリア　Roberts, Celia　233
ロボット　robot, robotics　11, 69–72, 71n7, 91, 137c2-4, 160, 188–192, 224, 305–308

ワ行

ワーニック、アドリュー　Wernick, Andrew　270, 272
「ワン・ヘルス・イニシアティヴ」　'One Health Initiative'　245–246, 256
ンベンベ、アキーユ　Mbembe, Achille　22, 184–187

参考文献

Adams, Carol J. 1990. *The Sexual Politics of Meat: A Feminist-Vegetarian Critical Theory.* New York: Continuum.〔キャロル・J・アダムズ（一九九四）『肉食という性の政治学——フェミニズム - ベジタリアニズム批評』鶴田静訳、新宿書房〕

Adler, Rachel. 1998. Judaism. In: Alison M. Jaggar and Iris M. Young (eds.) *A Companion to Feminist Philosophy.* Oxford: Blackwell Publishers.

Agamben, Giorgio. 1998. *Homo Sacer: Sovereign Power and Bare Life. Stanford, CA: Stanford* University Press.〔ジョルジョ・アガンベン（二〇〇七）『ホモ・サケル——主権権力と剥き出しの生』高桑和巳訳、以文社〕

Ansell Pearson, Keith. 1997. *Viroid Life: Perspectives on Nietzsche and the Transhuman Condition.* London and New York: Routledge.

Ansell Pearson, Keith. 1999. *Germinal Life: The Difference and Repetition of Deleuze.* London and New York: Routledge.

Appadurai, Arjun. 1998. Dead Certainty: Ethnic Violence in the Era of Globalization. *Development and Change,* 29 (4), 905–25.

Arendt, Hannah. 1951. *The Origins of Totalitarianism.* New York: Harcourt.〔ハンナ・アーレント（二〇一七）『全体主義の起源』大久保和郎訳、全三巻、みすず書房〕

Arthur, John and Amy Shapiro. 1995. *Campus Wars: Multiculturalism and the Politics of Difference.* Boulder, CO: Westwood Press.

Asimov, Isaac. 1950. *I, Robot.* New York: Gnome Press.〔アイザック・アシモフ（二〇〇四）『われはロボット』小林芙佐訳、ハヤカワ文庫SF〕

Badiou, Alain and Slavoj Žižek. 2009. *Philosophy in the Present.* Cambridge: Polity Press.

Badmington, Neil. 2003. Theorizing Posthumanism. *Cultural Critique,* No. 53, 10–27.

Balibar, Étienne. 2002. *Politics and the Other Scene.* London: Verso.

Balibar, Étienne. 2004. *We, the People of Europe?: Reflections on Transnational Citizenship.* Princeton, NJ: Princeton University Press.〔エティエンヌ・バリバール（二〇〇七）『ヨーロッパ市民とは誰か——境界・国家・民衆』松葉祥一・亀井大輔訳、平凡社〕

Balsamo, Anne. 1996. *Technologies of the Gendered Body: Reading Cyborg Women.* Durham, NC: Duke University Press.

Barad, Karen. 2003. Posthumanist Performativity: Toward an Understanding of How Matter Comes to Matter. *Signs,* 28 (3), 801–31.

Barad, Karen. 2007. *Meeting the Universe Halfway: Quantum Physics and the Entanglement of Matter and Meaning.* Durham, NC: Duke University Press.

Barrett, Michele. 1980. *Women's Oppression Today: Problems in Marxist Feminist Analysis.* London: Verso Books.

Bart, Simon, Jill Didur and Teresa Heffernan (eds.) 2003. *Cultural Critique,* Special issue on Posthumanism, vol. 53.

Barthes, Roland. 1975. *The Pleasure of the Text.* New York: Hill and Wang.〔ロラン・バルト（二〇一七）『テクストの楽しみ』鈴村和成訳、みすず書房〕

Bauman, Zygmunt. 1993. *Postmodern Ethics.* Oxford: Blackwell.

Bauman, Zygmunt. 1998. *Globalization: The Human Consequences.* Cambridge: Polity Press.〔ジグムント・バウマン（二〇一〇）『グローバリゼーション――人間への影響』澤田眞治・中井愛子訳、法政大学出版局〕

Bauman, Zygmunt. 2004. *Europe: An Unfinished Adventure.* Cambridge: Polity Press.

Beauvoir, Simone de. 1973. *The Second Sex.* New York: Bantam Books.〔ボーヴォワール（二〇〇一）『第二の性』『第二の性』を原文で読み直す会・訳、全三巻、新潮文庫〕

Beck, Ulrich. 1999. *World Risk Society.* Cambridge: Polity Press.〔ウルリッヒ・ベック（二〇一四）『世界リスク社会』山本啓訳、法政大学出版局〕

Beck, Ulrich. 2007. The Cosmopolitan Condition: Why Methodological Nationalism Fails. *Theory, Culture & Society,* 24 (7/8), 286–90.

Beer, Gillian. 1983. *Darwin's Plots: Evolutionary Narrative in Darwin, George Eliot and Nineteenth-Century Fiction.* London: Routledge & Kegan Paul.〔ジリアン・ビア（一九九八）『ダーウィンの衝撃――文学における進化論』富山太佳夫解題、渡辺ちあき・松井優子訳、工作舎〕

Benhabib, Seyla. 1996. *The Reluctant Modernism of Hannah Arendt.* Thousand Oaks, CA: Sage.

Benhabib, Seyla. 2002. *The Claims of Culture: Equality and Diversity in the Global Era.* Princeton, NJ: Princeton University Press.

Benhabib, Seyla. 2007. *Another Cosmopolitanism.* with Jeremy Waldron, Bonnie Honig & Will Kymlicka. Oxford: Oxford University Press.

Benjamin, Jessica. 1988. *The Bonds of Love: Psychoanalysis, Feminism and the Problem of Domination.* New York: Pantheon Books.

Bennett, Jane. 2001. *The Enchantment of Modern Life: Attachments, Crossings and Ethics.* Princeton, NJ: Princeton University Press.

Bennett, Jane. 2010. *Vibrant Matter: A Political Ecology of Things.* Durham, NC: Duke University Press.

Berger, Anne E. and Marta Segarra (eds.) 2011. *Demenageries: Thinking (of) Animals after Derrida.* Amsterdam: Rodopi.

Bérubé, Michael and Cary Nelson. 1995. *Higher Education under Fire: Politics, Economics and the Crisis of the Humanities.* New York and London: Routledge.

Bhabha, Homi K. 1994. *The Location of Culture.* London and New York: Routledge.〔ホミ・

K・バーバ（二〇一二）『文化の場所——ポストコロニアリズムの位相』本橋哲也他訳、法政大学出版局〕
Bhabha, Homi K. 1996a. ‘Unpacking My Library . . . Again’. In: Iain Chambers and Lidia Curti (eds.) *The Post-Colonial Question. Common Skies, Divided Horizons.* London and New York: Routledge.
Bhabha, Homi K. 1996b. Unsatisfied: Notes on Vernacular Cosmopolitanism. In: Laura Garcia Moreno and Peter C. Pfeiffer (eds.) *Text and Nation: Cross-Disciplinary Essays on Cultural and National Identities.* Columbia, SC: Camden House.
Blanchot, Maurice. 2000. *The Instant of My Death/ Demeure: Fiction and Testimony.* with Jacques Derrida. Stanford, CA: Stanford University Press.〔モーリス・ブランショ（二〇〇〇）「私の死の瞬間」、ジャック・デリダ『滞留』湯浅博雄監訳、未来社〕
Bono, James J., Tim Dean and Ewa Ziarek Plonowska (eds.) 2008. *A Time for the Humanities: Futurity and the Limits of Autonomy.* New York: Fordham University Press.
Bonta, Mark and John Protevi. 2004. *Deleuze and Geophilosophy: A Guide and Glossary.* Edinburgh: Edinburgh University Press.
Borradori, Giovanna. 2003. *Philosophy in a Time of Terror: Dialogues with Jurgen Habermas and Jacques Derrida.* Chicago, IL: University of Chicago Press.〔ユルゲン・ハーバーマス、ジャック・デリダ、ジョヴァンナ・ボッラドリ（二〇〇四）『テロルの時代と哲学の使命』藤本一勇・澤里岳史訳、岩波書店〕
Bostrom, Nick. 2005. A History of Transhumanist Thought. *Journal of Evolution and Technology,* 14 (1), 1–25.
Bourke, Joanna. 2011. *What It Means to Be Human: Reflections from 1791 to the Present.* London: Virago.
Brah, Avtar. 1996. *Cartographies of Diaspora: Contesting Identities.* New York and London: Routledge.
Braidotti, Rosi. 1991. *Patterns of Dissonance: A Study of Women in Contemporary Philosophy.* Cambridge: Polity Press.
Braidotti, Rosi. 1994. *Nomadic Subjects: Embodiment and Sexual Difference in Contemporary Feminist Theory,* 1st edn. New York: Columbia University Press.
Braidotti, Rosi. 2002. *Metamorphoses: Towards a Materialist Theory of Becoming.* Cambridge: Polity Press.
Braidotti, Rosi. 2006. *Transpositions: On Nomadic Ethics.* Cambridge: Polity Press.
Braidotti, Rosi. 2008. In Spite of the Times: The Postsecular Turn in Feminism. *Theory, Culture & Society,* 25 (6), 1–24.
Braidotti, Rosi. 2011a. *Nomadic Subjects: Embodiment and Sexual Difference in Contemporary Feminist Theory,* 2nd edn. New York: Columbia University Press.
Braidotti, Rosi. 2011b. *Nomadic Theory: The Portable Rosi Braidotti.* New York: Columbia

University Press.

Braidotti, Rosi and Roets, Griets. 2012. Nomadology and Subjectivity: Deleuze, Guattari and Critical Disability Studies. In: Dan Goodley, Bill Hughes and Lennard Davis (eds.) *Disability and Social Theory: New Developments and Directions.* New York: Palgrave Macmillan, pp. 161–78.

British Humanist Association. 2007. *The Case for Secularism: A Neutral State in an Open Society.* Norman, Richard (ed.) London: British Humanist Association.

Brown, Wendy. 2006. *Regulating Aversion: Tolerance in the Age of Identity and Empire.* Princeton, NJ: Princeton University Press.

Bryld, Mette and Nina Lykke. 1999. *Cosmodolphins: Feminist Cultural Studies of Technologies, Animals and the Sacred.* London: Zed Books.

Bukatman, Scott. 1993. *Terminal Identity: The Virtual Subject in Postmodern Science Fiction.* Durham, NC: Duke University Press.

Butler, Judith. 1991. *Gender Trouble: Feminism and the Subversion of Identity.* London and New York: Routledge.〔ジュディス・バトラー（一九九九）『ジェンダー・トラブル――フェミニズムとアイデンティティの攪乱』竹村和子訳、青土社〕

Butler, Judith. 2004a. *Precarious Life: The Power of Mourning and Violence.* London: Verso.〔ジュディス・バトラー（二〇〇七）『生のあやうさ――哀悼と暴力の政治学』本橋哲也訳、以文社〕

Butler, Judith. 2004b. *Undoing Gender:* London and New York: Routledge.

Carroll, Joseph. 2004. *Literary Darwinism: Evolution, Human Nature and Literature.* London and New York: Routledge.

Carroll, Rory. 2012. US Raises a New Drone Generation. *The Guardian Weekly,* 10–16 August, 1–2.

Cartwright, Lisa. 2001. *Practices of Looking: An Introduction to Visual Culture.* Oxford: Oxford University Press.

Césaire, Aimé. 1955. *Discours sur le colonialisme.* Paris: Présence Africaine.〔エメ・セゼール（二〇〇四）『帰郷ノート・植民地主義論』砂野幸稔訳、平凡社〕

Chakrabarty, Dipesh. 2009. The Climate of History: Four Theses. *Critical Inquiry,* 35 (2), 197–222.

Chandler, James. 2004. Critical Disciplinarity. *Critical Inquiry,* 30 (2), 355–60.

Chardin de Teilhard, Pierre. 1959. *The Future of Man.* New York: Harper and Row.〔ピエール・テイヤール・ド・シャルダン（一九六九）「人間の未来」、『テイヤール・ド・シャルダン著作集』七、伊藤晃・渡辺義愛訳、みすず書房〕

Cheah, Pheng. 2008. Nondialectical Materialism. *Diacritics*, 38 (1/2), 143–57.

Citton, Yves and Frédéric Lordon (dir.) 2008. *Spinoza et les sciences sociales : De la puissance de la multitude à l'économie des affects.* Paris: Editions Amsterdam.

Cixous, Hélène. 1997. Mon Algeriance. *Les Inrockuptibles*, 20 August, magazine archive nr. 115, p. 70.〔エレーヌ・シクスー（一九九七）「私のアルジェリアンス」松本伊瑳子訳、『現代思想』一九九七年十二月号、青土社〕

Cixous, Hélène. 2004. *Portrait of Jacques Derrida as a Young Jewish Saint.* New York: Columbia University Press.

Clough, Patricia T. 2008. The Affective Turn: Political Economy, Biomedia and Bodies. *Theory, Culture & Society*, 25 (1), 1–22.

Cohen, Tom, Claire Colebrook and J. Hillis Miller. 2012. *Theory and the Disappearing Future: On De Man, On Benjamin*. New York: Routledge.

Colebrook, Claire. 2000. Is Sexual Difference a Problem? In: Ian Buchanan and Claire Colebrook (eds.) *Deleuze and Feminist Theory*. Edinburgh: Edinburgh University Press.

Colebrook, Claire. 2002. *Understanding Deleuze*. Crows Nest, NSW: Allen and Unwin.

Collini, Stefan. 2012. *What Are Universities For?* London: Penguin Books.

Connolly, William. 1999. *Why I Am Not a Secularist*. Minneapolis, MN: University of Minnesota Press.

Cooper, Melinda. 2008. *Life as Surplus: Biotechnology and Capitalism in the Neoliberal Era.* Seattle, WA: University of Washington Press.

Cornell, Drucilla. 2002. *The Ubuntu Project with Stellenbosch University*, www.fehe.org/index.php?id=281 (accessed 2 January 2007).

Coward, Rosalind. 1983. *Patriarchal Precedents: Sexuality and Social Relations.* London and New York: Routledge.

Coward, Rosalind and John Ellis. 1977. *Language and Materialism: Development in Semiology and the Theory of the Subject*. London: Routledge & Kegan Paul.

Crary, Jonathan. 2001. *Suspensions of Perception: Attention, Spectacle and Modern Culture*. Boston, MA: MIT Press.〔ジョナサン・クレーリー（二〇〇五）『知覚の宙吊り――注意、スペクタクル、近代文化』岡田温司監訳、大木美智子・石谷治寛・橋本梓訳、平凡社〕

Crenshaw, Kimberlè. 1995. Mapping the Margins: Intersectionality, Identity Politics, and Violence Against Women of Color. In: Kimberle Crenshaw, Neil Gotanda, Gary Peller and Kendall Thomas (eds.) *Critical Race Theory.* New York: The New Press.

Critchley, Simon. 2008. *The Book of Dead Philosophers*. London: Granta.〔サイモン・クリッチリー（二〇〇九）『哲学者たちの死に方』杉本隆久・國領佳樹訳、河出書房〕

Daly, Mary. 1973. *Beyond God the Father: Toward a Theory of Women's Liberation.* Boston, MA: Beacon Press.

Damasio, Antonio. 2003. *Looking for Spinoza: Joy, Sorrow, and the Feeling Brain*. Orlando, FL: Harcourt, Inc.〔アントニオ・R・ダマシオ（二〇〇五）『感じる脳――情動と感情の脳科学　よみがえるスピノザ』田中三彦訳、ダイヤモンド社〕

Daston, Lorraine. 2004. Whither *Critical Inquiry? Critical Inquiry*, 30 (2), 361–4.
Daston, Lorraine and Peter Galison. 2007. *Objectivity*. New York: Zone Books.
Davies, Tony. 1997. *Humanism*. London: Routledge.
Davis, Angela Y. 1981. *Women, Race and Class*. New York: Random House.
Davis, Lennard J. (ed.) 1997. *The Disability Studies Reader*. New York and London: Routledge.
Dawkins, Richard. 1976. *The Selfish Gene*. Oxford: Oxford University Press.〔リチャード・ドーキンス（一九九二）『利己的な遺伝子』日高敏隆・岸由二・羽田節子・垂水雄二訳、紀伊国屋書店〕
DeLanda, Manuel. 2002. *Intensive Science and Virtual Philosophy*. London: Continuum.
Deleuze, Gilles. 1983. *Nietzsche and Philosophy*. New York: Columbia University Press.〔ジル・ドゥルーズ（二〇〇八）『ニーチェと哲学』江川隆男訳、河出文庫〕
Deleuze, Gilles. 1988. *Bergonism*. New York: Zone Books.〔ジル・ドゥルーズ（二〇一七）『ベルクソニズム』檜垣立哉・小林卓也訳、法政大学出版局〕
Deleuze, Gilles. 1990a. *Expressionism in Philosophy: Spinoza*. New York: Zone Books.〔ジル・ドゥルーズ（一九九一）『スピノザと表現の問題』工藤喜作・小柴康子・小谷晴勇訳、法政大学出版局〕
Deleuze, Gilles. 1990b. *The Logic of Sense*. New York: Columbia University Press.〔ジル・ドゥルーズ（二〇〇七a）『意味の論理学』小泉義之訳、上下巻、河出文庫〕
Deleuze, Gilles. 1992. *The Fold: Leibniz and the Baroque*. Minneapolis, MN: University of Minnesota Press.〔ジル・ドゥルーズ（一九九八）『襞――ライプニッツとバロック』宇野邦一訳、河出書房新社〕
Deleuze, Gilles. 1994. *Difference and Repetition*. London: The Athlone Press.〔ジル・ドゥルーズ（二〇〇七b）『差異と反復』財津理訳、上下巻、河出文庫〕
Deleuze, Gilles. 1995. L'immanence : une vie . . . . *Philosophie*, 47, 3–7.〔ジル・ドゥルーズ（一九九六）「内在――ひとつの生…」小沢秋広訳、『文藝』一九九六春季号，河出書房新社〕
Deleuze, Gilles and Felix Guattari. 1977. *Anti-Oedipus: Capitalism and Schizophrenia*. New York: Viking Press/Richard Seaver.〔ジル・ドゥルーズ、フェリックス・ガダリ（二〇〇六）『アンチ・オイディプス――資本主義と分裂症』宇野邦一訳、上下巻、河出文庫〕
Deleuze, Gilles and Felix Guattari. 1987. *A Thousand Plateaus: Capitalism and Schizophrenia*. Minneapolis, MN: University of Minnesota Press.〔ジル・ドゥルーズ、フェリックス・ガタリ（二〇一〇）『千のプラトー』宇野邦一・小沢秋広・田中敏彦・豊崎光一・宮林寛・守中高明訳、上中下巻、河出文庫〕
Deleuze, Gilles and Felix Guattari. 1994. *What is Philosophy?* New York: Columbia University Press.〔ジル・ドゥルーズ、フェリックス・ガタリ（二〇一二）『哲学とは何か』財津理訳、河出文庫〕

Delphy, Christine. 1984. *Close to Home: A Materialist Analysis of Women's Oppression*. Amherst, MA: University of Massachusetts Press.〔クリスティーヌ・デルフィ（一九九六）『なにが女性の主要な敵なのか――ラディカル・唯物論的分析』井上たか子・加藤康子・杉藤雅子訳、勁草書房〕

Derrida, Jacques. 1992. *The Other Heading: Reflections on Today's Europe*. Bloomington, IN: Indiana University Press.

Derrida, Jacques. 2001a. *Writing and Difference*. New York: Routledge.〔ジャック・デリダ（二〇一三）『エクリチュールと差異』合田正人・谷口博史訳、法政大学出版局〕

Derrida, Jacques. 2001b. *The Work of Mourning*. Chicago, IL: University of Chicago Press.

Derrida, Jacques. 2006. Is There a Philosophical Language? In: Lasse Thomassen (ed.) *The Derrida-Habermas Reader*. Edinburgh: Edinburgh University Press.

Dijck, José, van. 2007. *Mediated Memories in the Digital Age*. Stanford, CA: Stanford University Press.

Diken, Bülent. 2004. From Refugee Camps to Gated Communities: Biopolitics and the End of the City. *Citizenship Studies*, 8 (1), 83–106.

Donoghue, Frank. 2008. *The Last Professors: The Corporate University and the Fate of the Humanities*. New York: Fordham University Press.

Donovan, Josephine and Carol J. Adams (eds.) 1996. *Beyond Animal Rights: A Feminist Caring Ethic for the Treatment of Animals*. New York: Continuum.

Donovan, Josephine and Carol J. Adams (eds.) 2007. *The Feminist Care Tradition in Animal Ethics*. New York: Columbia University Press.

Duffield, Mark. 2008. Global Civil War: The Non-Insured, International Containment and Post-Interventionary Society. *Journal of Refugee Studies*, 21 (2), 145–65.

Economist, The. 2012. Technology Quarterly: 'Robots on the front- line', 2 June, 4–20.

Eisenstein, Zillah. 1998. *Global Obscenities: Patriarchy, Capitalism and the Lure of Cyberfantasy*. New York: New York University Press.

Eliot, George. 1973. *Middlemarch*. London: Penguin Books.〔ジョージ・エリオット（一九九四a）「ミドルマーチ」、『ジョージ・エリオット著作集』第四・五巻、工藤好美・淀川郁子訳、文泉堂出版〕

Eliot, George. 2003. *The Mill on the Floss*. London: Penguin Books.〔ジョージ・エリオット（一九九四b）「フロス河の水車場」、『ジョージ・エリオット著作集』第二巻、工藤好美・淀川郁子訳、文泉堂出版〕

Esposito, Roberto. 2008. *Bíos: Biopolitics and Philosophy*. Minneapolis, MN: University of Minnesota Press.

Fanon, Frantz. 1967. *Black Skin, White Masks*. New York: Grove Press.〔フランツ・ファノン（一九九八）『黒い皮膚・白い仮面』海老坂武・加藤晴久訳、みすず書房〕

Firestone, Shulamith. 1970. *The Dialectic of Sex: The Case for Feminist*. New York: Bantam

Books.〔シュラミス・ファイアストーン（一九七二）『性の弁証法——女性解放革命の場合』林弘子訳、評論社〕
Foucault, Michel. 1970. *The Order of Things: An Archaeology of the Human Sciences*. New York: Pantheon Books.〔ミシェル・フーコー（一九七四）『言葉と物——人文科学の考古学』渡辺一民・佐々木明訳、新潮社〕
Foucault, Michel. 1977. *Discipline and Punish: The Birth of the Prison*. New York: Pantheon Books.〔ミシェル・フーコー（一九七七）『監獄の誕生——監視と処罰』田村俶訳、新潮社〕
Foucault, Michel. 1978. *The History of Sexuality. Vol. I: An Introduction*. New York: Pantheon Books.〔ミシェル・フーコー（一九八六a）『知への意志——性の歴史Ⅰ』渡辺守章訳、新潮社〕
Foucault, Michel. 1985. *The History of Sexuality, Vol. II: The Use of Pleasure*. New York: Pantheon Books.〔ミシェル・フーコー（一九八六b）『快楽の活用——性の歴史Ⅱ』田村俶訳、新潮社〕
Foucault, Michel. 1986. *The History of Sexuality, Vol. III: The Care of the Self*. New York: Pantheon Books.〔ミシェル・フーコー（一九八七）『自己への配慮——性の歴史Ⅲ』田村俶訳、新潮社〕
Franklin, Jonathan. 2012. Drones Used by Whaling's Foes. *The Guardian Weekly*, 6 January, 14.
Franklin, Sarah. 2007. *Dolly Mixtures: The Remaking of Genealogy*. Durham, NC: Duke University Press.
Franklin, Sarah, Celia Lury and Jackie Stacey. 2000. *Global Nature, Global Culture*. London: Sage.
Fraser, Mariam, Sarah Kember and Celia Lury (eds.) 2006. *Inventive Life: Approaches to the New Vitalism*. London: Sage.
Freud, Sigmund. 1928. *The Future of an Illusion*. London: Hogarth Press.〔ジークムント・フロイト（二〇〇七）「幻想の未来」、『幻想の未来／文化への不満』中山元訳、光文社古典新訳文庫、九—一二二頁〕
Fukuyama, Francis. 1989. The End of History? *National Interest*, 16, 3–18.
Fukuyama, Francis. 2002. *Our Posthuman Future: Consequences of the Biotechnology Revolution*. London: Profile Books.〔フランシス・フクヤマ（二〇〇二）『人間の終わり——バイオテクノロジーはなぜ危険か』鈴木淑美訳、ダイヤモンド社〕
Galison, Peter. 2004. Specific Theory. *Critical Inquiry*, 30 (2), 379–83.
Gatens, Moira and Genevieve Lloyd. 1999. *Collective Imaginings: Spinoza, Past and Present*. London and New York: Routledge.
Gill, Rosalind. 2010. Breaking the Silence: The Hidden Injuries of the Neo-Liberal University. In: Rosalind Gill and Roisin Ryan-Flood (eds.) *Secrecy and Silence in the Research*

Process: Feminist Reflections. London and New York: Routledge.
Gilroy, Paul. 2000. *Against Race: Imaging Political Culture beyond the Colour Line*. Cambridge, MA: Harvard University Press.
Gilroy, Paul. 2005. *Postcolonial Melancholia*. New York: Columbia University Press.
Gilroy, Paul. 2010. *Darker than Blue: On the Moral Economies of Black Atlantic Culture*. Cambridge, MA: Harvard University Press.
Glissant, Édouard. 1997. *Poetics of Relation*. Ann Arbor, MI: University of Michigan Press.〔エドゥアール・グリッサン（二〇〇〇）『〈関係〉の詩学』管啓次郎訳、インスクリプト〕
Glotfelty, Cheryll and Harold Fromm (eds.) 1996. *The Ecocriticism Reader: Landmarks in Literary Ecology*. Athens, GA: University of Georgia Press.
Gould, Stephen Jay and Rosamond Wolff Purcell. 2000. *Crossing Over: Where Art and Science Meet*. New York: Three Rivers Press.
Gray, John. 2002. *Straw Dogs: Thoughts on Humans and Other Animals*. London: Granta Books.〔ジョン・グレイ（二〇〇九）『わらの犬——地球に君臨する人間』池央耿訳、みすず書房〕
Grewal, Inderpal and Caren Kaplan (eds.) (1994) *Scattered Hegemonies: Postmodernity and Transnational Feminist Practices*. Minneapolis, MN: University of Minnesota Press.
Griffin, Gabriele and Rosi Braidotti. 2002. *Thinking Differently: A Reader in European Women's Studies*. London: Zed Books.
Gross, Aaron and Anne Vallely. 2012. *Animals and the Human Imagination: A Companion to Animal Studies*. New York: Columbia University Press.
Grosz, Elizabeth. 1994. *Volatile Bodies: Toward a Corporeal Feminism*. Bloomington, IN: Indiana University Press.
Grosz, Elizabeth. 2004. *The Nick of Time: Politics, Evolution, and the Untimely*. Durham, NC: Duke University Press.
Grosz, Elizabeth. 2011. *Becoming Undone: Darwinian Reflections on Life, Politics, and Art*. Durham, NC: Duke University Press.
Guattari, Felix. 1995. *Chaosmosis: An Ethico-aesthetic Paradigm*. Sydney: Power Publications.〔フェリックス・ガタリ（二〇〇四）『カオスモーズ』宮林寛・小沢秋広訳、河出書房新社〕
Guattari, Felix. 2000. *The Three Ecologies*. London: The Athlone Press.〔フェリックス・ガタリ（二〇〇八）『三つのエコロジー』杉村昌昭訳、平凡社ライブラリー〕
Gunew, Sneja. 2004. *Haunted Nations: The Colonial Dimension of Multiculturalisms*. London: Routledge.
Habermas, Jürgen. 2001. *The Postnational Constellation*. Cambridge: Polity Press.
Habermas, Jürgen. 2003. *The Future of Human Nature*. Cambridge: Polity Press.〔ユルゲン・

ハーバーマス（二〇〇四）『人間の将来とバイオエシックス』三島憲一訳、法政大学出版局〕

Habermas, Jürgen. 2008. Notes on a Post-Secular Society. New Perspectives Quarterly, 25 (4), 17–29.

Halberstam, Judith M and Ira Livingston (eds.) 1995. *Posthuman Bodies*. Bloomington, IN: Indiana University Press.

Halsey, Mark. 2006. *Deleuze and Environmental Damage: Violence of the Text*. London: Ashgate.

Hanafin, Patrick. 2010. On Reading *Transpositions*: A Response to Rosi Braidotti's *Transpositions: On Nomadic Ethics*. *Subjectivities*, 3, 131–6.

Haraway, Donna. 1985. A Manifesto for Cyborgs: Science,Technology, and Socialist Feminism in the 1980s. *Socialist Review*, 5 (2), 65–107.〔ダナ・ハラウェイ（二〇一七a）「サイボーグ宣言――二〇世紀後半の科学、技術、社会主義フェミニズム」、『猿と女とサイボーグ――自然の再発明』高橋さきの訳、青土社、二八五—三四八頁〕

Haraway, Donna. 1988. Situated Knowledges: The Science Question in Feminism and the Privilege of Partial Perspective. *Feminist Studies*, 14 (3), 575–99.〔ダナ・ハラウェイ（二〇一七b）「状況に置かれた知――フェミニズムにおける科学という問題と、部分的視角が有する特権」、『猿と女とサイボーグ――自然の再発明』高橋さきの訳、青土社、三四九—三八七頁〕

Haraway, Donna. 1990. *Simians, Cyborgs and Women: The Reinvention of Nature*. London: Free Association Press.〔ダナ・ハラウェイ（二〇一七c）『猿と女とサイボーグ――自然の再発明』高橋さきの訳、青土社〕

Haraway, Donna. 1992. The Promises of Monsters: A Regenerative Politics for Inappropriate/d Others. In: Lawrence Grossberg, Cary Nelson and Paula Treichler (eds.) *Cultural Studies*. London and New York: Routledge.

Haraway, Donna. 1997. *Modest_Witness@Second_Millennium. FemaleMan©_Meets_OncoMouse™: Feminism and Technoscience*. London and New York: Routledge.

Haraway, Donna. 2003. *The Companion Species Manifesto: Dogs, People and Significant Otherness*. Chicago, IL: Prickly Paradigm Press.〔ダナ・ハラウェイ（二〇一三）『伴侶種宣言――犬と人の「重要な他者性」』永野文香訳、以文社〕

Haraway, Donna. 2006. When We Have Never Been Human, What Is to Be Done?: Interview with Donna Haraway. *Theory, Culture & Society*, 23 (7&8), 135–58.

Harding, Sandra. 1986. *The Science Question in Feminism*. Ithaca, NY: Cornell University Press.

Harding, Sandra. 1991. *Whose Science? Whose Knowledge?: Thinking from Women's Lives*. Ithaca, NY: Cornell University Press.

Harding, Sandra (ed.) 1993. *The "Racial" Economy of Science: Toward a Democratic Future*. Bloomington, IN: Indiana University Press.

Harding, Susan Friend. 2000. *The Book of Jerry Falwell: Fundamentalist Language and Politics*. Princeton, NJ: Princeton University Press.

Hardt, Michael and Antonio Negri. 2000. *Empire*. Cambridge, MA: Harvard University Press.〔マイケル・ハート、アントニオ・ネグリ（二〇〇三）『〈帝国〉――グローバル化の世界秩序とマルチチュードの可能性』水嶋一憲・浜邦彦・酒井隆史・吉田俊実訳、以文社〕

Hardt, Michael and Antonio Negri. 2004. *Multitude: War and Democracy in the Age of Empire*. New York: Penguin Press.〔マイケル・ハート、アントニオ・ネグリ（二〇〇五）『マルチチュード――〈帝国〉時代の戦争と民主主義』幾島幸子訳、水嶋一憲・市田良彦監修、上下巻、NHK出版〕

Hartsock, Nancy C. M. 1987. The Feminist Standpoint: Developing the Ground for a Specifically Feminist Historical Materialism. In: Sandra Harding (ed.) *Feminism and Methodology: Social Science Issues*. London: Open University Press.

Hayles, N. Katherine. 1999. *How We Became Posthuman: Virtual Bodies in Cybernetics, Literature and Informatics*. Chicago, IL: University of Chicago Press.〔部分訳（第二章）：N・キャスリン・ヘイルズ（二〇〇八）「ヴァーチャルな身体と明滅するシニフィアン」滝浪佑紀訳、『表象』第二号、八〇‐一一一頁〕

Hill Collins, Patricia. 1991. *Black Feminist Thought: Knowledge, Consciousness and the Politics of Empowerment*. New York and London: Routledge.

Hobsbawm, Eric. 1994. *The Age of Extremes: The Short Twentieth Century, 1914–1991*. New York: Vintage Books.〔エリック・ホブズボーム（二〇一八）『20世紀の歴史――両極端の時代』大井由紀訳、上下巻、ちくま学芸文庫〕

Holland, Eugene W. 2011. *Nomad Citizenship: Free-Market Communism and the Slow-Motion General Strike*. Minneapolis, MN: University of Minnesota Press.

hooks, bell. 1981. *Ain't I a Woman: Black Women and Feminism*. Boston, MA: South End Press.〔ベル・フックス（二〇一〇）『アメリカ黒人女性とフェミニズム――ベル・フックスの「私は女ではないの？」』大類久恵監訳、柳沢圭子訳、明石書店〕

hooks, bell. 1990. Postmodern Blackness. In: *Yearning: Race, Gender and Cultural Politics*. Toronto: Between the Lines.

Huntington, Samuel. 1996. *The Clash of Civilizations and the Remaking of World Order*. New York: Simon and Schuster.〔サミュエル・ハンチントン（二〇一七）『文明の衝突』鈴木主税訳、上下巻、集英社文庫〕

Husserl, Edmund. 1970. *The Crisis of European Sciences and Transcendental Phenomenology: An Introduction to Phenomenological Philosophy*. Evanston, IL: Northwestern University Press.〔エドムント・フッサール（一九九五）『ヨーロッパ諸学の危機と超越論的現象学』細谷恒夫・木田元訳、中公文庫〕

Huyssen, Andreas. 1986. *After the Great Divide: Modernism, Mass Culture, Postmodernism*.

Bloomington, IN: Indiana University Press.
Irigaray, Luce. 1985a. *Speculum of the Other Woman*. Ithaca, NY: Cornell University Press.
Irigaray, Luce. 1985b. *This Sex Which Is Not One*. Ithaca, NY: Cornell University Press.〔リュース・イリガライ（一九八七）『ひとつではない女の性』棚沢直子・小野ゆり子・中嶋公子訳、勁草書房〕
Irigaray, Luce. 1993. *An Ethics of Sexual Difference*. Ithaca, NY: Cornell University Press.〔リュス・イリガライ（一九八六）『性的差異のエチカ』浜名優美訳、産業図書〕
Jones, Caroline A. and Peter Galison (eds.) 1998. *Picturing Science, Producing Art*. New York and London: Routledge.
Jordanova, Ludmilla. 1989. *Sexual Visions: Images of Gender in Science and Medicine between the Eighteenth and Twentieth Centuries*. London: Macmillan.
Judt, Tony. 2005. *Postwar: A History of Europe Since 1945*. New York: Penguin Press.〔トニー・ジャット（二〇〇八）『ヨーロッパ戦後史（上）1945-1971』森本醇訳／『ヨーロッパ戦後史（下）1971-2005』浅沼澄訳、みすず書房〕
Kant, Immanuel. 1992. *The Conflict of the Faculties*. Lincoln, NE: University of Nebraska Press.〔イマヌエル・カント（二〇〇二）「諸学部の争い」『カント全集』18、角忍・竹山重光・久保光志・北尾宏之・遠山義孝・樽井正義・池尾恭一・宮島光志訳、岩波書店〕
Keller, Catherine. 1998. Christianity. In: Alison M. Jaggar and Iris M. Young (eds.) *A Companion to Feminist Philosophy*. Oxford: Blackwell.
Keller, Evelyn Fox. 1983. *A Feeling for the Organism: Life and Work of Barbara McClintock*. New York: Henry Holt.〔エブリン・フォックス・ケラー（一九八七）『動く遺伝子――トウモロコシとノーベル賞』石館三枝子・石館康平訳、晶文社〕
Keller, Evelyn Fox. 1985. *Reflections on Gender and Science*. New Haven, CT: Yale University Press.〔エヴリン・フォックス・ケラー（一九九三）『ジェンダーと科学――プラトン、ベーコンからマクリントックへ』幾島幸子・川島慶子訳、工作舎〕
Keller, Evelyn Fox. 1995. *Refiguring Life: Metaphors of Twentieth Century Biology*. New York: Columbia University Press.〔エヴリン・フォックス・ケラー（一九九六）『機械の身体――越境する分子生物学』長野敬訳、青土社〕
Keller, Evelyn Fox. 2002. *Making Sense of Life: Explaining Biological Development with Models, Metaphors, and Machines*. Cambridge, MA: Harvard University Press.
Kelly, Joan. 1979. The Double-Edged Vision of Feminist Theory. *Feminist Studies*, 5 (1), 216–27.
Kerr, Clark. 2001. *The Uses of the University*. Cambridge, MA: Harvard University Press.
Kristeva, Julia. 1982. *Powers of Horror: An Essay on Abjection*. New York: Columbia University Press.〔ジュリア・クリステヴァ（一九八四）『恐怖の権力――〈アブジェクシオン〉試論』枝川昌雄訳、法政大学出版局〕

Kristeva, Julia. 1991. *Strangers to Ourselves*. New York: Columbia University Press. 〔ジュリア・クリステヴァ（一九九〇）『外国人――我らの内なるもの』池田和子訳、法政大学出版局〕

Küng, Hans. 1998. *A Global Ethic for Global Politics and Economics*. Oxford: Oxford University Press.

La Mettrie, Julien Offray de. 1996. *Machine Man and Other Writings*. Cambridge: Cambridge University Press. 〔ド・ラ・メトリ（一九五七）『人間機械論』、杉捷夫訳、岩波文庫〕

Lambert, Gregg. 2001. *Report to the Academy: Re—the New Conflict of Faculties*. Aurora, CO: The Davis Group Publisher.

Laplanche, Jean. 1976. *Life and Death in Psychoanalysis*. Baltimore, MD: Johns Hopkins University Press. 〔ジャン・ラプランシュ（二〇一八）『精神分析における生と死』十川幸司・堀川聡司・佐藤朋子訳、金剛出版〕

Latour, Bruno. 1993. *We Have Never Been Modern*. Cambridge, MA: Harvard University Press. 〔ブルーノ・ラトゥール（二〇〇八）『虚構の「近代」――科学人類学は警告する』川村久美子訳、新評論〕

Latour, Bruno. 2004. Why Has Critique Run Out of Steam? From Matters of Fact to Matters of Concern. *Critical Inquiry*, 30 (2), 225–48.

Law, John and John Hassard (eds.) 1999. *Actor Network Theory and After*. Oxford: Blackwell.

Lazzarato, Maurizio. 2004. *Les révolutions du capitalisme*. Paris: Seuil.

Lloyd, Genevieve. 1984. *The Man of Reason: 'Male' and 'Female' in Western Philosophy*. London: Methuen.

Lloyd, Genevieve. 1994. *Part of Nature: Self-Knowledge in Spinoza's Ethic*. Ithaca, NY: Cornell University Press.

Lloyd, Genevieve. 1996. *Spinoza and the Ethics*. London and New York: Routledge.

Lorde, Audre. 1984. *Sister Outsider: Essays and Speeches*. Trumansburg, NY: Crossing Press.

Lovelock, James. 1979. *Gaia: A New Look at Life on Earth*. Oxford: Oxford University Press. 〔ジェームズ・ラヴロック（一九八四）『地球生命圏――ガイアの科学』星川淳訳、工作舎〕

Lury, Celia. 1998. *Prosthetic Culture: Photography, Memory and Identity*. London and New York: Routledge.

Lyotard, Jean-François. 1983. *The Differend: Phrases in Dispute*. Minneapolis, MN: University of Minnesota Press. 〔ジャン゠フランソワ・リオタール（一九八九）『文の抗争』陸井四郎・外山和子・小野康男・森田亜紀訳、法政大学出版局〕

Lyotard, Jean-François. 1984. *The Postmodern Condition: A Report on Knowledge*. Manchester: Manchester University Press. 〔ジャン゠フランソワ・リオタール（一九八六）『ポスト・モダンの条件――知・社会・言語ゲーム』小林康夫訳、水声社〕

Lyotard, Jean-François. 1989. *The Inhuman: Reflections on Time*. Oxford: Blackwell. 〔ジャン゠

フランソワ・リオタール（二〇一〇）『非人間的なもの――時間についての講話』篠原資明、上村博、平芳幸浩訳、法政大学出版局〕
MacCormack, Patricia. 2008. *Cinesexualities*. London: Ashgate.
MacCormack, Patricia. 2012. *Posthuman Ethics: Embodiment and Cultural Theory*. London: Ashgate.
MacPherson, Crawford B. 1962. *The Political Theory of Possessive Individualism*. Oxford: Oxford University Press.〔クローフォード・ブラフ・マクファーソン（一九八〇）『所有的個人主義の政治理論』藤野渉・将積茂・瀬沼長一郎訳、合同出版〕
McNeil, Maureen. 2007. *Feminist Cultural Studies of Science and Technology*. London: Routledge.
Macherey, Pierre. 2011. *Hegel or Spinoza*. Minneapolis, MN: University of Minnesota Press.〔ピエール・マシュレ（一九八六）『ヘーゲルかスピノザか』鈴木一策、桑田禮彰訳、新評論〕
Mahmood, Saba. 2005. *Politics of Piety: The Islamic Revival and the Feminist Subject*. Princeton, NJ: Princeton University Press.
Malraux, André. 1934. *Man's Fate*. New York: Modern Library.〔アンドレ・マルロー（一九七八）『人間の条件』小松清・新庄嘉章訳、新潮文庫〕
Mandela, Nelson. 1994. *Long Walk to Freedom: The Autobiography of Nelson Mandela*. London and New York: Little Brown & Co.〔ネルソン・マンデラ（一九九六）『自由への長い道　ネルソン・マンデラ自伝』東江一紀訳、上下巻、NHK出版〕
Margulis, Lynn and Dorion Sagan. 1995. *What is Life?* Berkeley, CA: University of California Press.〔リン・マーギュリス、ドリオン・セーガン（一九九八）『生命とはなにか――バクテリアから惑星まで』池田信夫訳、せりか書房〕
Marks, John. 1998. *Gilles Deleuze: Vitalism and Multiplicity*. London: Pluto Press.
Massumi, Brian. 1992. Everywhere You Want to Be: Introduction to Fear. *PLI – Warwick Journal of Philosophy*, 4 (1/2), 175–216.
Massumi, Brian. 1998. Requiem for Our Prospective Dead (Toward a Participatory Critique of Capitalist Power). In: Eleanor Kaufman and Kevin Jon Heller (eds.) *Deleuze and Guattari: New Mappings in Politics, Philosophy and Culture*. Minneapolis, MN: University of Minnesota Press.
Massumi, Brian. 2002. *Parables for the Virtual: Movement, Affect, Sensation*. Durham, NC: Duke University Press.
Maturana, Humberto R. and Francisco J. Varela. 1972. *Autopoiesis and Cognition: The Realization of the Living*. Dordrecht: Reidel Publishing Company.〔ウンベルト・R・マトゥラーナ、フランシスコ・J・ヴァレラ（一九九一）『オートポイエーシス――生命システムとは何か』河本英夫訳、国文社〕
Mbembe, Achille. 2003. Necropolitics. *Public Culture*, 15 (1), 11–40.〔アキーユ・ンベンベ

（二〇〇五）「ネクロポリティクス」小田原琳・古川高子訳、『クヴァドランテ』七号、東京外国語大学、一一‐四二頁〕
Menand, Louis (ed.) 1996. *The Future of Academic Freedom*. Chicago, IL: University of Chicago Press.
Midgley, Mary. 1996. *Utopias, Dolphins and Computers: Problems of Philosophical Plumbing*. London and New York: Routledge.
Mies, Maria and Vandana Shiva. 1993. *Ecofeminism*. London: Zed Books.
Mitchell, Juliet. 1974. *Psychoanalysis and Feminism: Freud, Reich, Laing and Women*. New York: Pantheon.〔ジュリエット・ミッチェル（一九七七）『精神分析と女の解放』上田昊訳、合同出版〕
Mol, Annemarie. 2002. *The Body Multiple: Ontology in Medical Practice*. Durham, NC: Duke University Press.〔アネマリー・モル（二〇一六）『多としての身体――医療実践における存在論』浜田明範・田口陽子訳、水声社〕
Moore, Henrietta L. 1994. *A Passion for Difference: Essays in Anthropology and Gender*. Cambridge: Polity Press.
Moore, Henrietta L. 2007. *The Subject of Anthropology: Gender, Symbolism and Psychoanalysis*. Cambridge: Polity Press.
Moore, Henrietta L. 2011. *Still Life: Hopes, Desires and Satisfactions*. Cambridge: Polity Press.
Morin, Edgar. 1987. *Penser l'Europe*. Paris: Gallimard.〔エドガール・モラン（一九八八）『ヨーロッパを考える』林勝一訳、法政大学出版局〕
Moulier Boutang, Yann. 2012. *Cognitive Capitalism*. Cambridge: Polity Press.
Naess, Arne. 1977a. Spinoza and Ecology. In: Siegfried Hessing (ed.) *Speculum Spinozanum, 1877–1977*. London: Routledge & Kegan Paul.
Naess, Arne. 1977b. Through Spinoza to Mahāyāna Buddhism or through Mahāyāna Buddhism to Spinoza? In: Jon Wetlesen (ed.) *Spinoza's Philosophy of Man*, Proceedings of the Scandinavian Spinoza Symposium. Oslo: Universitetsforlaget.
Nava, Mica. 2002. Cosmopolitan Modernity: Everyday Imaginaries and the Register of Difference. *Theory, Culture & Society*, 19 (1–2), 81–99.
Negri, Antonio. 1991. *The Savage Anomaly: The Power of Spinoza's Metaphysics and Politic*. Minneapolis, MN: University of Minnesota Press.〔アントニオ・ネグリ（二〇〇八）『野生のアノマリー――スピノザにおける力能と権力』杉村昌昭・信友建志訳、作品社〕
Newman, John Henry. 1907. *The Idea of a University, Defined and Illustrated: In Nine Discourses Delivered to the Catholics of Dublin*. London: Longmans, Green & Co.
Nussbaum, Martha C. 1999. *Cultivating Humanity: A Classical Defense of Reform in Liberal Education*. Cambridge, MA: Harvard University Press.
Nussbaum, Martha C. 2006. *Frontiers of Justice: Disability, Nationality, Species Membership*. Cambridge, MA: Harvard University Press.〔マーサ・C・ヌスバウム（二〇一二）『正

義のフロンティア――障碍者・外国人・動物という境界を越えて』神島裕子訳、法政大学出版局〕

Nussbaum, Martha. 2010. *Not for Profit: Why Democracy Needs the Humanities*. Princeton, NJ: Princeton University Press. 〔マーサ・C・ヌスバウム（二〇一三）『経済成長がすべてか？――デモクラシーが人文学を必要とする理由』小沢自然・小野正嗣訳、岩波書店〕

Orwell, George. 1946. *Animal Farm*. London: Penguin Group. 〔ジョージ・オーウェル（二〇一七）『動物農場』山形浩生訳、ハヤカワepi文庫〕

Parikka, Jussi. 2010. *Insect Media: An Archaeology of Animals and Technology*, Minneapolis, University of Minnesota Press.

Parisi, Luciana. 2004. *Abstract Sex: Philosophy, Bio-Technology, and the Mutation of Desire*. London: Continuum Press.

Passerini, Luisa (ed.) 1998. *Identità Culturale Europea: Idee, Sentimenti, Relazioni*. Florence: La Nuova Italia Editrice.

Patton, Paul. 2000. *Deleuze and the Political*. London and New York: Routledge.

Peterson, Christopher. 2011. The Posthumanism to Come. *Angelaki: Journal of the Theoretical Humanities*, 16 (2), 127–41.

Phillips, Adam. 1999. *Darwin's Worms: On Life Stories and Death Stories*. London: Faber & Faber. 〔アダム・フィリップス（二〇〇六）『ダーウィンのミミズ、フロイトの悪夢』渡辺政隆訳、みすず書房〕

Phillips, John, Andrew Benjamin, Ryan Bishop, Li Shiqiao, Esther Lorenz, Liu Xiaodu and Meng Yan. 2011. The 20-Kilometer University: Knowledge as Infrastructure. *Theory, Culture & Society*, 28 (7–8), 287–320.

Pick, Anat. 2011. *Creaturely Poetics: Animality and Vulnerability in Literature and Film*. New York: Columbia University Press.

Plumwood, Val. 1993. *Feminism and the Mastery of Nature*. London and New York: Routledge.

Plumwood, Val. 2003. *Environmental Culture: The Ecological Crisis of Reason*. London: Routledge.

PMLA (Publications of the Modern Language Association of America). 2009. Special issue on Animal Studies. *PMLA*, 124 (2).

Protevi, John. 2009. *Political Affect: Connecting the Social and the Somatic*. Minneapolis, MN: University of Minnesota Press.

Rabinow, Paul. 2003. *Anthropos Today: Reflections on Modern Equipment*. Princeton, NJ: Princeton University Press.

Rapp, Rayna. 2000. *Testing Women, Testing the Fetus: The Social Impact of Amniocentesis in America*. New York: Routledge.

Readings, Bill. 1996. *The University in Ruins*. Cambridge, MA: Harvard University Press. 〔ビ

ル・レディングズ（二〇一八）『廃墟のなかの大学』青木健・斎藤信平訳、法政大学出版局〕

Rich, Adrienne. 1987. *Blood, Bread and Poetry*. London: Virago Press.〔アドリエンヌ・リッチ（一九八九）『血、パン、詩。』大島かおり訳、晶文社〕

Rich, Adrienne. 2001. *Arts of the Possible: Essays and Conversations*. New York: W.W. Norton.

Roberts, Celia and Adrian Mackenzie. 2006. Science: Experimental Sensibilities in Practice. *Theory, Culture & Society*, 23 (2–3), 157–82.

Rorty, Richard. 1996. Does Academic Freedom Have Philosophical Presuppositions? In: Louis Menand (ed.) *The Future of Academic Freedom*. Chicago, IL: University of Chicago Press.

Rose, Nikolas. 2007. *The Politics of Life Itself: Biomedicine, Power and Subjectivity in the Twenty-First Century*. Princeton, NJ: Princeton University Press.〔ニコラス・ローズ（二〇一四）『生そのものの政治学――二十一世紀の生物医学、権力、主体性』檜垣立哉監訳、小倉拓也・佐古仁志・山崎吾郎訳、法政大学出版局〕

Rossini, Manuela and Tom Tyler (eds.) 2009. *The Divides That Bind Animal Encounters*. Leiden: Brill.

Rothberg, Michael. 2009. *Multidirectional Memory: Remembering the Holocaust in the Age of Decolonization*. Stanford, CA: Stanford University Press.

Rowbotham, Sheila. 1973. *Women, Resistance and Revolution: A History of Women and Revolution in the Modern World*. New York: Random House.

Russell, Bertrand. 1963. *Has Man a Future?* Harmondsworth: Penguin Books.〔バートランド・ラッセル（一九六二）『人類に未来はあるか』日高一輝訳、理想社〕

Said, Edward W. 1978. *Orientalism*. Harmondsworth: Penguin Books.〔エドワード・W・サイード（一九九三）『オリエンタリズム』今沢紀子訳、上下巻、平凡社ライブラリー〕

Said, Edward W. 1996. Identity, Authority and Freedom: The Potentate and the Traveller. In: Louis Menand (ed.) *The Future of Academic Freedom*. Chicago, IL: University of Chicago Press.〔エドワード・W・サイード（二〇〇九）「アイデンティティ、権威、自由――支配者と旅行者」『故国喪失についての省察　2』大橋洋一・近藤弘幸・和田唯・大貫隆史・貞廣真紀訳、みすず書房〕

Said, Edward W. 2004. *Humanism and Democratic Criticism*. New York: Columbia University Press.〔エドワード・W・サイード（二〇一三）『人文学と批評の使命――デモクラシーのために』村山敏勝・三宅敦子訳、岩波現代文庫〕

Sartre, Jean-Paul. 1963. Preface. In: Frantz Fanon, *The Wretched of the Earth*. London: Penguin Books.〔ジャン＝ポール・サルトル（二〇一五）「序文」フランツ・ファノン『地に呪われたる者』鈴木道彦・浦野衣子訳、みすず書房〕

Schussler Fiorenza, Elizabeth. 1983. *In Memory of Her: A Feminist Theological Reconstruction of Christian Origins*. New York: Crossroads.〔エリザベス・シュスラー・フィオレンツァ

（一九九〇）『彼女を記念して――フェミニスト神学によるキリスト教起源の再構築』山口里子訳、日本基督教団出版局〕

Scott, Joan W. 1996. Academic Freedom as an Ethical Practice. In: Louis Menand (ed.) *The Future of Academic Freedom*. Chicago, IL: University of Chicago Press.

Scott, Joan W. 2007. *The Politics of the Veil*. Princeton, NJ: Princeton University Press.〔ジョーン・W・スコット（二〇一二）『ヴェールの政治学』李孝徳訳、みすず書房〕

Searle, John R. 1995. Postmodernism and the Western Rationalist Tradition. In: John Arthur and Amy Shapiro (eds.) *Campus Wars: Multiculturalism and the Politics of Difference*. Boulder, CO: Westview Press.

Shiva, Vandana. 1997. *Biopiracy: The Plunder of Nature and Knowledge*. Boston, MA: South End Press.〔バンダナ・シバ（二〇〇二）『バイオパイラシー――グローバル化による生命と文化の略奪』松本丈二訳、緑風出版〕

Sloterdijk, Peter. 2009. Rules for the Human Zoo: A Response to *The Letter on Humanism*. *Environment and Planning D: Society and Space*, 27, 12–28.〔ペーター・スローターダイク（二〇〇〇）『「人間園」の規則――ハイデッガーの『ヒューマニズム書簡』に対する返書』仲正昌樹訳、御茶の水書房〕

Smelik, Anneke M. and Nina Lykke (eds.) 2008. *Bits of Life: Feminism at the Intersection of Media, Bioscience and Technology*. Seattle, WA: University of Washington Press.

Sobchack, Vivian. 2004. *Carnal Thoughts: Embodiment and Moving Image Culture*. Berkeley, CA: University of California Press.

Socal, Alan D and Jean Bricmont. 1998. *Fashionable Nonsense: Postmodern Intellectuals' Abuse of Science*. New York: Picador.〔アラン・ソーカル、ジャン・ブリクモン（二〇一二）『「知」の欺瞞――ポストモダン思想における科学の濫用』田崎晴明・大野克嗣・堀茂樹訳、岩波現代文庫〕

Solzhenitsyn, Alexandr I. 1974. *The Gulag Archipelago*. New York: Harper & Row.〔A・ソルジェニーツィン（二〇〇六 - 二〇〇七）『収容所群島』木村浩訳、全六巻、ブッキング〕

Soper, Kate. 1986. *Humanism and Anti-Humanism*. LaSalle, IL: Open Court Press.

Spivak, Gayatri Chakravorty. 1987. *In Other Worlds: Essays in Cultural Politics*. London: Methuen.〔ガヤトリ・C・スピヴァック（一九九〇）『文化としての他者』鈴木聡・大野雅子・鵜飼信光・片岡信訳、紀伊國屋書店〕

Spivak, Gayatri Chakravorty. 1999. *A Critique of Postcolonial Reason: Toward a History of the Vanishing Present*. Cambridge, MA: Harvard University Press.〔ガーヤットリー・チャクラヴォルティ・スピヴァク（二〇〇三）『ポストコロニアル理性批判――消え去りゆく現在の歴史のために』上村忠男・本橋哲也訳、月曜社〕

Stacey, Jackie. 1997. *Teratologies: A Cultural Study of Cancer*. London and New York: Routledge.

Stacey, Jackie. 2010. *The Cinematic Life of the Gene*. Durham, NC: Duke University Press.
Stafford, Barbara Maria. 1999. *Visual Analogy: Consciousness as the Art of Connecting*. Cambridge, MA: MIT Press.〔バーバラ・M・スタフォード（二〇〇六）『ヴィジュアル・アナロジー――つなぐ技術としての人間意識』高山宏訳、産業図書〕
Stafford, Barbara Maria. 2007. *Echo Objects: The Cognitive Work of Images*. Chicago, IL: University of Chicago Press.
Starhawk. 1999. *The Spiral Dance: A Rebirth of the Ancient Religion of the Goddess*. San Francisco, CA: Harper Books.〔スターホーク（一九九四）『聖魔女術――スパイラル・ダンス』鏡リュウジ、北川達夫訳、国書刊行会〕
Stengers, Isabelle (ed.) 1987. *D'une science à l'autre : Des concepts nomades*. Paris: Seuil.
Stengers, Isabelle. 1997. *Power and Invention: Situating Science*. Minneapolis, MN: University of Minnesota Press.〔イザベル・スタンジェール（一九九九）『科学と権力――先端科学技術をまえにした民主主義』吉谷啓次訳、松籟社〕
Stengers, Isabelle. 2000. *The Invention of Modern Science*. Minneapolis, MN: University of Minnesota Press.
Strathern, Marilyn. 1992. *After Nature: English Kinship in the Late Twentieth Century*. Cambridge: Cambridge University Press.
Tayyab, Basharat. 1998. Islam. In: Alison M. Jaggar and Iris M. Young (eds.) *A Companion to Feminist Philosophy*. Oxford: Blackwell.
Terranova, Tiziana. 2004. *Network Culture: Politics for the Information Age*. London: Pluto Press.
Todorov, Tzvetan. 2002. *Imperfect Garden: The Legacy of Humanism*. Princeton, NJ: Princeton University Press.〔ツヴェタン・トドロフ（二〇〇二）『未完の菜園――フランスにおける人間主義の思想』内藤雅文訳、法政大学出版局〕
Verbeek, Peter-Paul. 2011. *Moralizing Technology: Understanding and Designing the Morality of Things*. Chicago, IL: University of Chicago Press.〔ピーター゠ポール・フェルベーク（二〇一五）『技術の道徳化――事物の道徳性を理解し設計する』鈴木俊洋訳、法政大学出版局〕
Villiers de l'Isle-Adam, Auguste. 1977. *L' Ève future*. Paris: José Corti.〔ヴィリエ ド・リラダン（二〇一八）『未来のイヴ』高野優訳、光文社古典新訳文庫〕
Virilio, Paul. 2002. *Desert Screen: War at the Speed of Light*. London: Continuum.
Virno, Paolo. 2004. *A Grammar of the Multitude: For an Analysis of Contemporary Forms of Life*. New York: Semiotext(e).〔パオロ・ヴィルノ（二〇〇四）『マルチチュードの文法――現代的な生活形式を分析するために』廣瀬純訳、月曜社〕
Waal, Frans de. 1996. *Good Natured: The Origins of Right and Wrong in Humans and Other Animals*. Cambridge, MA: Harvard University Press.〔フランス・ドゥ・ヴァール（一九九八）『利己的なサル、他人を思いやるサル――モラルはなぜ生まれたのか』西田利

貞・藤井留美訳、草思社〕

Waal, Frans de. 2006. *Primates and Philosophers: How Morality Evolved*. Princeton, NJ: Princeton University Press.

Waal, Frans de. 2009. *The Age of Empathy: Nature's Lessons for a Kinder Society*. New York: Three Rivers Press.〔フランス・ドゥ・ヴァール（二〇一〇）『共感の時代へ――動物行動学が教えてくれること』柴田裕之訳、紀伊國屋書店〕

Wadud, Amina. 1999. *Qur'an and Woman: Rereading the Sacred Text from a Woman's Perspective*. Oxford: Oxford University Press.

Walker, Alice. 1984. *In Search of Our Mother's Gardens: Womanist Prose*. London: Women's Press.〔アリス・ウォーカー（一九九二）『母の庭をさがして』荒このみ訳、東京書籍〕

Ware, Vron. 1992. *Beyond the Pale: White Women, Racism and History*. London: Verso.

Werbner, Pnina. 2006. Vernacular Cosmopolitanism. *Theory, Culture & Society*, 23 (2–3), 496–8.

Wernick, Andrew. 2006. University. *Theory, Culture & Society*, 23 (2–3), 557-63.

West, Cornell. 1994. *Prophetic Thought in Postmodern Times. Vol.1*. Monroe, ME: Common Courage Press.

Whimster, Sam. 2006. The Human Sciences. *Theory, Culture & Society*, 23 (2–3), 174–6.

Wolfe, Cary (ed.) 2003. *Zoontologies: The Question of the Animal*. Minneapolis, MN: University of Minnesota Press.

Wolfe, Cary. 2010a. Posthumanities. Available at: http:www.carywolfe.com/post_about.html (accessed 2 January 2012).

Wolfe, Cary. 2010b. *What is Posthumanism?* Minneapolis, MN: University of Minnesota Press.

Zylinska, Joanna. 2009. *Bioethics in the Age of New Media*. Boston, MA: MIT Press.